RITRATTI DEL POTERE

Una pubblicazione del
Centro di Cultura Contemporanea Strozzina, Firenze
in occasione della mostra:
A publication by the
Centre for Contemporary Culture Strozzina, Florence
on the occasion of the exhibition:

RITRATTI DEL POTERE
Volti e meccanismi dell'autorità
PORTRAITS AND POWER
People, Politics and Structures

Centro di Cultura Contemporanea Strozzina
Fondazione Palazzo Strozzi
Palazzo Strozzi
1 Ottobre 2010 – 23 Gennaio 2011
1 October 2010 – 23 January 2011

Promossa da / *Promoted by*
Comune di Firenze
Provincia di Firenze
Camera di Commercio di Firenze
Associazione Partners Palazzo Strozzi

Ente Cassa di Risparmio di Firenze

Organizzata da / *Organized by*
Fondazione Palazzo Strozzi

Comitato scientifico / *Scholarly Committee*
Peter Funnell, Walter Guadagnini,
Franziska Nori, Roberta Valtorta

Ideazione e coordinamento della mostra
Exhibition planning
Franziska Nori

Registrar
Fiorella Nicosia

Coordinamento organizzativo
Organizational coordination
Riccardo Lami

Assistente curatoriale / *Curatorial assistant*
Cristiane Feser

Coordinamento dell'allestimento
Installation coordination
Rita Scrofani

Progetto grafico e allestimento
Graphic and exhibition design
Markus Bader

Attività educative e progetti esterni
Educational services and special projects
Martino Margheri
Francesca Giulia Tavanti
Alessandra Tempesti

Programma lecture / *Lectures programme*
Alessio Bertini

Catalogo / *Catalogue*
Silvana Editoriale

Progetto grafico catalogo / *Catalogue design concept*
Cristina Morandin, Massimo de Luca, Studio Out, Mestre (Venezia)

Design copertina catalogo / *Catalogue cover design*
Markus Bader

Editing
Emanuela Di Lallo

Testi in catalogo / *Catalogue texts*
James Bradburne, Michael Clegg/Martin Guttmann,
Stephen Duncombe, Peter Funnell, Franziska Nori

Schede di / *Entries by*
Franziska Nori, Christiane Feser, Riccardo Lami

Traduzioni / *Translations*
English translation by Sergio Knipe for *Scriptum*, Rome
Traduzione italiana di Maria Cristina Coldagelli e Irene Inserra per *Scriptum*, Roma

Realizzazione dell'allestimento / *Exhibition set up*
Galli Mostre; Atlas e Livelux Light Designers;
Stampa in Stampa; Alessandro Terzo; Coop L.A.T. multiservizi; Matteo Lotti Margotti

Noleggio attrezzatura tecnologica
Technology rental
Natali Multimedia, Firenze

Responsabile della sicurezza / *Head of security*
Studio Associato Frusi & Partners srl, Firenze

Conservazione preventiva e controllo climatico
Preventive conservation and climate control
Roberto Boddi, Sandra Cassi
(Opificio delle Pietre Dure, Firenze)

Ufficio stampa e comunicazione
Press office and communication
CLP Relazioni Pubbliche, Milano; Lavinia Rinaldi;
Sue Bond Public Relations, London

Promozione / *Promotion*
Sigma C.S.C., Firenze
Promos Comunicazione, Milano

Trasporti / *Transport*
Arteria

Assicurazioni / *Insurance*
Progress Insurance Broker
London insurance brokers, Blakwall Green
Huntington T. Block Insurance Agency, Inc.

Personale mostra e biglietteria
Exibition and ticket offi ce staff
TML Service, Firenze

Biglietteria multicanale / *Multichannel ticket office*
Vivaticket by Charta

Prestatori e Copyright / *Lenders and Copyright*
Tutti gli artisti / *All the artists*; Bank of America Merrill Lynch Collection; Galerie Kunstagenten, Berlin; Sprüth Magers Berlin London; Galerie Christian Nagel, Cologne / Berlin / Antwerp; Galerie Thomas Zander, Köln; Magnum Photos, London; National Portrait Gallery, London; Sammlung Wiese, München; Collezione Rosa e Gilberto Sandretto, Milano; Sonnabend Gallery, New York; Green Naftali Gallery, New York; Janet Borden, Inc., New York; Guy & Myriam Ullens Foundation, Switzerland

Ringraziamenti / *Acknowledgements*
Tutti gli artisti, gli autori del catalogo e i membri del comitato scientifico / *All the artists, the catalogue authors and the scholarly committee*; Emma Baudey; Maria Bonsanti e il Festival dei Popoli / Festival Internazionale del Film Documentario; Miel de Botton-Aynsley; Maria de Peverelli Luschi; Galerie Andrea Caratsch, Zürich; Galerie Luciano Fasciati, Chur; Galerie Max Hetzler, Berlin; Galleria Lia Rumma, Napoli / Milano; Maconochie Photography; June Newton; Unicredit Group Collection; Franziska von Hasselbach

Si ringraziano per la collaborazione
Thanks for the cooperation
Ambasciata del Regno dei Paesi Bassi, Roma;
Institut français de Florence

Silvana Editoriale

***Realizzazione** / Produced by*
Arti Grafiche Amilcare Pizzi S.p.A.

***Direzione editoriale** / Direction*
Dario Cimorelli

Art Director
Giacomo Merli

Coordinamento organizzativo
Production Coordinator
Michela Bramati

***Segreteria di redazione** / Editorial Assistant*
Elena Piaggesi

***Ufficio iconografico** / Iconographic Office*
Deborah D'Ippolito, Alessandra Olivari

***Ufficio stampa** / Press Office*
Lidia Masolini, press@silvanaeditoriale.it

***Copertina** / Cover*
Hiroshi Sugimoto
Fidel Castro, 1999
Black and white photograph
149 x 119 cm
Courtesy Sonnabend Gallery, New York
© Hiroshi Sugimoto

RITRATTI DEL POTERE

Volti e meccanismi dell'autorità

PORTRAITS AND POWER

People, Politics and Structures

SOMMARIO CONTENTS

JAMES
BRADBURNE

Il Centro di Cultura Contemporanea Strozzina

The Centre for Contemporary Culture Strozzina

L'obiettivo primario della Fondazione Palazzo Strozzi è rivitalizzare gli spazi pubblici del Palazzo, uno tra i più squisiti esempi fiorentini di architettura rinascimentale, trasformandolo in una meta culturale stimolante, dinamica e di respiro internazionale, aperta a visitatori di ogni età e interesse.

In questi tre anni di attività, le mostre allestite negli imponenti spazi al primo piano del Palazzo hanno già attratto un vasto pubblico proveniente da tutto il mondo, che ne ha apprezzato la qualità, il carattere innovativo e la varietà. Oggi il cortile ospita un caffè, un punto vendita, una mostra permanente dedicata alla storia dell'edificio ed è sede di un programma articolato di concerti, sfilate di moda, performance e installazioni. Uno degli elementi chiave del progetto per Palazzo Strozzi è stato fin dall'inizio l'istituzione di un centro per la cultura contemporanea proprio qui, nel cuore di Firenze. Il Centro di Cultura Contemporanea Strozzina (CCCS) è stato creato negli spazi delle ex cantine situate sotto il cortile del Palazzo (noti come "La Strozzina"), gli stessi che tra la fine della seconda guerra mondiale e l'alluvione del 1966 hanno ospitato le più importanti mostre fiorentine di rilevanza internazionale. Collocare l'arte contemporanea nella cornice architettonica rinascimentale di Palazzo Strozzi è una sfida che la Fondazione interpreta come stimolo ad allestire scenicamente ogni nuovo evento o progetto, alla costante ricerca di nuove possibilità di comunicazione, presentazione e mediazione artistica. Dalla sua apertura, nel novembre 2007, il CCCS ha ospitato opere di William Kentridge, Dan Perjovschi, Damien Hirst, Cindy Sherman, Andreas Gursky e più

The mission of the Fondazione Palazzo Strozzi is to revitalize the public spaces of the Palazzo Strozzi, one of Florence's finest examples of Renaissance architecture, and to establish it as an exciting, dynamic and international cultural destination for visitors of all ages and interests.

Now, after just three years, the exhibitions held in the Palazzo's grand spaces on the first floor are attracting international attention for their quality, their innovation and their diversity. The Palazzo's courtyard now hosts a café, a shop and a permanent exhibition on the history of the Palazzo, as well as a varied programme of concerts, fashion shows, performances and installations. From the outset, a key part of the Palazzo Strozzi project was to create a centre for contemporary culture at the very heart of Florence, and the Centre for Contemporary Culture Strozzina (CCCS) was created in the former wine cellars under the courtyard of Palazzo Strozzi – known as "La Strozzina" – which hosted Florence's most important international exhibitions in the years after the Second World War until the flood of 1966. The challenge posed by the Renaissance architecture of Palazzo Strozzi for contemporary art is a stimulus to treat each new event and project almost as theatre, constantly pursuing new possibilities of artistic communication, presentation and mediation. Since opening in November 2007, the CCCS has hosted exhibitions featuring the work of William Kentridge, Dan Perjovschi, Damien Hirst, Cindy Sherman and Andreas Gursky, and more recently, Wolfgang Tillmans, Antony Gormley and Gerhard Richter.

di recente di Wolfgang Tillmans, Antony Gormley e Gerhard Richter.

La riflessione sul potere è per i fiorentini una vera e propria ossessione. Nel 1513, dopo il crollo della Repubblica di Pier Soderini e il ritorno al potere dei Medici, che lo fecero arrestare e torturare, Niccolò Machiavelli, funzionario pubblico e diplomatico, scrisse nel suo celebre (e famigerato) *Il principe*:

> "E debbasi considerare come non è cosa più difficile a trattare, né più dubia a riuscire, né più pericolosa a maneggiare, che farsi capo ad introdurre nuovi ordini. Perché lo introduttore ha per nimici tutti quelli che delli ordini vecchi fanno bene, et ha tepidi defensori tutti quelli che delli ordini nuovi farebbono bene. La quale tepidezza nasce, parte per paura delli avversarii, che hanno le leggi dal canto loro, parte dalla incredulità delli uomini; li quali non credano in verità le cose nuove, se non ne veggono nata una ferma esperienza. Donde nasce che qualunque volta quelli che sono nimici hanno occasione di assaltare, lo fanno partigianamente, e quelli altri defendano tepidamente; in modo che insieme con loro si periclita."
>
> *Il principe*, capitolo VI

Vivendo a Firenze si diventa ben presto attenti osservatori del potere e delle sue molteplici manifestazioni, e ci si rende conto di come, in questo ambito, ben poco sia cambiato da quattrocento anni a questa parte. Nella città di Machiavelli è difficile ignorare le correnti, controcorrenti e correnti occulte del potere e di chi lo esercita. Malgrado questa diffusa ubiquità, confesso che più passano gli anni e meno riesco a comprenderne l'attrattiva, e persino la natura. Che cos'è esattamente ciò che chiamiamo potere e cosa lo rende tanto desiderabile? Il potere si manifesta sotto un duplice aspetto, positivo e negativo: il primo

Looking at power is an obsession in Florence. In 1513, just after the collapse of the Soderini Republic and the return to power of the Medici, who had him arrested and tortured, the Florentine civil servant and diplomat Niccolò Machiavelli wrote in his famous – and infamous – book, *The Prince*:

> "It ought to be remembered that there is nothing more difficult to take in hand, more perilous to conduct, or more uncertain in its success, than to take the lead in the introduction of a new order of things. Because the innovator has for enemies all those who have done well under the old conditions, and lukewarm defenders in those who may do well under the new. This coolness arises partly from fear of the opponents, who have the laws on their side, and partly from the incredulity of men, who do not readily believe in new things until they have had a long experience of them. Thus it happens that whenever those who are hostile have the opportunity to attack they do it like partisans, whilst the others defend lukewarmly, in such wise that the prince is endangered along with them."
>
> *The Prince*, Chapter VI

Living in Florence one quickly becomes an attentive student of power and its various manifestations, and one quickly realizes that not much has changed in four centuries – at least when it comes to power. In the city of Machiavelli it is difficult to ignore the currents, counter currents and undercurrents of power and the powerful. Notwithstanding its ubiquity, as I get older, I have to confess to an increasing inability to understand its attraction – or even its nature. What exactly is this thing we call power, and what makes it so desirable? Power clearly manifests itself in two aspects, positive and negative. The first is the ability to implement a plan without encountering opposition, the second to obstruct another from implementing an undesired plan.

consiste nella capacità di attuare un programma senza incontrare resistenze, il secondo nell'impedire ad altri di attuare un progetto indesiderato.

Cos'è dunque esattamente il potere? In qualità di persona creativa, comprendo il potere – e il bisogno – di una visione, e comprendo l'esigenza di tutti gli individui creativi di determinare la natura delle varie parti per dar vita a un unico insieme coerente. La mia carriera nell'ambito dei progetti espositivi è iniziata nel 1986 alla World's Fair di Vancouver. All'epoca ero un fervente sostenitore della *storyline* e dell'esigenza di controllare il messaggio e la narrazione; oggi, dopo aver curato decine di progetti per molte diverse istituzioni, penso che il vero potere – se così si può definire – consiste nel creare un contesto in cui la produzione di senso possa germogliare, invece di insistere su un particolare significato. In breve, il mio approccio creativo (e la mia interpretazione del potere) è passato da quello dell'autore a quello del giardiniere. Ma un giardiniere ha davvero potere?

La mostra "Ritratti del potere", che si terrà in concomitanza con la retrospettiva "Bronzino. Pittore e poeta alla corte dei Medici" allestita al piano nobile di Palazzo Strozzi, getta uno sguardo sui tanti modi di rappresentare il potere e le sue molteplici articolazioni – dal potere politico a quello aziendale, a quello personale – nei mezzi espressivi della fotografia, della video-arte e dell'installazione. Proprio come quattro secoli fa, leader politici, imprese multinazionali e individui sono attivamente impegnati nella creazione e nel controllo della loro auto-rappresentazione, con l'obiettivo di influenzare e intimorire gli altri. Nel mondo contemporaneo assistiamo a una crescente propagazione del potere, esercitato tramite reti sempre più complesse: reti di potere, appunto. Ciononostante, il potere e la sua auto-rappresentazione rimangono una caratteristica fondamentale della contemporaneità.

But what exactly is power? As a creative person, I understand the power of – and the need for – a vision, and I understand the need for creative people to determine the nature of various parts to create a single coherent whole. I began my career in exhibition design in earnest with the 1986 World's Fair in Vancouver, and was a devoted convert to the idea of the "storyline" and the need to control the message and the narrative. Now – dozens of projects and several institutions later – I believe that real power, if it can be called that, consists of creating a context in which meaning-making can flourish, rather than insisting on a particular meaning itself. In short, my creative approach (and my understanding of power) has changed from that of an author to that of a gardener. But do gardeners have power?

The exhibition *Portraits and Power* – designed to run concurrently with the retrospective *Bronzino. Artist and Poet at the Court of the Medici* at Palazzo Strozzi's Piano Nobile – looks at the many ways of representing power, and the many ways in which power can be expressed. It looks at expressions of corporate power, personal power, political power, in media such as photography, video and installations. Just as they did four centuries ago, political leaders, multi-national corporations and individuals still carefully craft and control their self-representations to influence and intimidate. In the contemporary world, power is increasingly diffused, and wielded in through increasingly complex networks – veritable webs of power. Nevertheless, at its heart power (and its self-representation) remains a central feature of contemporary life. As with every exhibition developed by the CCCS, the work of the artists shown in this exhibition asks us to reflect about the nature of the world we live in, and in this exhibition, to question the continuing use of symbols of power to shape politics, make markets and "win hearts and minds". Today, in a

Come in ogni progetto sviluppato al CCCS, i lavori esposti ci invitano a riflettere sulla natura del mondo in cui viviamo e, in questa mostra in particolare, ci stimolano a mettere in discussione l'uso persistente di simboli del potere per plasmare la politica, creare mercati e "conquistare i cuori e le menti". Oggi, in un mondo che ha un profondo bisogno di ragione e tolleranza, di distanza critica e pensiero indipendente, le tematiche indagate in "Ritratti del potere" meritano tutta la nostra attenzione.

world sorely in need of tolerance and reason, of critical distance and independent thought, the issues explored by *Portraits and Power* are ones that reward our close and critical attention.

FRANZISKA NORI

Ritratti del potere

Portraits and Power

"Ritratti del potere. Volti e meccanismi dell'autorità" si propone come un'analisi dei principi della rappresentazione del potere nell'arte contemporanea. La tradizionale definizione socio-politica del potere, inteso come esercizio di un'influenza o come capacità di condizionare il comportamento di altre persone, non riesce a rendere ragione della complessità e delle diverse (anche nascoste) forme di potere presenti nella nostra società.

Portraits and Power. People, Politics and Structures is intended to explore the underlying principles in the representation of power in contemporary art. The traditional socio-political definition of power as the exercising of influence or the ability to condition other people's behaviour fails to account for the complex nature of power and the various (and often hidden) forms it takes in our society.

Nell'epoca attuale, il ruolo e l'influenza delle immagini nel mondo della politica, dell'economia e della società in generale sono cresciuti a tal punto da far emergere in modo forte il loro valore non solo di raffigurazione ma anche di affermazione e costruzione del potere. È spesso tramite un'immagine che un uomo politico fonda la propria fortuna o segna la propria disgrazia politica; è sulla base di una campagna pubblicitaria ben congegnata che un'impresa costruisce il proprio successo commerciale; sono spesso immagini televisive o del mondo dell'informazione che una società prende come propri modelli di riferimento. Le opere in mostra testimoniano le strategie di autoreferenzialità del potere, ma anche i diversi approcci adottati da artisti che decostruiscono o mettono in crisi le immagini rappresentative del potere sociale, economico o politico, in grado di affermare una leadership ma anche di metterne in crisi l'autorità.

Punto di partenza nell'ideazione della mostra è stato il confronto con l'esposizione che si svolge parallelamente a Palazzo Strozzi: "Bronzino. Pittore

---

In the present age, the role of images and their influence upon politics, economics and society in general has increased to such an extent that their value is now prominently emerging as a means not merely of representing power – but of affirming it. It is often through images that politicians make their fortunes or ruin their careers; it is by means of well-orchestrated advertising campaigns that companies achieve commercial success; it is often images drawn from television or the media that societies take as their own reference models. The works on display will serve to illustrate self-referential strategies, as well as different approaches adopted by artists to de-construct or challenge representative images of social, economic or political power, images capable both of affirming leaderships and of challenging their authority.

The starting point for the planning of the exhibition was a comparison drawn between it and the one being held at the same time at Palazzo Strozzi: *Bronzino. Artist and Poet at the Court of the Medici*. The many and sophisticated works that have contributed to the fame of this Renaissance artist also include portraits e poeta alla corte dei Medici". Nell'ambito della sua vasta e complessa produzione, l'artista rinascimentale è celebre anche per i ritratti dei potenti del suo tempo, soprattutto dei suoi mecenati, la famiglia Medici, che egli effigiò in pose classiche, con abiti e gioielli di rappresentanza. Tra l'osservatore e i personaggi ritratti il pittore crea una deliberata distanza, volta a suscitare rispetto e reverenza per il loro rango: i dipinti non sono fatti perché l'osservatore si identifichi con i soggetti raffigurati, esponenti della nobiltà fiorentina del XVI secolo, ma sono funzionali alla legittimazione del loro ruolo. I personaggi ritratti non sono effigiati solo in quanto individui ma come vera e propria incarnazione del potere, rappresentanti fisici dell'autorità. Bronzino dà forma artistica alla rappresentazione di sé dei potenti del suo tempo e alla loro propaganda politica, nelle forme di un'arte di cui la famiglia Medici è stata celebre esempio di utilizzo anche a fini politici.

Questo riferimento storico offre lo spunto per una riflessione sulla rappresentazione del potere oggi, nella società dei media e della comunicazione, dove determinante è l'ambivalenza del rapporto fra artista, soggetto ritratto e osservatore. Storicamente, l'artista era al servizio di un potente con il compito di realizzare per lui, con finalità diverse, ritratti di rappresentanza i cui requisiti principali erano spesso l'esaltazione e l'affermazione del personaggio protagonista.

Per i potenti di oggi non è più fondamentale essere ritratti da un artista; al suo posto ci sono esperti di pubbliche relazioni, *spin doctors* e uffici stampa altamente specializzati che elaborano campagne mirate per i diversi canali di comunicazione. La reputazione pubblica di un singolo individuo, di un ente o di una società è talmente fondamentale nel settore della comunicazione da essere sempre accuratamente costruita in funzione delle reazioni dell'opinione pubblica con cui si pone in confronto.

of powerful men of his day and most notably of his patrons: the Medici family. Bronzino depicted the Medicis in classical poses and sporting official garments and jewels. The viewer is deliberately divided from the painter's figures by a distance aimed at eliciting respect and reverence for the latter's rank. Bronzino's paintings are not intended to help viewers identify with the subjects portrayed – members of the Florentine aristocracy of the sixteenth century; rather, they serve to legitimize the subjects' role. These characters are not depicted as mere individuals, but as embodiments of power and physical representatives of authority. Bronzino lends artistic shape to the self-representation of the powerful men of his day and to their political propaganda through art forms – the Medici family providing a celebrated example of the use of art for political aims.

The above historical reference represents a starting point for a reflection upon the representation of power today, in the present media and communications society, whereby the relation between artist, subject portrayed and viewer is crucial. Historically, artists have been at the service of the powerful and entrusted with the duty of creating – for different purposes – society portraits, aimed at the extolling and affirmation of the leading character depicted.

For today's powerful people it is no longer so crucial to be portrayed by artists. The artists have been replaced by public relations experts, spin doctors and highly specialized press offices that specifically develop campaigns for the various communication channels.
In the communications sector, the public reputation of individuals, institutions and companies plays a fundamental role, so much so that it is always constructed according to the reactions by the public opinion being engaged with. This is as true of politicians as it is of companies and institutions, whose presence in the media is constantly monitored and updated or changed on the basis of regularly commissioned opinion polls.

Questo vale tanto per i politici quanto per imprese e istituzioni, la cui presenza nei media è tenuta costantemente sotto controllo e aggiornata o modificata in tempo reale sulla base di ininterrotti sondaggi d'opinione.

Il ritratto artistico si è così separato dall'immagine strategicamente costruita. Da una parte, la rappresentazione autoreferenziale del potere ha assunto forme più sottili e complesse, dall'altra il ruolo dell'artista ha cambiato la sua collocazione all'interno della società. Il punto di vista di un artista diviene interessante non tanto per la definizione della strategia di costruzione di un'immagine pubblica da parte di un soggetto che a lui commissiona, ad esempio, un ritratto, ma per la sua capacità di gettare un nuovo sguardo sulla realtà, tentando di cogliere i meccanismi e le dinamiche della rappresentazione del potere e riflettendo in che modo questo sia in relazione con la società stessa.

Ancora oggi sono attuali le domande che hanno connotato storicamente il binomio arte/potere: che cos'è realmente il potere? dove si manifesta e come viene rappresentato? Questi interrogativi corrispondono al problema generale che impegna mezzi di comunicazione visiva ed espressione artistica: come tradurre in immagini le complesse informazioni e relazioni che caratterizzano il mondo globalizzato e interconnesso. Nella moderna società occidentale democratica, il potere non è più solo prerogativa di singoli individui o famiglie, ma è distribuito in sistemi complessi e organismi politici ed economici che si condizionano reciprocamente. Di conseguenza, oggi il rapporto dell'artista con la rappresentazione del potere è profondamente ambivalente e differenziato. Certamente esiste ancora il lavoro su commissione, ma la libera arte si sente soprattutto impegnata in un discorso criticamente autonomo, a livello produttivo

Artistic portraiture has thus become separate from strategically constructed images. On the one hand, the self-referential representation of power has taken on more subtle and sophisticated forms; on the other, the role of the artist in society has changed. The point of view of the artist appears interesting not so much for the way in which people who commission works such as portraits develop a strategy for constructing a public image of themselves, but rather for the artist's ability to look at reality in a new way by seeking to grasp the mechanisms and dynamics behind the representation of power and by considering power's relation to society itself.

The questions that have historically marked the art/power dichotomy remain relevant to this day: what is power really? where does it manifest itself and how is it represented? These questions reflect the general issue that concerns all means of visual communication and artistic expression: how to translate into images the complex information and relations that characterize the globalized and interconnected world of today. In modern Western and democratic society, power is no longer the prerogative of single individuals or families, but is rather distributed by sophisticated systems and political and economic bodies that are mutually coordinated. Consequently, artists' relations to the representation of power are highly ambivalent and varied. No doubt, works are still commissioned, yet free art is chiefly engaged in a critically independent analysis, both on a material and conceptual level. At the forefront are the artist's gaze and his personal stance vis-à-vis his subject. Artists develop their works based on a vision of their own, as well as an awareness of earlier artistic approaches and iconographic choices. Artists today often employ citation as a cultural technique. They will appropriate and make use of languages and forms others have already employed, while in turn making their own work available as a starting point for future e concettuale. In primo piano stanno lo sguardo dell'artista e la sua personale posizione nei confronti di un soggetto; l'autore concepisce l'opera attraverso una visione propria ma con la consapevolezza di posizioni artistiche e scelte iconografiche che gli sono precedenti. L'artista oggi spesso utilizza la citazione come tecnica culturale: si appropria di linguaggi e forme già utilizzati, a sua volta mettendo a disposizione il proprio lavoro come elemento di partenza per riflessioni successive. "Riciclando" forme e simboli preesistenti, si pone in dialogo con una rete di significati già definiti. Come teorizzato da Nicolas Bourriaud nel suo celebre *Postproduction. Come l'arte riprogramma il mondo* (Postmedia Books, Milano 2004), scopo dell'artista di oggi non è inventare nuove forme sulla base di nuovi materiali ma lavorare con elementi già esistenti all'interno del circuito culturale, creando una rete di significati che giocano tra passato, presente e futuro e che pongono al centro il pubblico nel suo ruolo di ricettore e interprete di tali contenuti. Nell'era della comunicazione e delle reti digitali l'opera d'arte non costituisce più un punto d'arrivo e non può essere intesa come leggibile iconograficamente in modo univoco, ma rappresenta uno dei diversi elementi che, nella loro totalità, costruiscono il processo culturale moderno, sempre più fluttuante e sempre meno statico e puntuale.

Le opere presentate in "Ritratti del potere" danno testimonianza di questa attitudine. Ciò che la mostra propone, quasi come una sfida, è riconoscere e rilevare le diverse possibilità di raffigurare il potere tramite posizioni artistiche diverse tra loro ma accomunate da un dialogo con la lunga tradizione che hanno alle spalle. Ritrarre il potere non significa soltanto testimoniarne l'esistenza, ma anche decostruirlo per rivelarne l'essenza meno evidente, svelare i suoi meccanismi nascosti e distruggere la sua forma apparente.

La prima sezione della mostra è basata su

pursuits. By "recycling" pre-existent forms and symbols, artists enter in dialogue with a network of previously defined meanings. The goal of the artist today – as already theorized by Nicolas Bourriaud in his celebrated *Postproduction. Culture as Screenplay: How Art Reprograms the World* (New York: Lukas & Sternberg, 2002) – is not to develop new forms based on new materials, but rather to work with elements already existent within his cultural circuit, thus establishing a network of meanings and interplay between past, present and future that assigns the public a central role as the receiver and interpreter of these contents. In an age of digital communication and networks, artworks no longer represent a point of arrival and cannot be conceived as being open to only one iconographic reading. Rather, each artwork becomes one of the various elements that contribute to shape the modern cultural process, which is increasingly floating and less and less static and precisely defined.

The works included in the *Portraits of Power* exhibition reflect the above attitude. What the exhibition is offering – almost as a challenge – is a chance to recognize and identify the various possibilities of representing power through different artistic approaches that nevertheless share a common dialogue with the long tradition of portraiture. To portray power is not merely to witness its existence, but also to de-construct it in such a way as to reconstruct its less evident essence, unveil its hidden mechanisms, and destroy its apparent form.

A first section of the exhibition features an analysis of images developed for media promotion of contemporary politicians, and hence intended to reach as wide a public as possible. Helmut Newton's classic portrait of Margaret Thatcher stands as an example of the construction of a firm and forceful iconic image, seeking as it does to grasp the character of the so-called un'analisi delle immagini dei politici di oggi, costruite per una diffusione mediatica e quindi dirette verso un pubblico più vasto possibile. Il ritratto classico di Margaret Thatcher realizzato da Helmut Newton si pone come esempio di costruzione di una ferma e forte immagine iconica, che tenta di cogliere il carattere della famigerata lady di ferro. In una posizione opposta, la serie fotografica di taglio documentaristico di Nick Danziger su Tony Blair rappresenta il successore della signora Thatcher come persona disponibile e umana, senza alcuna posa prestabilita. Annie Leibovitz fotografa invece la regina Elisabetta II richiamandosi alla classica iconografia della regalità ed esaltando l'utilizzo di elementi simbolici come la corona o i ricchi abiti di rappresentanza; segna così una cesura nella presentazione, solitamente piuttosto moderna e non troppo formale, della famiglia reale inglese. Restando ancora nell'ambito della rappresentazione e dell'analisi dei meccanismi della politica ufficiale, il compositore Fabio Cifariello Ciardi compie una trascrizione strumentale delle inflessioni e dei ritmi della voce parlata in celebri e importanti discorsi di noti leader politici, evidenziando la cura delle strategie retoriche per la persuasione degli elettori. Hiroshi Sugimoto si spinge oltre, concentrandosi sul puro valore iconico di fondamentali e popolari personalità politiche. Rinunciando alla rappresentazione della persona reale, ne fotografa solo l'effigie in forma di statua di cera.

Altra sezione tematica della mostra è costituita dalle opere di Martin Parr, Daniela Rossell e Tina Barney che si confrontano con la rappresentazione e la messa in scena degli esponenti dell'alta società internazionale. Se Rossell e Parr caricano le proprie immagini di colori, oggetti e situazioni che producono una reazione di contrapposizione (e non di riverenza) da parte del pubblico, l'opera della newyorkese Barney ci fornisce invece immagini di famiglie alto-

Iron Lady. Arrayed opposite this is Nick Danziger's documentary series on Tony Blair, which presents Mrs Thatcher's successor as a helpful and kind person, assuming no predetermined pose. Annie Leibovitz has instead photographed Queen Elizabeth II by drawing inspiration from classic royal iconography, emphasizing the use of symbolic elements such as the Queen's crown and her rich official garb, thereby making a break with the rather modern and informal way in which the British royal family normally presents itself. Again within the context of the representation and analysis of the mechanisms of official politics, composer Fabio Cifariello Ciardi offers an instrumental rendering of the inflections and rhythms marking the spoken voices of distinguished politicians in famous and important speeches, thus illustrating the planning behind the rhetorical strategies adopted to persuade voters. Hiroshi Sugimoto goes one step further by focusing on the sheer iconic value of notable and popular politicians, forgoing any attempt to portray real people in order to photograph their effigies in the form of wax statues.

A second thematic section of the exhibition features works by Martin Parr, Daniela Rossell and Tina Barney, and engages with the representation and self-enactment of members of international high society. While Rossell and Parr charge their images with colours, objects and settings that elicit misgivings rather than feelings of reverence on the part of the public, the work of New York photographer Tina Barney presents pictures of upper-class families by bringing out their elegance and formal composure. These three photographers explore upper-class modes of self-representation (and hence of self-legitimization) by emphasizing – in different ways – the development of aesthetic tastes and specific iconographic languages that variously draw upon the traditional representation of power. This iconography of authority is not limited to individual or group portraits, but also includes their setting within appropriate borghesi in cui sono esaltate eleganza e compostezza formale. I tre fotografi riflettono sulle modalità di autorappresentazione (e quindi di autolegittimazione) delle classi sociali elevate, sottolineando in modi differenti la creazione di gusti estetici e specifici linguaggi iconografici che attingono in modo diverso alla tradizione della rappresentazione del potere. Tale iconografia dell'autorità non è limitata al ritratto di individui o gruppi di persone, ma comprende anche il loro inserimento in adeguati contesti architettonici o ambientali. Proprio uno studio sulla "architettura del potere" è la base della serie in mostra di Jim Dow, il fotografo americano che riesce a ritrarre con prospettive magniloquenti e con uno sguardo nitido e dettagliato gli interni di alcuni dei più esclusivi club privati di Manhattan. In modo opposto ma complementare, il video-artista e fotografo italiano Francesco Jodice propone invece un'indagine su ciò che si nasconde dietro la facciata del potere e della ricchezza. Il suo video *DUBAI_CITYTELLERS* analizza e racconta i conflitti e le contraddizioni di un luogo come Dubai: entrato nel nostro immaginario collettivo come una sorta di paese delle meraviglie, è invece costruito su profondi squilibri sociali e perduranti discriminazioni.

Un approccio diverso nel confrontarsi con il potere è quello di Bureau d'études, Trevor Paglen, Jules Spinatsch e The Yes Men. Le loro opere e iniziative mettono in campo uno sguardo analitico sulle strutture nascoste e occulte dell'autorità, sui sistemi e sui centri di potere che fanno di tutto pur di sottrarsi alla critica e all'informazione trasparente: si tratta di multinazionali, banche d'affari, CIA o organismi di controllo sovranazionali. Le opere di Jules Spinatsch mostrano le mastodontiche misure di sicurezza che circondano i grandi meeting internazionali nelle diverse città del mondo, tematizzando la relazione tra il potere dello stato e l'impronta che questo lascia sul paesaggio

architectural contexts or milieus. It is precisely a study of the "architecture of power" that is the subject of Jim Dow's series on display. The American photographer succeeds in portraying the interiors of some of the most exclusive private clubs of Manhattan through a broad perspective and a clear and detailed gaze. In a different yet complementary manner, Italian video-artist and photographer Francesco Jodice features an enquiry into what lies behind the façade of power and wealth. In his video *DUBAI_CITYTELLERS* he describes and analyses the conflicts and contradictions that mark Dubai, a place that has made its way into our collective imagination as a land of wonders, but which is nevertheless based on deep social imbalances and enduring forms of discrimination.

A different approach to power is adopted by Bureau d'études, Trevor Paglen, Jules Spinatsch and The Yes Men. Their works and enterprises offer an analytical gaze on hidden authority structures and those systems and centres of power that seek to avoid being made the object of criticism and transparent information: multinational corporations, business banks, the CIA and supranational inspection bodies. Jules Spinatsch's works shows the security measures that accompany international meetings at the highest levels in various cities around the world, exploring the theme of the relation between the power of the state and the marks it leaves upon the urban landscape. With a media event, The Yes Men have instead drawn attention towards the chemical disaster caused by Union Carbide in Bhopal, India, in 1984 – without ever really paying for it – and which was running the risk of falling into obscurity. With the aim of providing counter-information to disclose the mechanisms of falsehood, The Yes Men take up and reproduce the media strategies adopted by large industrial groups, thus de-constructing the latter's public images. Trevor Paglen focuses on the "black world" of the secret operations carried out by American military urbano. Con un'iniziativa mediatica, invece, gli Yes Men portano l'attenzione sul disastro chimico della Union Carbide a Bhopal, India: una tragedia accaduta nel 1984, e mai realmente punita, che stava rischiando di cadere nell'oblio. Nell'intenzione di una contro-informazione che riveli i meccanismi delle menzogne, gli Yes Men riprendono e replicano le strategie mediatiche dei grandi gruppi industriali, decostruendone l'immagine pubblica. Trevor Paglen si occupa del "black world", ossia le operazioni segrete degli apparati militari americani, attivi internazionalmente ma invisibili all'opinione pubblica. Grazie all'impiego di obiettivi e mezzi di ripresa fotografica solitamente utilizzati in ambito astrofisico, le sue fotografie sondano i luoghi remoti e nascosti dove il potere dello stato opera in segreto, violando le leggi. Nel diagramma *World Government*, il duo Bureau d'études rappresenta visivamente, in forma schematica, le costellazioni di connessioni del potere politico, bancario e imprenditoriale a livello internazionale, creando una mappatura critica illuminante e allo stesso tempo fortemente inquietante.

Il rapporto fra immagine e identità è il tema che sta al centro del lavoro di Rineke Dijkstra, Christoph Brech e Wang Qingsong. Se la serie fotografica di Dijkstra, *Olivier Silva*, ha per soggetto una riflessione su ciò che rimane dell'identità di un individuo quando diviene rappresentante di un'autorità militare come la Légion étrangère francese, Wang Qingsong si confronta con la trasformazione della società cinese sotto l'influsso della società dei consumi occidentale, rifacendosi all'estetica della propaganda socialista e ironizzando sull'efficacia dell'idea del potere collettivo. Il video di Christoph Brech mostra un particolare dello scafo di uno yacht, ancorato a Punta della Dogana durante l'ultima Biennale di Venezia: l'immagine è simile a un quadro astratto che rimanda al potere proprio grazie

apparatuses on an international level without public knowledge. Through the use of photographic lenses and cameras of the kind usually employed in astrophysics, his work probes remote and concealed areas where the state operates in secret, transgressing the law. With its *World Government* map, the Bureau d'études duo provides a visual and schematic representation of the network constellations formed by political, banking and business powers on an international level, creating a critical chart that is both enlightening and highly disturbing.

The relation between images and identity is the central theme explored by artists Rineke Dijkstra, Christoph Brech and Wang Qingsong. The subject of Dijkstra's photographic series *Olivier Silva* is a reflection upon what remains of the identity of an individual when he becomes the representative of a military authority such as the French Foreign Legion. Wang Qingsong, by contrast, explores the transformation of Chinese society under the influence of Western consumerism, drawing upon the aesthetics of Socialist propaganda and ironically commenting upon the efficaciousness of the idea of communal power. Christoph Brech shows a detail of the hull of a yacht anchored at the Punta della Dogana during the last Venice Biennale. Its image becomes reminiscent of an abstract painting that alludes to power by concealing the subject's identity behind an impenetrable façade.

A broad perspective on the construction of power by means of images is provided by the work of Michael Clegg and Martin Guttmann. By reflecting upon the role of the artist in relation to power, these two artists de-construct the mechanisms behind the representation of authority, exploring the theme of the traditional commissioning of private works and analysing the symbols and features typically associated with the representation of power.

all'occultamento dell'identità dietro una facciata impenetrabile.

Un ampio sguardo sulla costruzione del potere tramite il linguaggio delle immagini è fornito infine dal lavoro di Michael Clegg e Martin Guttmann. Riflettendo sul ruolo dell'artista nel rapporto con il potere, le loro opere decostruiscono i meccanismi della rappresentazione dell'autorità, tematizzando il rapporto con la tradizione della committenza privata o arrivando a formulare un'analisi sui simboli e sugli elementi tipici della rappresentazione del potere.

Proprio gli artisti Michael Clegg e Martin Guttmann sono autori di uno dei saggi che compongono il catalogo e che ampliano la riflessione sul binomio arte/potere da diversi punti di vista. Clegg & Guttmann illustrano il proprio lavoro decennale raccontando un percorso concettuale rivolto alla decostruzione della rappresentazione del potere e del controllo dell'immagine. Lo studioso americano di storia e politica dei media e della cultura, Stephen Duncombe, analizza nel suo scritto le principali posizioni all'interno del dibattito critico sul tema dell'auto-rappresentazione del potere politico, da Niccolò Machiavelli ad Antonio Gramsci, da Luigi XVI a Barack Obama. Il curatore della National Portrait Gallery di Londra Peter Funnell propone invece una riflessione in cui mette a confronto le opere che l'istituzione inglese ha gentilmente concesso in prestito al CCCS con altri esempi del presente e del passato.

Come tutti i progetti espositivi concepiti dal Centro di Cultura Contemporanea Strozzina, anche "Ritratti del potere" è affiancato da un programma di lecture tenute da esperti provenienti da campi disciplinari diversi. L'intento è quello di affrontare la tematica della mostra da punti di vista differenti, invitando il pubblico a una riflessione più estesa sui contenuti proposti nel percorso espositivo. Se da un lato questo calendario offre alcuni approfondimenti sul rapporto fra arte e potere nella contemporaneità,

Michael Clegg and Martin Guttmann are also the authors of one of the essays featured in the catalogue of the exhibition and which variously contribute to broaden its reflection upon the art/power dichotomy. Clegg & Guttmann here illustrate their own work (spanning several decades) by describing the conceptual approach they have developed and which is aimed at de-constructing the representation of power and image control. In his essay, American scholar of media and cultural history and politics Stephen Duncombe examines the main positions held in the critical debate on the issue of the self-representation of political power, from Niccolò Machiavelli to Antonio Gramsci, Luis XVI and Barack Obama. Peter Funnell, the curator of the National Portrait Gallery in London, is instead the author of an essay comparing the pieces which the Gallery has kindly lent the Strozzina Centre for Contemporary Culture with other works both present and past.

Like all other exhibitions designed by the Centre for Contemporary Culture Strozzina, *Portraits of Power* will be accompanied by a programme of lectures held by experts in various fields. The aim is to explore the theme of the exhibition from different vantage points and to invite the public to embark upon a broader reflection upon the issues suggested by the exhibition itinerary. While on the one hand this calendar of lectures offers specific engagements with the contemporary relation between art and power, on the other it investigates the meaning of power in contemporary society, focusing in particular on the question of how and in what way this becomes visible. The first of these two aims will be pursued through the lectures held by Cristina Casero (lecturer in the History of Photography at the University of Parma) and Marco Scotini (critic, curator and teacher at the New Academy of Fine Arts of Milan). The remaining lectures will instead be devoted to the forms that power takes in our society: Alessandro Casiccia (University of Turin) will examine the connection between power and luxury and excess; Vanni Codeluppi (sociologist and dall'altro propone un'indagine sul significato del potere nella società contemporanea, e soprattutto quando e come esso diventi visibile ai nostri occhi. Nella prima categoria si inseriscono gli interventi di Cristina Casero (docente di Storia della Fotografia dell'Università di Parma) e di Marco Scotini (critico, curatore e docente presso la Nuova Accademia di Belle Arti di Milano). Alle forme del potere nella nostra società sono invece dedicati gli altri interventi: Alessandro Casiccia (Università di Torino) prende in esame il legame del potere con il lusso e l'eccesso, Vanni Codeluppi (sociologo e docente presso l'Università di Modena e Reggio Emilia) analizza come il sistema capitalistico si imponga sulle nostre vite e le influenzi, mentre gli incontri con Marco Belpoliti (scrittore, saggista, critico e docente presso l'Università di Bergamo) e Vincenzo Susca (sociologo e docente presso la Sorbonne di Parigi) indagano il ruolo della politica e l'immaginario che essa produce. Il programma comprende anche l'incontro con Francesco Jodice, i cui lavori sono presentati in mostra, e due preziose collaborazioni. La prima con l'esposizione "Bronzino. Pittore e poeta alla corte dei Medici": il curatore della mostra e direttore della Galleria degli Uffizi Antonio Natali sarà ospite del CCCS per accompagnare il pubblico del contemporaneo nella Firenze del XVI secolo, alla scoperta del grandioso progetto decorativo della cappella di Eleonora da Toledo. La seconda collaborazione rinnova invece il rapporto di vicinanza con il Festival dei Popoli - Festival Internazionale del Film Documentario di Firenze, che rende possibile la proiezione nella sale della Strozzina de *L'esplosione*, documentario di Giovanni Piperno sull'abusivismo edilizio in Italia, evidente e drammatica traccia del dominio del denaro e dell'affarismo indiscriminato nel nostro Paese.

"Ritratti del potere" è un progetto del Centro di Cultura Contemporanea Strozzina realizzato grazie alla consulenza scientifica di Peter Funnell (curatore e

lecturer at the University of Modena and Reggio Emilia) will analyse the way in which the capitalist system asserts itself and influences our lives; finally, Marco Belpoliti (writer, essayist, critic and lecturer and the University of Bergamo) and Vincenzo Susca (sociologist and lecturer at the Paris Sorbonne University) will investigate the role of politics and the imagery it creates. The programme also includes a meeting with Francesco Jodice, an artist whose works will be on display at the exhibition, as well as two precious joint ventures. The first will be with the exhibition *Bronzino. Artist and Poet at the Court of the Medici*: as a guest of the Strozzina, its curator Antonio Natali (also Director of the Uffizi Gallery) will be accompanying the public of the contemporary exhibit into sixteenth-century Florence by guiding them in the discovery of the grand decorative plan of the Chapel of Eleanor of Toledo. The second joint venture is instead intended to renew the partnership between the Centre Strozzina and Festival dei Popoli – the International Documentary Film Festival in Florence. It will feature a screening in the Strozzina's halls of *L'esplosione* (The explosion), a documentary by Giovanni Piperno on illegal building in Italy, a manifest and dramatic sign of the rule of money and unregulated business in the country.

Portraits and Power is a project developed by the Centre for Contemporary Culture Strozzina thanks to the expert advice of Peter Funnell (Curator and Head of Research Programmes at the National Portrait Gallery in London), Walter Guadagnini (President of the Scientific Committee of the "UniCredit & Art" project) and Roberta Valtorta (Director of the Museum of Contemporary Photography in Cinisello Balsamo). Their contribution has been crucial for defining the themes of the exhibition and selecting the artists.

direttore dei programmi di ricerca alla National Portrait Gallery di Londra), Walter Guadagnini (presidente della Commissione Scientifica del progetto "UniCredit & Art") e Roberta Valtorta (direttore del Museo di Fotografia Contemporanea di Cinisello Balsamo) il cui contributo è stato fondamentale nella definizione dei temi della mostra e nella selezione degli artisti.

PETER FUNNELL

Ritratto, potere e genere

Portraits, Power and Gender

Una delle principali funzioni della ritrattistica è, storicamente, la rappresentazione del potere. La ritrattistica reale è un tipo particolare, in cui gli artisti hanno codificato una serie di convenzioni volte a fissare la maestà e il potere che i sovrani hanno sui loro sudditi.

Come ha teorizzato lo storico dell'arte Shearer West, tra queste convenzioni vi sono alcune pose fisse che, oltre a essere ampiamente adottate nei ritratti dei sovrani, sono state applicate anche a personaggi di potere non reali. Un esempio è la posizione frontale seduta, con lo sguardo diretto ed elementi allusivi alla divinità, che si osserva in molta della ritrattistica più antica. Come scrive West, "nei ritratti di potenti la posa frontale è stata usata a partire dal III secolo a.C. ed era associata ai mosaici bizantini di Cristo". Essa tuttavia è stata usata anche, per esempio, in quello che può essere considerato il ritratto del potere per antonomasia, il *Napoleone imperatore* che Jean-Auguste-Dominique Ingres dipinse nel 1806 (Parigi, Musée de l'Armée), e che rimanda consapevolmente alle immagini di Carlo Magno. Un'alternativa è la figura intera in piedi, che si riscontra a partire dal Rinascimento e che nel XVII e XVIII secolo è diventata parte di una comune retorica artistica utilizzata per ritrarre i monarchi delle diverse corti d'Europa. Accessori e attributi, simboli e sfondi sono altri segni dell'autorità in un genere di ritratto in cui prevale la rappresentazione dell'istituzione più che della persona, privilegiando spesso il carattere di effigie più che la somiglianza.

Come in tutta la ritrattistica, tuttavia, la forma che l'immagine assume è modulata dalle particolari

The representation of power has historically been one of the central functions of portraiture. Royal portraits are a particular type in which artists have deployed a variety of conventions in order to impress the majesty and power of monarchs over their subjects.

As the art historian Shearer West has argued, these conventions comprise a range of poses that were used consistently for royal portraits and which have also been applied to portraits of non-royal rulers. They include the frontal seated pose with its directness of gaze and intimations of divinity favoured in much early portraiture. As West writes, "in portraits of rulers the frontal pose was used from the third century AD and was associated with Byzantine mosaics of Christ". But it is also employed, for instance, in a painting that is the quintessential power portrait, Jean-Auguste-Dominique Ingres's portrait of *Napoleon I on His Imperial Throne* of 1806 (Musée de l'Armée, Paris), a portrait that consciously echoes images of Charlemagne. An alternative is the full length-standing pose seen in portraits from the Renaissance onwards and that in the seventeenth and eighteenth centuries became part of a common pictorial rhetoric used to depict monarchs across the courts of Europe. Props, symbols and backgrounds also operate as signs of authority in a type of portraiture in which the requirement to represent the institution as opposed to the person predominates, often making the image more effigy than likeness.

As with all portraiture, however, the form it takes is inflected by the particular social and political circumstances of time and place. It is not always appropriate or desirable that monarchs should appear all powerful when the balance of rights between monarch circostanze sociali e politiche del tempo e del luogo. Non sempre è appropriato o auspicabile che il monarca appaia in tutta la sua potenza quando la bilancia dei diritti tra la corona e i sudditi è oggetto di disputa politica. Vi sono casi in cui l'immagine reale è stata adattata a questa esigenza. Tra fine Settecento e primi dell'Ottocento, abbiamo esempi di quella che è stata definita la "domesticazione" dell'immagine reale, che presenta i sovrani in situazioni informali, con gesti e azioni che non sono così diversi da quelli dei loro sudditi. In Inghilterra, i ritratti di Giorgio III e della sua famiglia segnano uno sviluppo decisivo in questo senso, mentre, in Francia, quelli di Maria Antonietta eseguiti da Élisabeth Vigée-Lebrun sono stati considerati il tentativo di costruire un'immagine materna della regina, per cercare di sovvertire la sua reputazione fatta di superbia e stravaganze. In questo modo, anche i ritratti della regina Vittoria e del principe Alberto e della loro famiglia – sia i grandi oli su tela sia le incisioni popolari – rispondono alle apprensioni dei sudditi circa l'autorità della monarchia e le ambizioni politiche di Alberto. La "domesticazione" dell'immagine della coppia reale contribuì anche a risolvere le inevitabili questioni di "genere" (regnante donna e principe consorte), consentendo ad Alberto di prendere il proprio posto di capo della famiglia proprio confermandolo in quel ruolo.

Benché dell'attuale regina esistano molti ritratti formali, destinati ad ambasciate e altre sedi ufficiali, la sua immagine è stata modellata anche secondo questo schema. Nell'ambito dell'immagine "domesticata" della famiglia reale, quindi, le fotografie scattate da Annie Leibovitz nel 2007 spiccano per la loro diversità. Leibovitz ricorda che, come americana, sentiva di avere "un vantaggio su tutti gli altri fotografi o pittori che l'avevano ritratta: per me, essere riverente non era un problema". Rispetto ai cittadini britannici, che nutrono sentimenti contrastanti nei confronti della monarchia e temono di mostrare

and subjects is subject to political contention and there are instances when the royal image has been crafted to respond to this. In the later eighteenth and mid-nineteenth centuries, for instance, there are examples of what has been called the "domestication" of the royal image in which royals are shown in informal circumstances, behaving in a manner not unlike their subjects. Portraits of George III and his family in Britain mark a development in this respect while, in France, portraits of Marie-Antoinette by Élisabeth Vigée-Lebrun have been said to convey a maternal image of her in order to counter her reputation for extravagance and haughtiness. In this way too portraits of Queen Victoria, Prince Albert and their family – whether full scale oil paintings or popular engravings – responded to anxieties regarding the authority of the monarchy and Albert's political aspirations. The domestication of Victoria and Albert's image also helped resolve the issues of gender arising from there being a female monarch and a male consort, allowing Albert to take his place as head of the family while confining him to that role.

Although there are many formal portraits of the current Queen – made for embassies or regimental halls, her image has also been shaped in this way. Within the context of the domesticated image of the royal family, then, the photographs of her taken by Annie Leibovitz in 2007 stand out as unusual. Leibovitz recalls that, as an American, she felt she had an "advantage over every other photographer or painter who had made a portrait of her. It was OK for me to be reverent". Whereas the British are conflicted over the monarchy and fearful of seeming doting, she writes, "I could do something traditional". It is Leibovitz's eagerness to engage with, rather than reject, the conventions of portraying authority and power that makes the sequence of photographs so notable. In choosing a setting of elaborate grandeur and requesting that the Queen wear state attire, Leibovitz intensifies her aura of majesty. And of course she adopts the full-length pose traditionally used for portraits of authority. Commenting upon Lucian Freud's closely un attaccamento eccessivo, Leibovitz poteva, nelle sue parole, "fare una cosa tradizionale". È il suo profondo desiderio di confrontarsi con le convenzioni del ritratto dell'autorità e del potere, invece che rifiutarle, a rendere così straordinarie queste fotografie. Scegliendo un'ambientazione di elaborata grandiosità e richiedendo che la regina indossasse l'abbigliamento ufficiale, Leibovitz intensifica l'aura di maestà che circonda Elisabetta. L'inquadratura adottata è quella tradizionale a figura intera, tipica dell'iconografia dell'autorità; commentando il ritratto a olio eseguito da Lucian Freud nel 2000-2001 (Londra, The Royal Collection), così compresso nei confini della tela, Annie Leibovitz scrive: "sembra che [Freud] abbia voluto liquidarla con poco, facendo un quadro solo con il volto. Io preferisco fotografarla tutta".

Se, come queste parole sottintendono, Annie Leibovitz reagiva contro quella che le sembrava una tendenza della ritrattistica contemporanea a rifiutare il confronto diretto con le idee di potere – o, al contrario, a sovvertirle – vi è anche una volontà di creare, nelle sue fotografie, una versione un po' fittizia e un po' immaginaria della regina. Un episodio curioso ha suscitato l'accusa di manipolazione da parte della fotografa: in quegli stessi giorni, una compagnia televisiva stava girando un documentario che sarebbe stato trasmesso dalla BBC; nello spezzone pubblicitario del documentario, alcune riprese della regina che si dirigeva a passo svelto verso la sala delle riprese furono presentate come se, invece di entrare, ne uscisse in preda al malumore. Poiché questo non corrispondeva alla realtà dei fatti, la BBC ritirò il filmato e si scusò con la sovrana e con la fotografa; ma il malinteso provocò dimissioni ad alto livello e occupò le prime pagine dei giornali. Diede anche un maggior rilievo alle fotografie, lasciando sospesa l'implicazione scorretta che, con la sua attenta messa in scena, Leibovitz avesse in qualche modo mancato di rispetto alla sovrana.

cropped oil portrait of the Queen of 2000–01 (The Royal Collection, London), she writes that "he seemed to dismiss her by making it a painting of just her head. I prefer to photograph the full body".

If, as this implies, Leibovitz was reacting against what she perceived as a tendency in contemporary portraiture not to engage directly with ideas of power – or at an extreme to subvert it – there is nonetheless an element of creating a fictionalized version of the Queen in the photographs. Imputations of manipulation on the photographer's part arose from a curious episode that attached itself to the shoot. A TV company were filming a documentary at the time to be screened by the BBC. Footage of the Queen walking briskly to the shoot was presented in the pre-publicity to the documentary as instead showing the Queen testily storming out of it. Completely untrue, the BBC retracted the claim and apologized to both the Queen and Leibovitz. But the controversy brought about a high level resignation and was a prominent news story at the time. It also gave even greater prominence to the photographs and the incorrect implication remained that, in her careful fashioning of the Queen, Leibovitz had somehow been disrespectful.

An element of fictionalized play-acting often informed the portrait work of Helmut Newton who was for some years Leibovitz's fellow photographer at the magazine *Vanity Fair*. Exceptional in Newton's work, his portrait of Margaret Thatcher instead exudes power through the convention of the frontal pose and by the sheer scale of the photographic print. It was the result of the photographer's apparent obsession with the former Prime Minister. As his wife and fellow photographer Alice Springs recalled, whenever Thatcher appeared on television she would cry out "Helmie. Quick, it's your girlfriend". "For years and simply years I wrote to her, begging her to sit for me", Newton recalled in 1991, and she finally agreed to do so that year. Newton's portrait of Thatcher also surprises in the context of another aspect of his work for which he is well known, the highly erotic,

Un senso di artificiosità costruita caratterizza spesso i ritratti di Helmut Newton, che per alcuni anni ha collaborato con Annie Leibovitz per la rivista "Vanity Fair". Eccezionale nella produzione di Newton, il suo ritratto di Margaret Thatcher emana potere grazie alla convenzione della posa frontale e alla scala della ripresa. Il ritratto è nato dalla vera e propria ossessione che il fotografo nutriva per l'ex primo ministro britannico: ricorda Alice Springs, moglie e collega di Newton, che ogni volta che la signora Thatcher compariva in televisione, lo chiamava: "Corri, Helmie, c'è la tua fidanzata!" E Newton ricordava nel 1991: "Per anni, dico anni, le ho scritto, pregandola di posare per me". Quella volta, finalmente, durante una visita in California, lei accettò. Il ritratto sorprende anche alla luce di un altro e ben noto aspetto della produzione di Newton: le fotografie fortemente erotiche (qualcuno direbbe al limite dello sfruttamento) di giovani donne nude. Il ritratto di Margaret Thatcher può sembrare in assoluto contrasto con questo filone della fotografia di Newton; ma forse qualcosa di erotico c'è anche qui, nel modo in cui egli descrive l'inseguimento ossessivo dell'ex primo ministro, nell'attenzione feticistica per i suoi capelli perfettamente scolpiti, il filo di perle e la giacca dagli ampi risvolti. All'epoca era diffusa l'idea che una forte carica sessuale fosse un aspetto essenziale del carisma fisico di Margaret Thatcher, e questo è anche un filone della ricostruzione di quel periodo nel romanzo di Alan Hollinghurst *La linea della bellezza* (2004). Qui, incontrandola a una festa, il protagonista si sofferma anche sulla sua giacca "straordinariamente ricamata", "scollata sul davanti, a mostrare una magnifica collana di perle" e nota che "i suoi capelli erano così perfetti che cominciò a immaginarseli bagnati, appiccicati sul viso".

Ho finora esaminato ritratti che mirano a celebrare il potere dei loro soggetti, mostrando la regina tra le insegne dell'istituzione che rappresenta, o

some might think exploitative, photographs of naked young women. Again the Thatcher portrait may seem at odds with this strand in Newton's photography. But there is perhaps an erotic element in the way Newton describes his obsessive pursuit of Thatcher and a fetishistic attention to her perfectly sculpted hair, pearls and wide-lapelled jacket. A potent sexual charge was often held at the time to be a key aspect of Thatcher's physical persona and it is a sub-theme in Alan Hollinghurst's recreation of the Thatcher era in his 2004 novel *The Line of Beauty*. Here, encountering her at a party, the novel's protagonist also dwells on her "amazingly embroidered" jacket, "cut low at the front to display a magnificent pearl necklace" and notes that "her hair was so perfect that he started to picture it wet and hanging over her face".

So far I have considered portraits that seek to celebrate the power of their subjects whether through showing the Queen among the trappings of the institution she represents or in Newton's assertion of Thatcher's powerful physical presence. But as a number of artists included in this exhibition demonstrate, there is a substantial body of work that critiques power and its manifestations. Leibovitz's and Newton's portraits also show powerful women, whereas it might be thought that power and portraiture was more often to be found in portraits of men, given their traditional dominance as leaders and the conventions to be found in such sub-genres as the business or boardroom portrait. Might we not then expect to find the most obvious and straightforward statements of power in male portraits? To some extent this is true but it should not lead us to assume that there is a fixed and stable type of masculinity that is manifested in portraits. A further historical example, germane to both exhibitions currently at the Palazzo Strozzi, is provided by the analysis of male portraiture in the Italian Renaissance carried on by Patricia Simons. Simons has drawn our attention to the way that such portraits, including the work of Bronzino with whose retrospective exhibition *Portraits and Power* coincides, l'affermazione del potente carisma fisico di Margaret Thatcher secondo Newton. Ma in questa mostra c'è anche un cospicuo gruppo di opere critiche nei confronti del potere, delle sue rappresentazioni e delle sue manifestazioni. I ritratti di Leibovitz e Newton raffigurano donne potenti, mentre si potrebbe credere che potere e ritratto siano campi più specificatamente maschili, visto il loro tradizionale ruolo di dominio e le convenzioni che regolano un sotto-genere come il cosiddetto *business* o *boardroom portrait*. Dunque, non dovremmo aspettarci le affermazioni di potere più ovvie ed esplicite nei ritratti maschili? In una certa misura questo è vero, ma non deve indurci a credere che i ritratti esprimano un tipo di mascolinità stabile e univoco. Un altro esempio storico, pertinente alle due mostre in corso a Palazzo Strozzi, viene dallo studio del ritratto maschile nel Rinascimento italiano condotto dalla storica dell'arte Patricia Simons. Simons ha diretto la nostra attenzione su come questi ritratti – compresi quelli del Bronzino, al quale è dedicata la mostra che si svolge contemporaneamente a "Ritratti del potere" – rappresentino modelli di mascolinità estremamente complessi. Eseguiti entro le condizioni omosociali della città rinascimentale, dove i personaggi effigiati, gli osservatori e gli artisti erano prevalentemente uomini, la studiosa vi riscontra "modelli maschili che non sono né coerenti né universali, nonché un erotismo che non è né 'deviante' né esclusivamente eterosessuale". Nel riferimento mitologico e nella resa del corpo nudo di *Cosimo I come Orfeo* del Bronzino, per esempio, Simons individua un ambiguo elemento omoerotico.

Tornando a pratiche più recenti, ci si potrebbe aspettare che ritratti di uomini eseguiti a fini istituzionali presentino un tipo di mascolinità pubblica più convenzionale. Ancora una volta, tuttavia, vale la pena considerare per chi e a quale scopo questi ritratti sono eseguiti, e come i loro soggetti hanno scelto di essere presentati. Prendiamo il già menzionato *business* o *boardroom portrait*, che evidentemente ha come

represent highly complex masculinities. Produced within the homosocial circumstances of the Renaissance city in which sitter, viewer, artist and patron were predominantly men, she finds in Renaissance portraiture "masculinities that are neither coherent or universal and Renaissance erotics that are neither 'deviant' nor solely heterosexual". In Bronzino's *Cosimo I de' Medici as Orpheus*, for example, she identifies an ambiguous homoerotic element both in its mythological reference and the way Cosimo's naked body is rendered.

Returning to more recent practice, it might be expected that portraits of men intended for institutional purposes would present a more conformist type of public masculinity. But again it is worth considering for whom and for what purpose such portraits were made and how they and their subjects chose to be fashioned. Let us take the business or boardroom portrait which self-evidently has as its subject matter men of power. It is a category of portraiture that flourished in the later nineteenth and twentieth centuries and that, arguably, has been on the decline since around the 1960s. One way to account for this decline would be to adopt the model of business historians who, within a roughly similar timescale, trace the demise of personal or family capitalism and the rise of large multi-divisional companies. The former, with its emphasis on long and loyal service and the passing of the company's values through the generations fostered a culture of commemorative portraiture whereas the latter, with its emphasis on career mobility, does not. If a company does still commission portraits of its executives these are more likely to be photographs than traditional oil portraits. It is also more probably the case that any budget for art will be spent on contemporary art in general. Contemporary art, it is felt, projects a better image of a corporation to both its employees and clients than do the serried likenesses of company elders.

In this context the portraits of executives of Deutsche Bank by Michael Clegg and Martin Guttmann are of particular interest. They employ the devices which we've soggetto maschi di potere. Si tratta di una categoria fiorita tra la fine del XIX e l'inizio del XX secolo, che ha iniziato a declinare solo intorno agli anni sessanta. Un declino che può essere spiegato adottando il modello degli storici dell'economia, che più o meno nello stesso periodo collocano la fine del capitalismo personale, o familiare, e l'ascesa delle grandi società multidivisionali. Il primo, ponendo l'accento sul servizio fedele e prolungato nel tempo e la trasmissione da una generazione all'altra dei valori aziendali, favoriva una ritrattistica commemorativa; cosa che nelle seconde, basate sulla mobilità della carriera, non avviene. Se oggi un'azienda commissiona ritratti dei suoi dirigenti, con tutta probabilità si tratterà di fotografie e non di tradizionali quadri a olio. Inoltre, è più probabile che un'eventuale voce di bilancio destinata all'arte venga spesa in oggetti d'arte contemporanea in generale. Si ritiene infatti che l'arte contemporanea trasmetta a dipendenti e clienti un'immagine dell'azienda migliore di quanto possa fare un ingessato ritratto dei suoi dirigenti.

In questo contesto rivestono un particolare interesse i ritratti dei dirigenti della Deutsche Bank eseguiti da Clegg & Guttmann. I fotografi adottano i mezzi espressivi che abbiamo già identificato come propri del ritratto del potere: impeccabilmente vestiti e seduti in posa frontale. Questi, però, non sono ritratti nel senso tradizionale: sono opere d'arte contemporanea, commissionate dalla banca in occasione del decennale del Deutsche Guggenheim e costruite con *business portraits* convenzionali, come indica il titolo dell'opera: *The Board*. L'ambivalenza di queste fotografie è stata confermata quando gli artisti hanno deciso di ristamparle e presentarle in una mostra, al di fuori degli spazi privati della banca dove sono esposti gli originali. In un primo momento questa decisione ha incontrato l'opposizione della banca: una reazione che ci ricorda come i *business portraits* tradizionali fossero commissionati per un numero molto

already identified as common to the power portrait: immaculately dressed, the men are shown in seated frontal poses, hands held firmly still or clasped together, giving an impression of stolid reliability. Yet these are not portraits in the conventional sense. Rather they are works of contemporary art commissioned by the bank to mark the tenth anniversary of Deutsche Guggenheim, constructions of traditional business portraits as signalled by their title: *The Board*. Their ambivalent status was further confirmed when the artists decided to reprint and to display the works in an exhibition, outside the private spaces in the bank where the originals hung. Initially this was met with opposition by the bank, reminding us that the traditional business portrait was commissioned for a very limited set of viewers. Placed in the boardroom, again a predominantly homosocial space, they were designed to be seen by their subjects' peers or successors or by those younger men who have themselves ambitions to be thus commemorated.

Perhaps there was also a sense of vulnerability felt by the subjects at being thus exposed to public gaze? The sociologist Michael Roper has explored the way toughness combines with vulnerability to produce highly complex masculinities among organization men in his study of what he calls the "emotional economy" of the modern corporate world. Based on interviews with businessmen in the 1980s, Roper finds a cult of the "hard" man among business executives but also more subtle types of gender formation arising from, for example, the relationship of managers to each other, between older and younger managers, or between managers and their wives and secretaries. This should be borne in mind when considering issues of self-styling among such men and how this might also be manifested in their portraits. As noted, Clegg & Guttmann's bankers are very formally dressed: suits, shirts, ties, cuff-linked cuffs and in one case a pocket handkerchief. This is perhaps part of their very specific professional identity as bankers. But it also alerts us to the way that an alternative sartorial rhetoric has ristretto di osservatori. Collocati nella sala del consiglio (di nuovo, uno spazio prevalentemente omosociale), erano destinati a essere visti da persone dello stesso rango dei soggetti ritratti, dai loro successori o da giovani uomini che condividevano la stessa ambizione a essere celebrati.

Forse i soggetti avvertivano anche un senso di vulnerabilità nel venire esposti al pubblico sguardo? Nel suo studio su quella che chiama l'"economia delle emozioni" del moderno mondo aziendale, il sociologo Michael Roper osserva come la durezza si combini con la vulnerabilità, formando una mascolinità assai complessa. Basandosi su interviste a uomini d'affari raccolte negli anni ottanta, Roper riscontra fra i dirigenti un culto dell'uomo "duro", ma anche tipologie più sottili della connotazione di genere, che si formano nel rapporto tra manager di pari grado, tra manager più anziani e più giovani, tra i manager e le loro mogli e segretarie. È un particolare di cui tenere conto nel considerare l'immagine di sé che questi uomini trasmettono, e che può manifestarsi anche nei loro ritratti. Come accennato, i banchieri di Clegg e Guttmann sono vestiti in maniera molto formale: abito, camicia, cravatta, gemelli, e, in un caso, fazzoletto da taschino. Certamente questo è un tratto molto specifico della loro identità professionale, ma ci fa notare anche che, più o meno nel decennio trascorso, in altri settori della finanza o della politica si preferiva una retorica sartoriale alternativa – lo stile più informale in maniche di camicia – che rimanda a un insieme diverso di codici maschili.

Questo modo di vestire e di presentarsi era particolarmente apprezzato da Tony Blair e dalla sua amministrazione, e mi conduce all'ultimo esempio di rappresentazione di potere e mascolinità: la notevole serie di fotografie documentarie realizzata da Nick Danziger nel marzo 2003, quando Blair compiva gli ultimi passi verso la guerra contro l'Iraq e Danziger e l'allora direttore del "Times" Peter Stothard ottennero

been favoured in other sectors of business or politics in the past decade or so – the more informal, shirt sleeved, unbuttoned look – that signifies a somewhat different set of male codes.

This type of self-presentation was much favoured by Tony Blair and his administration and brings me to my concluding example of representations of power and masculinity. This is the remarkable series of documentary photographs by Nick Danziger taken in March 2003 as Tony Blair took the final steps towards leading Britain to war with Iraq and when Danziger and former *Times* editor Peter Stothard were given unprecedented access to him. They record not just the dramatic events that led to the outbreak of war but also the very mixed nuances of male performance when Blair was both politically embattled but also, in Stothard's words, engaged in "a period of almost total outward confidence and certainty". Individual photographs show a group of sombrely dressed ministers shortly after the Americans had started bombing Baghdad gathered outside the Cabinet Room at 10 Downing Street – a space partially defined by the portraits that decorate it – or the aggressive clustering of journalists around Blair on a flight to Washington. Other photographs gain further meaning by attracting contemporary cultural references: the photograph of Blair and Bush striding towards the Camp David heliport "immediately gets the title of 'the *Reservoir Dogs* shot'". This and the photograph of Blair seated in a helicopter also reminds us of the quasi-military posturing that both men, especially Bush, indulged in at the time. Finally there is Blair on the telephone in his private office in Downing Street, known as "the den". This is to some extent the quintessential Blair image: an informal approach to leadership that became known as "sofa government". Jacket off and apparently relaxed, he was in fact engaged in a difficult call. "During difficult calls", Stothard tells us, "Blair huddles into the phone; when making easier calls to diplomatic friends his body language is more expansive and he often puts his feet up on the desk, complete with its family photographs un accesso senza precedenti al primo ministro, registrando non soltanto i drammatici avvenimenti che condussero all'entrata in guerra dell'Inghilterra, ma anche le diverse sfumature dell'interpretazione maschile in un momento per Blair tanto politicamente combattuto quanto, come ebbe a dire Stothard, caratterizzato da "fiducia e sicurezza esteriore quasi totali". Le singole fotografie mostrano un gruppo di ministri, tutti in abito scuro, radunati – poco dopo che gli americani avevano iniziato a bombardare Baghdad – nel corridoio di fronte alla sala del consiglio dei ministri al numero 10 di Downing Street, uno spazio definito anche dai ritratti che lo decorano; o il nugolo aggressivo di giornalisti intorno a Blair durante un volo per Washington. Altre fotografie acquistano un ulteriore significato da riferimenti culturali contemporanei: l'immagine di Blair e Bush che si dirigono a grandi passi verso l'eliporto di Camp David, per esempio, si guadagna immediatamente il titolo di "fotografia delle *Iene* [di Tarantino]". Questa, e l'altra che mostra Blair in elicottero, ci ricordano le pose militaresche cui indulgevano all'epoca i due politici, specialmente Bush. Infine, c'è Blair al telefono nel suo studio privato a Downing Street, noto anche come "the den" (la tana). Questa è l'immagine che coglie l'essenza stessa di Blair, il suo approccio informale al potere che fu detto "governo del sofà". Senza giacca e all'apparenza rilassato, in realtà era impegnato in un difficile colloquio telefonico. "Durante le telefonate più delicate, Blair si rannicchia sul telefono", dice Stothard, "ma quando le conversazioni sono più facili, con diplomatici amici, il suo linguaggio corporeo è più aperto, e spesso mette i piedi sulla scrivania, completa di foto di famiglia e tazza con la scritta 'Daddy'". In ogni caso, come ci ricorda un importante particolare della fotografia – il direttore delle comunicazioni, il maschio alfa dello staff Alastair Campbell, riflesso in uno specchio mentre controlla attentamente la scena – la mascolinità più morbida e rilassata che

and 'Daddy' mug". Yet as an important detail in the photograph reminds us – his alpha male communications director Alastair Campbell looking on attentively and reflected in a mirror – the softer, more relaxed type of masculinity that Blair liked to project was not the whole story. As subsequent memoirs of the Blair years have shown – not least Campbell's – the style of government under Blair could be anything but relaxed, instead characterized by expletive strewn episodes of male sparring and an aggressive and combative masculinity. But then it will also be remembered for the ultimate expression of power: men going to war.

Literature

Alan Hollinghurst, *The Line of Beauty* (London: Picador, 2004).

Annie Leibovitz, *Annie Leibovitz at Work* (London: Jonathan Cape, 2008).

Michael Roper, *Masculinity and the British Organisation. Man since 1945* (Oxford: Oxford University Press, 1994).

Simon Schama, "The Domestication of Majesty: Royal Family Portraiture 1500–1850", in *Art and History*, edited by Robert I. Rotberg and Theordore K. Rabb (Cambridge: Cambridge University Press, 1988), pp. 155–84.

Patricia Simon, "Homosociality and erotics in Italian Renaissance Portraiture", in *Portraiture: Facing the Subject*, edited by Joanna Woodall (Manchester and New York: Manchester University Press, 1997), pp. 29–51.

Peter Stothard, *30 Days: A Month at the Heart of Blair's War* (London: HarperCollins, 2003).

Shearer West, *Portraiture* (Oxford: Oxford University Press, 2004).

Blair amava trasmettere non diceva tutto. Come è emerso da successivi memoriali di quegli anni – non ultimo quello dello stesso Campbell – infatti lo stile del governo Blair era tutt'altro che rilassato, ma costellato di imprecazioni tra uomini abituati a scambiarsi battute forti e caratterizzato da una mascolinità aggressiva e combattiva. E sarà ricordato anche per l'espressione estrema del potere: quella che manda gli uomini in guerra.

Bibliografia

Alan Hollinghurst, *The Line of Beauty,* Picador, London 2004 [trad. it *La linea della bellezza*, Mondadori, Milano 2009].

Annie Leibovitz, *Annie Leibovitz at Work*, Jonathan Cape, London 2008.

Michael Roper, *Masculinity and the British Organisation. Man since 1945*, Oxford University Press, Oxford 1994.

Simon Schama, "The Domestication of Majesty: Royal Family Portraiture 1500–1850", in *Art and History*, a cura di Robert I. Rotberg e Theordore K. Rabb, Cambridge University Press, Cambridge 1988, pp. 155-184.

Patricia Simons, "Homosociality and Erotics in Italian Renaissance Portraiture", in *Portraiture: Facing the subject*, a cura di Joanna Woodall, Manchester University Press, Manchester e New York 1997.

Peter Stothard, *30 Days: A Month at the Heart of Blair's War*, HarperCollins, London 2003.

Shearer West, *Portraiture*, Oxford University Press, Oxford 2004.

STEPHEN DUNCOMBE

Il potere dell'apparenza

Power of Appearance

Per essere efficace, il potere deve apparire. Così, almeno, è stato nel corso della maggior parte della storia. Le strutture architettoniche dell'antico Egitto ne rappresentavano la struttura sociale a piramide, le decorazioni pittoriche delle cattedrali medievali raffiguravano la grande catena dell'essere (... come in cielo, così in terra). È però la pittura a olio che registra la comparsa di un potere più mondano.

Power, to be effective, must appear. At least this has been the case throughout most of history. The architectural structures of Ancient Egypt represented their pyramidal social structure, as the friezes on Medieval European cathedrals depicted the great chain of being (... on earth as it is in heaven). But it is the oil painting that marks the appearance of more worldly power.

Con l'autorità non più assicurata per diritto divino o per tradizione, principi e re, governanti e mercanti individuarono nuovi segni di superiorità – i loro possedimenti, le ricchezze, il portamento e il volto – da cogliere e comunicare nel realismo succulento della pittura a olio. Mentre la loro evidente umanità rendeva questi potenti potenzialmente comuni, la loro rappresentazione garantiva all'osservatore che non lo erano affatto. Il classico ritratto a olio, osserva John Berger, comunicava "il carisma individualizzato che deve suggerire distanza"[1].

Oggi invece il potere deve apparire familiare: se il principe aveva bisogno di dimostrare che non era uguale ai suoi sudditi, il leader dei giorni nostri deve sembrare "uno del popolo". Anche quei potenti il cui carisma si basa proprio sulla distanza, che siano celebrità o regnanti, devono essere "umanizzati" se vogliono essere amati. Questa apparenza di familiarità può essere catturata nelle fotografie sgranate dei paparazzi che colgono i divi del cinema in attività prosaiche (ma sono proprio come noi!), o costruita più accuratamente nella pompa di un ritratto formale, che nell'età dell'ironia decostruisce la sua stessa serietà (la

---

With authority no longer assured by divine right or tradition, princes and kings, both royal and merchant, assembled new signs of superiority – their property, riches, bearing and visage – that could be captured and communicated in oil painting's succulent realism. While their evident humanity made these powerful people potentially common, their appearance assured the spectator they were decidedly not. The classic oil portrait, in the words of John Berger, conveyed "the individualized presence which needs to suggest distance".[1]

Today, power must appear intimate. Whereas the prince needed to demonstrate that he was unlike his subjects, the contemporary leader must appear to be a "man of the people". Even the powerful whose very presence is based upon distance – be they celebrities or royalty – must be "humanized" if they are to be loved. This appearance of intimacy can be captured through grainy paparazzi photos of cinema stars caught in prosaic pursuits (the stars are just like us!), or executed more skillfully through the pomp of a formal portrait whose very seriousness deconstructs itself in this age of irony (the Queen is human after all!), but the effect is the same: a distant power is made intimate, if not quite attainable.

regina è umana, dopo tutto!), ma l'effetto è uguale: un potere lontano è reso familiare, se non del tutto accessibile.

Questa relazione tra familiarità e potere si manifesta con la massima evidenza nella realtà della cosiddetta pratica del *photo opportunity* politico. Qui, in un momento rubato al quotidiano, i nostri potenti esercitano il potere: tenendo discorsi e riunioni, prendendo decisioni, persino rilassandosi una volta finito il duro lavoro. Con questo accesso visivo ci viene data un'illusione di vicinanza ai processi del potere. C'è ancora distanza tra noi e quelli che lo detengono – l'esistenza del *photo-op* conferma la loro eccezionale importanza – ma questa separazione non è più un abisso insormontabile di diritto di nascita e tradizione, ma soltanto di esperienza e contesto. Noi potremmo essere come loro, se solo avessimo un impiego diverso e lavorassimo di più, e se siamo lontani dal potere la colpa è nostra, non loro. Questa è l'ideologia dominante della democrazia moderna.

Un simile stato di apparenze crea un problema per quelli di noi che si sforzano di essere critici nei confronti del potere. Se, una volta, lo scopo di tale critica era di rivelare l'umanità, dunque la fallibilità del potere (sollevare il velo della tradizione e della religione per rivelare l'uomo mortale che c'è dietro), oggi l'accorta rivelazione dell'umanità è parte integrante della conservazione stessa del potere. È proprio l'apparenza di familiarità, e dunque una certa parvenza di identificazione e di accesso popolare, a far sì che il potere rimanga nelle mani di pochi, in un'epoca di democrazia formale, se non effettiva. Noi che vorremmo spogliare il potere di quello che il Grande Inquisitore di Fedor Dostoevskij definisce "il mistero, il miracolo e l'autorità", potremmo ritrovarci a contribuire al suo successo, e l'artista critico, impegnato in un atto sovversivo di presunta rivelazione, rischia di diventare suo malgrado un pittore di corte.

One sees this relationship of intimacy and power most clearly in the staged reality of the political photo-op. Here, in a moment stolen from everyday, our leaders lead: giving speeches, holding meetings, making decisions, or even relaxing once their hard work is done. Through this visual access we are given the illusion of proximity to the processes of power. There is still distance between us and those with power – the fact of the photo-op confirms their singular importance – but this separation is no longer an insurmountable gulf of birthright and tradition, merely one of experience and context. We could be like them if we just had a different job and simply worked harder, and if we are distant from power it is our fault, not theirs. Such is the ruling ideology of modern democracy.

This current state of appearances creates a problem for those of us who strive to be critical of power. If at one time the job of such a critic was to reveal the humanity, and thus fallibility, of power – to pull back the curtain of religion and tradition to reveal the mortal man behind – today, the careful revelation of humanity is an integral component in the maintenance of power. It is the very appearance of intimacy, and thus some semblance of popular identification and access, that allows power to remain in the hands of the few in our era of formal, if not factual, democracy. We who would strip power of what Fyodor Dostoyevsky's Grand Inquisitor described as its "miracle, mystery and authority" may, in the end, contribute to its success, and the critical artist, engaged in a subversive act of would-be revelation, risks becoming an unwitting court painter.

But there is a bigger challenge for those who seek to represent and reveal authority: power no longer fits neatly within a gilded frame. In the past, perhaps, one might locate rule in a person or a place. "L'État, c'est moi," Louis XIV is thought to have said. As such, challenges to unjust power had a target: people could march on Versailles or storm the Winter Palace; behead a King or kill a Czar. But can we say the same today? The immense political potency of the US president, for

Ma c'è una sfida ancora maggiore per chi cerca di rappresentare e rivelare l'autorità: il potere non si lascia più racchiudere facilmente in una cornice dorata. In passato, forse, era possibile localizzare l'autorità in una persona o in un luogo: pare che Luigi XIV abbia detto che "L'Etat, c'est moi". In questo modo la sfida contro un regime ingiusto era in grado di identificare un obiettivo: il popolo poteva marciare su Versailles o assalire il Palazzo d'Inverno, decapitare un re o uccidere uno zar. Ma possiamo dire lo stesso oggi? L'immensa potenza politica del presidente degli Stati Uniti non risiede nel corpo di Barack Obama, ma nel potere della sua posizione. E le decisioni politiche possono essere prese tanto in uno sgabuzzino di un qualunque palazzo di uffici, su un aereo a mille metri di altezza o attraverso un sicuro telefono satellitare in mezzo al deserto, quanto alla Casa Bianca. Come sostengono gli artisti attivisti del Critical Art Ensemble, "anche se i monumenti del potere stanno ancora in piedi, presenti e visibili in posizioni stabili, l'organo che lo detiene non è né visibile né stabile"[2]. I capi di stato sono meri punti di riferimento del potere, a rassicurarci che il controllo è in qualche modo comprensibile alla portata e al livello umano; e così ogni rappresentazione del potere nella figura di una persona o di un luogo comporta il rischio di alimentare questa illusione.

Il decentramento del potere da una persona o da un luogo trova la sua espressione più completa nel potere aziendale e finanziario, quando il capitale, la valuta, persino le sedi della produzione si muovono intorno al globo con velocità fulminea, e i confini delle aziende stesse, sin dall'inizio astrazioni legali, sfumano intrecciandosi con altre entità aziendali, statali e militari. Quando il potere è sempre più mobile, distribuito nello spazio anziché collocato entro di esso, come facciamo a dipingerne il ritratto? Non lo facciamo. Tracciamo la mappa del territorio e disegniamo i flussi; la cartografia e la geografia diventano il metodo di rappresentazione preferito.

instance, is not located in the body of Barack Obama, but in the power of his position. And political decisions are as likely to be made in a back room of nondescript office building, in a plane at thirty-seven hundred feet above sea level, or through a secure satellite phone in the middle of a desert, as they are in the White House. As the artist-activists of the Critical Art Ensemble argue, "Even though the monuments of power still stand, visibly present in stable locations, the agency that maintains power is neither visible or stable".[2] Heads of state are merely focal points of power, reassuring us that control is somehow comprehendible at human scale and scope, and, as such, each representation of power in the form of a person or place poses a danger of contributing to this illusion.

The decentring of power from person or place finds its complete expression in corporate and financial power when capital, currency and even production sites move around the globe at a moment's notice, and the boundaries of corporations themselves, legal abstractions to begin with, blur as they intertwine with other corporate, state and military entities. When power is increasingly mobile, distributed across space instead of located within it, how do we paint its picture? We don't. We chart the territory and map the flows; cartography and geography become the chosen method of representation. Yet mapping still depends upon points of reference. Even with the acknowledgement that these points are no longer discreet nor stable, and the knowledge that power is located in the network and its flow, there remains in any cartographic project a dependence upon power's visibility. Without this there is nothing to map. But power is not only mobile, it is increasingly invisible, with shell companies and secret prisons its modern manifestation. The appearance of this sort of power can only, at best, be partially captured in the distance, its revelation a hazy image. Indeed, the near invisibility of power today is perhaps the only thing that can be revealed. Power is to be located in absence as much as in presence: blank spots on the map.

Ma poter disegnare carte dipende sempre da punti di riferimento. Anche riconoscendo che questi non sono più discreti né stabili, e sapendo che il potere si trova nella "rete" e nei suoi flussi, ogni progetto cartografico dipende sempre dalla propria visibilità: se questa viene meno, non c'è niente da registrare sulla carta. Però il potere è non solo mobile, ma è sempre più invisibile, con società schermo e prigioni segrete come sue manifestazioni moderne. L'apparenza di un potere siffatto può solo, nel migliore dei casi, essere colta parzialmente, da lontano; ma la sua rivelazione è sempre un'immagine confusa. Oggi, in verità, la quasi invisibilità del potere è forse l'unica cosa che si possa rivelare. Il potere deve essere localizzato in assenza tanto quanto in presenza: punti vuoti sulla carta.

La maggior parte delle rappresentazioni e rivelazioni visive del potere, indipendentemente dalle loro differenze d'intenti e di tecnica, considera l'autorità come una forza esterna: il potere può essere presente in un leader o sfumare in una nebbia, ma è sempre qualcosa che sta "fuori". Probabilmente, invece, esso è più efficace quando sta "dentro". Scrivendo da un carcere fascista, Antonio Gramsci teorizzava che il potere dominante non si esercita solamente con la forza delle armi o attraverso meccanismi dello stato, ma attraverso il "senso comune": l'intrico di norme, consuetudini e concezioni del mondo che guida i pensieri e le azioni quotidiane delle persone[3]. Se noi siamo ciò che siamo e ciò che pensiamo, allora l'autorità si trova al centro di ciò che siamo.

Circa quarant'anni dopo, Michel Foucault avrebbe ripreso e ampliato questa visione nella sua analisi della microfisica del potere. Per Foucault, il potere è una faccenda interiore, recitata e riprodotta dai suoi soggetti; è, scrive, un "regime di potere sinaptico, un regime che si esercita *all'interno* del corpo sociale più che *dall'alto*". Lungi dall'essere qualcosa di esterno e "altro"[4], il (bio)potere allora è inscritto nei nostri corpi e nei nostri desideri, e noi

Most visual representations and revelations of power, no matter their differences in intent and technique, understand authority as an external force. Power may be present in a leader or it may be disappearing in a haze, but it is always something out there. But power is possibly at its most effective when it is not "out there", but inside; when it is part of us. Writing from a Fascist jail, Antonio Gramsci theorized that dominant power does not exert itself solely through force of arms or mechanism of the state, but instead through "common sense": the morass of norms, mores, and conceptions of the world that guide people's everyday thoughts and actions.[3] If we are composed of what we do and what we think, then authority, in this view, resides at the core of who we are.

Michel Foucault was to pick up and extend this insight forty-odd years later with his exploration of the microphysics of power. Power, for Foucault, is an intimate affair, enacted and reproduced by its very subjects. This, he writes, is "a synaptic regime of power, a regime of its exercise *within* the social body, rather than *from above* it".[4] Far from being something external and "other", (bio) power is inscribed onto our bodies and into our desires. We are subjects of our own subjugation. But if power is embedded within and articulated through ourselves, then how do we recognize, much less represent it? This is a daunting task, for not only must any understanding of power take place *through* the frames of comprehension – the "common sense" – of that power itself, but because we are agents of power any representation must also include and implicate ourselves.

Michael Hardt and Antonio Negri describe the current system of power as one of *Empire*, a regime far grander and more diffuse than even Foucault, at his most despairing, imagined. "The political", they write, "must also be understood as ontological. … Empire constitutes the ontological fabric in which all the relations of power are woven together – political and economic as well as social and personal relations." In its daily production and reproduction power has outstripped any constitutions, siamo i soggetti del nostro stesso soggiogamento. Ma se il potere è radicato dentro noi stessi e articolato attraverso di noi, come possiamo riconoscerlo, per non dire rappresentarlo? È un'impresa improba, perché non solo qualsiasi comprensione del potere deve avere luogo *attraverso* gli schemi della comprensione – il "senso comune" – di quel potere stesso, ma, poiché noi siamo agenti di potere, ogni rappresentazione deve includere e implicare anche noi stessi.

Michael Hardt e Antonio Negri descrivono l'attuale sistema di potere come un "impero", un regime di gran lunga più imponente e diffuso di quanto persino Foucault abbia mai immaginato, anche al colmo della sua disperazione. "Il politico va inteso in senso ontologico", scrivono Hardt e Negri; "L'Impero è la fabbrica ontologica in cui tutti i rapporti di potere – economici, sociali e personali – si intessono in un'unica trama". Nella sua quotidiana produzione e riproduzione, il potere ha superato ogni costituzione, ogni documento di fondazione o ideologia che un tempo consentivano di localizzarlo, metterlo su un tavolo ed esaminarlo. L'impero non può essere localizzato in un palazzo del parlamento o in un complotto di uomini d'affari. Il potere è dappertutto, per questo non lo si trova da nessuna parte. Un sistema così pervasivo e integrato è, per usare l'espressione dei due autori, *incommensurabile*. L'unica resistenza a un sistema così totalizzante è una "ontologia del possibile", che esiste "oltre la misura"[5].

Come è possibile rappresentare qualcosa che non è misurabile? L'immagine è, per definizione, rappresentazione di qualche *cosa* (il latino "imago", da cui la parola deriva, significa ritratto, effigie, copia o imitazione). Ma quando il potere si mostra sul palcoscenico del *photo opportunity* o si intravede appena mentre sfuma, quando il potere è articolato in reti, distribuito e sempre in movimento, quando il potere è introiettato dai suoi stessi soggetti – come dovrebbe fare un artista a catturarne l'immagine?

founding documents or ideologies that once allowed one to locate it, pin it down and examine it. Empire can not be located in a Parliament building or a cabal of businessmen. Power is everywhere, and therefore it is nowhere to be found. A system this pervasive and this integrated is, in the words of Hardt and Negri, *immeasurable*. The only resistance to such a totalizing system is an "ontology of the possible" that exists "beyond measure".[5]

How is it possible to represent that which is immeasurable? The image, by its very definition, is a representation of some-*thing*. (The word's Latin root: *imago*, meaning likeness, copy, or imitation.) But when power appears staged in photo-ops or is only glimpsed in its disappearance, when power is networked, distributed and always in motion, when power is internalized by its very subjects – then how is an artist supposed to capture its image?

Here Jacques Rancière makes a useful distinction between what he defines as representative and aesthetic approaches in critical art practice. The representative, as the name suggests, is an attempt to represent reality; holding up a mirror up to the world as it is. This representation may be celebratory or critical, but its function is always that of capturing and revealing the real. The aesthetic approach, on the other hand, is the practice of rearranging the very coordinates by which we recognize reality. The "distribution of the sensible", as Rancière calls it, "is a delimitation of spaces and times, of the visible and the invisible, of speech and noise, that simultaneously determines the place and the stakes of politics as a form of experience".[6] The aesthetic approach is thus a *re*-distribution of the sensible; an assault on the very foundation of what we understand reality to be and a recalibration of our senses so that we might perceive new realities… and imagine new possibilities. This shifts critical practice, be art or activism, from recognition and critique of reality towards its redefinition and regeneration – moving from the representational *image* to procreative *imagination*.

Qui Jacques Rancière conduce un'utile distinzione tra quelli che definisce l'approccio *rappresentativo* e l'approccio *estetico* nella pratica artistica critica. L'approccio rappresentativo, lo dice la parola, è un tentativo di rappresentare la realtà: tenere uno specchio davanti al mondo così com'è. Questa rappresentazione può essere celebrativa o critica, ma la sua funzione è sempre quella di cogliere e rivelare il reale. L'approccio estetico è, invece, la pratica di riordinare le coordinate stesse in base alle quali noi riconosciamo la realtà. La "distribuzione del sensibile", come la definisce Rancière, "è una delimitazione di spazi e di tempi, del visibile e dell'invisibile, della parola e del rumore, che determina simultaneamente il luogo e i limiti della politica come forma di esperienza"[6]. L'approccio estetico è dunque una *ri*-distribuzione del sensibile; un assalto alle fondamenta stesse di quello che intendiamo essere la realtà e una ricalibratura dei nostri sensi in modo che possiamo percepire nuove realtà... e immaginare nuove possibilità. Ciò sposta la pratica critica, che si tratti di arte o di attivismo, dal riconoscimento e dalla critica alla realtà verso la sua ridefinizione e rigenerazione – passando dall'*immagine* rappresentativa all'*immaginazione* procreativa.

Il potere dell'apparenza sta nella sua capacità di velare la realtà, sosteneva il grande Niccolò Machiavelli. Il suo capolavoro politico, *Il principe*, è prodigo di raccomandazioni su come un "principe debbe desiderare di esser tenuto", e di consigli su come apparire "pietoso, fedele, umano, intero e relligioso". Il potere richiede più l'apparenza che la realtà: "A uno principe, adunque, non è necessario avere tutte le soprascritte qualità, ma è bene necessario *parere* di averle", dice Machiavelli; il buon principe deve "essere gran simulatore e dissimulatore"[7]. Questo modo di usare l'apparenza per fingere e dissimulare ha disturbato generazioni di dissidenti, da Platone ai critici della spettacolarizzazione della politica dei giorni nostri. Questo è comprensibile. In effetti non

The power of appearance, argued the great Niccolò Machiavelli, lay in its ability to cloak reality. His political masterwork, *The Prince*, is filled with recommendations regarding how a leader is "to be considered", and advice for "one who wishes to obtain the reputation" of possessing qualities such as mercy, faith, religiosity and sincerity. Power is more about appearance than reality. "It is not, therefore, necessary for a prince to have [these] qualities, but it is very necessary *to seem* to have them", Machiavelli states, adding that a good prince must be "a great feigner and dissembler".[7] The use of appearance to feign and dissemble has disturbed generations of dissentients, from Plato to present-day critics of the Hollywoodization of politics. This is understandable. But maybe Machiavelli should not have the last word on the subject, for perhaps there is another, more positive, way to think about the power of appearance.

Appearances need not only be a cloak to hide reality, they might also be means to *envision* new realities. Art can certainly represent what is, that is: take the measure of existing reality, but it can also manifest visual worlds and create forms of experience that push beyond contemporary measurement. Appearance, seen in this light, becomes a means to enable new senses of the visible, the sayable, and the thinkable through which we can temporarily transcend the strictures of common sense, freeing ourselves from what André Breton called the tyranny of "the realistic attitude".[8] This approach will not miraculously eradicate the power imbedded within us, nor will it immediately overthrow those who wield power above us, but it could create a space within which we might begin to visualize an "ontology of the possible"; to re-conceptualize the very nature of power and help a new form make its appearance.

dovrebbe essere Machiavelli ad avere l'ultima parola sull'argomento, perché forse c'è un'altra maniera, più positiva, di pensare il potere dell'apparenza.

Le apparenze non devono essere solo un velo per ricoprire la realtà; possono essere anche un mezzo per *immaginare* nuove realtà. L'arte può senz'altro rappresentare ciò che è, vale a dire prendere la misura della realtà esistente, ma può anche manifestare mondi visivi e creare forme di esperienza che premono oltre la misura contemporanea. Vista sotto questa luce, l'apparenza diventa un mezzo per rendere possibili nuovi sensi del visibile, del dicibile e del pensabile, attraverso cui possiamo temporaneamente trascendere la ristrettezza del senso comune, liberandoci da quella che André Breton definiva la tirannia della "posizione realistica"[8]. Questo approccio non estirperà miracolosamente il potere radicato dentro di noi, né rovescerà immediatamente coloro che lo esercitano sopra di noi, ma potrà creare uno spazio entro il quale sia pensabile iniziare a visualizzare una "ontologia del possibile", a ri-concettualizzare la natura profonda del potere e contribuire a far apparire una forma nuova.

[1] John Berger, *Questioni di sguardi*, Bollati Boringhieri, Torino 2009.
[2] Critical Art Ensemble, *Electronic Civil Disobedience* in http://www.critical-art.net/books/ecd/, p. 9.
[3] Antonio Gramsci, *Quaderni del carcere*, a cura di Valentino Gerratana, Einaudi, Torino 1975.
[4] Michel Foucault, *Power/Knowledge*, a cura di Colin Gordon, Pantheon Press, New York 1980, p. 39.
[5] Michael Hardt e Antonio Negri, *Impero. Il nuovo ordine della globalizzazione*, Rizzoli, Milano 2001, p. 330 e seguenti.
[6] Jacques Rancière, *The Politics of Aesthetics*, Continuum, London 2004, p. 13.
[7] Niccolò Machiavelli, *Il principe*, Garzanti, Milano 2001 (1976), pp. 64 e 68. Il corsivo è di chi scrive.
[8] André Breton, *Manifesto del surrealismo* (1924), in *Manifesti del surrealismo*, Einaudi, Torino 2003.

[1] John Berger, *Ways of Seeing* (London: Penguin/BBC, 1972), p. 97.
[2] Critical Art Ensemble, *Electronic Civil Disobedience* (http://www.critical-art.net/books/ecd/), p. 9.
[3] Antonio Gramsci, *Selections from the Prison Notebooks*, edited and translated by Quintin Hoare and Geoffrey Nowell Smith (New York: International Publishers, 1971).
[4] Michel Foucault, *Power/Knowledge*, edited by Colin Gordon (New York: Pantheon Press, 1980), p. 39.
[5] Michael Hardy and Antonio Negri, *Empire* (Cambridge: Harvard University Press, 2000), pp. 354 and 368, respectively.
[6] Jacques Rancière, *The Politics of Aesthetics*, translated by Gabriel Rockhill (London: Continuum, 2004), p. 13.
[7] Niccolò Machiavelli, *The Prince*, translated by Luigi Ricci, pp. 86 and 93, respectively; emphasis mine.
[8] André Breton, *Manifesto of Surrealism*, first manifesto, 1924 , no page.

CLEGG & GUTTMANN

Dare potere a chi non ne ha

Empowering the Powerless

Nell'inverno del 1980 eravamo alla ricerca di "uomini di una certa età con il volto glabro e i lineamenti forti" e Tina ci disse che avremmo potuto trovare il suo amico Bill Rice in un locale della seconda Avenue chiamato The Bar. Non avevamo idea del suo aspetto, ma lo vedemmo subito: l'uomo chino sul bancone con gli occhi rossi e ubriachi e un'espressione dolente sul volto non poteva che essere Bill.

In the winter of 1980 we were looking for "older men with strong facial features and no facial hair" and Tina told us that we may find her friend Bill Rice at The Bar on 2nd Avenue; and right away we could see Bill – we had no idea what he would look like but the man stooped on the bar with drunk red eyes and his face fixed in an expression of worldly pain had to be him.

Era un artista, ma sul finire degli anni settanta aveva lavorato anche come attore nel cinema underground newyorkese. Gli promettemmo qualcosa che forse non potevamo dargli – un "primo piano" – e il giorno dopo si è presentato nel nostro ufficio con un completo verde chiaro, la camicia bianca e una cravatta a righe. Lo abbiamo fatto accomodare nello studio che avevamo improvvisato e lui è rimasto lì seduto, un po' confuso, con il ginocchio destro sollevato e stretto tra le braccia mentre noi scattavamo soltanto una foto. La nostra prima foto.

A quell'epoca gli Stati Uniti erano molto politicizzati. Ronald Reagan era salito al potere con una maggioranza schiacciante e molti artisti avevano avvertito l'esigenza di reagire e impegnarsi. Il mondo dell'arte si stava allargando più che mai, il mercato dell'arte era diventato un'industria. Nella misura in cui quei cambiamenti erano indice di sviluppi positivi e dell'integrazione dell'arte nella cultura popolare, quello fu un periodo di cooptazione, di ritorno a un'arte d'evasione e anti-intellettuale. Per alcuni anni si avvertì uno stato di sospensione, di cambiamento imminente: una generazione di artisti

---

He was an artist but worked sometimes as an actor in the New York underground film scene of the late 1970s. We had promised him something that we could not quite deliver – a "head shot". The next day he showed up in our place dressed in a light green suite, a white shirt and a stripped tie, we had him seat in a make shift studio we set up and he sat there embracing his right knee, looking a little bewildered as we took just one picture, our first.

This was a time of intense politicization in the United States. When Ronald Reagan came to power in a landslide victory, many artists felt the need to resist, to get involved. The art world was becoming much bigger than any other time before; the art market became an industry. In as much as these changes signalled positive developments in the sense of integrating art into the popular culture, this was also a time of co-option, of a return to an escapist and anti-intellectual art. For a number of years a state of suspension, of an imminent change was in the air – a generation of artists lay in waiting for the counter attack. The new art would be a development and a critique of the legacy of conceptual art, addressing the politics of identity and concrete issues like government and attendeva il momento di contrattaccare. La nuova arte sarebbe stata un'evoluzione e una critica dell'eredità concettuale, si sarebbe occupata della politica dell'identità e di temi concreti come il governo e l'AIDS scegliendo come interlocutore diretto il potere, il potere delle aziende che in maniera crescente controllavano la sfera culturale.

Il dilemma davanti a cui ci trovammo allora fu come riuscire a sfruttare la nuova visibilità e la portata culturale imposte dal mercato e nello stesso tempo trovare il modo di introdurre una voce critica, di manipolare e non essere manipolati. Quasi per caso trovammo la fotografia di un gruppo di dirigenti dell'IBM, il tipo di immagine che solitamente compare negli annuari aziendali. Capimmo che l'annuario, e in particolare le foto che lo corredano, costituisce una delle pochissime occasioni in cui l'azienda si presenta al pubblico; una sorta di fenditura nella corazza della società, il luogo in cui si prova a far sfoggiare al mostro un volto umano sorridente. Si tratta di pubblicazioni studiate per far credere che non vi siano conflitti tra il bene comune e l'avidità dell'azienda. L'analisi di questo modello fotografico diede risultati sorprendenti: ci rendemmo conto ben presto che i gesti dei dirigenti, le regole dell'abbigliamento, i rapporti tra superiori e subordinati, tutto faceva riferimento alle convenzioni stabilite dalla ritrattistica olandese del Seicento. I conti tornavano: in quei dipinti si leggeva già la nascita del capitalismo, lo spirito imprenditoriale e lo spettacolo della mobilità sociale. Abbiamo quindi iniziato a sviluppare lo schema che avremmo seguito per alcuni ritratti fotografici, intesi come una raffinata combinazione di due forme espressive diverse: sul piano dei contenuti sarebbero stati collegati al genere di fotografia degli annuari aziendali, mentre su quello formale avrebbero fatto riferimento alla storia dell'arte. Un modello che ci avrebbe consentito di agire all'interno e all'esterno del mondo dell'arte.

AIDS – to talk truth to power, the power of corporations who increasingly controlled the cultural sphere.

The dilemma we faced at the time was how to take advantage of the new visibility and cultural reach that the market mandated and at the same time find a way to smuggle in a critical voice, to manipulate and not be manipulated. Almost by chance we had found a picture of an IBM executive group – the kind of image that could be featured in an annual report. We understood that annual report, and in particular annual report portraiture is one of the few instances that the corporation presents itself to the public – this was a crack in the corporate armour – a place where the conglomerate attempts to put on a smiling human face on the monster. Annual reports have a way of suggesting that there is no conflict between the public good and the corporate greed. The analysis of this photographic model yielded surprising results – the gestures the executives used, the dress code, the relations between superiors and subordinates all related directly to conventions that were set in Dutch portraiture of the seventeenth century. This made perfect sense – the birth of capitalism, entrepreneurship and spectacle of social mobility were all to be found there. We started to develop the model which we were to follow for a number of photographic portraits which would function as a hybrid between the two forms – in content related to the corporate annual report photography and in presentation and context to art. A model that would allow us to function inside and out of the art world.

Interrogating a Portrait

As a framework we used the narrative of commissioned portraits since commissioned-looking images by their definition deal with the issues of control. They dramatize a fictitious scenario that provides a simple scheme of the field of forces involved in the portrait-drama, an allegory of how meaning is controlled. Those people (visible inside the frame) commission the artist

Interrogare un ritratto

Abbiamo deciso di basare il nostro lavoro sulla narrativa dei ritratti eseguiti su commissione, poiché si tratta di immagini che per definizione hanno a che fare con il tema del controllo. Attraverso la messa in scena di una simulazione essi descrivono in modo semplice il campo di forze coinvolte nel dramma-ritratto, diventando un'allegoria del controllo del senso. Le persone visibili dentro la cornice incaricavano l'artista invisibile e fuori dalla cornice di raffigurarle secondo i criteri dell'epoca fissati da convenzioni storiche (nel Novecento non sono state inventate nuove pose). In pratica abbiamo usato la narrativa della committenza come espediente volutamente fuorviante per conferire al lavoro un "aspetto" riconoscibile, che appare familiare ma in realtà è solo un pretesto per sollevare la questione del controllo, del conflitto di interessi, di chi impone il significato delle opere.

Se consideriamo l'implicita abilità del mondo dell'arte di ottenere i risultati più appropriati, possiamo generalizzare questo schema: i ritratti sono documenti romanzati del potere che rappresenta se stesso. Possiamo rendere trasparente il meccanismo; esporre il corpo nudo del potere senza vergogna. Nessuno sa esattamente in che modo il senso viene controllato; ma ciascuno si sente obbligato a indovinare, a inventare una storia di supporto alla propria teoria, collegata a ciò che vede.

Parlando in termini generali, i ritratti che abbiamo realizzato negli anni raffigurano gli attori del mondo dell'arte: collezionisti, agenti, critici e artisti (con cui collaboriamo da tempo). Tutti posano obbedendo a un codice dell'abbigliamento apparentemente collegato a una classe esterna, il corpo dell'anima aziendale, e partecipano a uno spettacolo in cui essi stessi svolgono un ruolo centrale in quanto dirigenti della cultura.

Da un punto di vista per così dire interno, il

(invisible and outside of the frame) to represent them in a way that will conform to certain contemporary standards that were fixed by historical conventions (no new postures were invented in the twentieth century). Essentially we use the commissioned narrative as an intentionally misleading device which gives the work a recognizable "look", one we are superficially familiar with; but in fact it is a pretext to bring up questions of control, of conflicts of interests, of who imposes the meaning of the pieces.
Accordingly, if we consider the implicit ability of the art world to coerce the results that would be suitable to itself, we could generalize this scheme – the portraits are fictionalized documents of power representing itself. We could make the mechanism transparent; expose the way power is worn nakedly, without shame. Nobody knows exactly how meaning is controlled but everybody feel compelled to guess, to invent a narrative that supports his own theory, related to what he sees.

Generally speaking, the portraits we have done over the years represent participants, members of the art world – they are collectors, dealers, critics and artists (with whom we extended collaborations). All pose in conformity with an executive dress code that seemingly relates to an external class, the body of the corporate soul, they are participants in a drama in which they themselves play a central role: they are the culture executives.

Internally, we can say, the portrait is about the relationship between the invisible artist and the visible commissioner. Externally, the artwork itself is controlled by critics, curators and museum directors who make selections and map out hierarchies. But artists and cultural executives alike have a reason to conceal this situation: the artists because they want to believe in creativity and self-assertion, the art executives because they try to hide the surplus-oppression which they exert.

Early on we only used actors, they were people we knew or were related, but since we did not know many older people we had advertises in actors casting magazines and sometimes worked with ritratto riguarda il rapporto tra l'artista invisibile e il committente visibile. Dall'esterno, l'opera d'arte è controllata da critici, curatori e direttori di museo, che operano selezioni e stabiliscono gerarchie. Ma sia gli artisti sia i dirigenti della cultura hanno interesse a non rivelare questa situazione: i primi vogliono credere nella creatività e nell'autoaffermazione, i secondi tentano di nascondere l'oppressione eccessiva che esercitano.

All'inizio utilizzavamo come attori amici o parenti; ma poiché non conoscevamo molte persone di una certa età abbiamo pubblicato degli annunci sulle riviste di casting, e talvolta abbiamo lavorato con attori professionisti. Dopo alcuni anni, una volta consolidata la finzione della committenza, abbiamo iniziato ad accettare incarichi veri e propri, imponendo però una serie di condizioni. Le persone che ci commissionavano un ritratto in realtà chiedevano di essere rappresentate nello stesso modo degli attori che interpretavano la parte. Avrebbero recitato se stessi in un vuoto di identità circolare.

Fu subito chiaro che non eravamo interessati alla "psicologia" del soggetto. La pretesa secondo la quale la fotografia ha il potere di "scoprire", di riflettere la profondità delle cose ci appariva esagerata, se non addirittura falsa e fuorviante. Il contenuto visuale del volto è un ambito che ci sentiamo liberi di manipolare in quanto pertiene alla storia sociale dei volti, dei tipi. Non crediamo nella fisiognomica.

La vita di un ritratto

Il primo contatto con le persone che vogliono farsi ritrarre avviene attraverso il nostro agente (che si destreggia fra liste d'attesa e altre strategie simili per dare l'impressione che la richiesta sia difficile da soddisfare); ci interessa conoscere l'età e il sesso del committente ma non il suo aspetto. Si fissa un appuntamento. Le informazioni iniziali servono per

professional actors. After a few years, as the fiction of the commission was established we started accepting actual commissions; but they would be done on our own terms. The persons commissioning their image were in fact asking to be represented in the same manner as the actors acted out their part. They would play themselves in a circular void of identity.

From the outset it was clear that we were not interested in a person's so called "psychology"; we felt that the claim of photography to "discover", to reflect a depth is greatly exaggerated if not completely false. The visual content of people's faces is a field we feel free to manipulate as part of the social history of face types – we don't believe in Physiognomy.

The Life of a Portrait

The initial contact with persons who wanted to be portrayed by us would be made through our dealer (who would juggle waiting lists and other inducing hard-to-get devices); we would ask about their age and gender but never wanted to look at their images and then an appointment would be made. Based on the initial information we had we would have a pre-conceived idea of the composition we would like to make, often related to an art work or a photograph we had seen. First we hang the background we have brought, look for accessories and chairs; then pose subjects according to the composition we have planned; while they stand or seat in position we arrange their hands in a slightly violent manner, which never fails to surprise them. We look in their closets for accessories, jewellery and ties. We ask them not to smile, remove their glasses, stay very still and hold their place. The lights we use are very bright and very hot – which makes looking forward difficult; the sitters begin to feel uncomfortable, even vulnerable as their control of the set is limited when we assert our "artistic" authority. They blink and sweat and look like they don't fully accept our photographic proposal.

farci una prima idea della composizione che ci piacerebbe realizzare, spesso collegata a un'opera d'arte o a una fotografia che ci ha colpito. La nostra prima preoccupazione è appendere lo sfondo e cercare accessori e sedie; poi mettiamo in posa i soggetti secondo la composizione prescelta. Mentre i modelli sono in piedi o seduti, spostiamo le loro mani con modi un po' bruschi; la cosa sorprende sempre tutti. Rovistiamo negli armadi alla ricerca di accessori, gioielli e cravatte. Chiediamo loro di non sorridere, di togliersi gli occhiali, di rimanere immobili nella stessa posizione. Usiamo luci molto chiare e calde che rendono difficile tenere lo sguardo fisso in avanti; i soggetti iniziano a sentirsi a disagio, vulnerabili. Il loro controllo è limitato quando noi imponiamo la nostra autorità "artistica"; battono le palpebre e sudano e non sembrano felici della nostra proposta fotografica.

Gli sfondi davanti ai quali scattiamo le nostre fotografie non provengono dall'ambiente in cui vivono i soggetti; li riutilizziamo continuamente, assegnandoli alle persone in base al tipo, e spesso i nostri clienti li riconoscono e si rendono conto che fanno parte della scena. Gli sfondi si spostano in primo piano e nella loro ovvia artificialità spezzano l'unità dello spazio; le linee di giunzione, le puntine da disegno con cui vengono fissati alle pareti e il margine della finzione rimangono sempre chiaramente visibili.

Ogni sessione fotografica diventa un esperimento durante il quale noi manteniamo il controllo di alcune variabili e ci limitiamo a osservare le altre. Ci occupiamo di fondali, luci, pose e accessori ma esercitiamo un controllo limitato sull'espressione del viso e sulla non trascurabile "irradiazione" emanata dal soggetto. Ne deriva una lotta per l'autoaffermazione, per il dominio dell'immagine. Ci sono barriere che non si devono superare – separarsi dai propri occhiali, indossare una cravatta – e quando si presenta un'impasse registriamo il rifiuto nel titolo della fotografia (per esempio *L'uomo senza cravatta*).

The photographic backgrounds in front of which the portraits are taken don't come from the sitters' personal environments. The same backgrounds are used over and over again, they are assigned to a person by type, and often our sitters recognize them and see how they are embedded in a scene. The backgrounds move to the fore and break the unity of space in their obvious artificiality; one can see the seams, the pushpins in the wall, and the edge of the make-believe.

Every photographic session becomes an experiment in which we control certain variables and observe the rest of them. We control the backdrops, lights, postures and accessories but have limited control over facial expression and the not insubstantial radiation of what can be transmitted by the presence of the sitter – a struggle of self-assertion ensues, of domination over the image. There are certain barriers that one would not cross – to part with one's glasses, to wear a tie; when an impasse of this sort is reached we record the refusal in the title of the image (*The Man without a Tie*).

The controversial point about commissions is that we wanted to be able to do two things at the same time; to have real power relations with our subjects, and at the same time to simulate power relations. To have the fiction and the truth collapsed into one another in the same image without each disturbing the other. We realized the portraits can have a double life – they can function within the art world and at the same time have a "real life" impact – and can create small controversies, aggravate the sitters, they can be torn apart by couples who separate (that is why we started portray couples in two panels as companion pieces).

We re-direct the attention from the sitter to ourselves: the portraits are not about their individuality or subjectivity, the sitters are acting as stand-in figures for people like themselves, they become generic bearers of power and the distinction between generic and commissioned images is blurred.

Il problema dei lavori su commissione sta nel voler fare due cose contemporaneamente: instaurare un vero rapporto di potere con i soggetti e allo stesso tempo simularne uno. Fare in modo che la finzione e la verità si condensino nell'immagine senza disturbarsi a vicenda. Abbiamo capito che i ritratti possono avere una vita duplice: funzionano nel mondo dell'arte e allo stesso tempo hanno un impatto sulla vita reale, creano piccole controversie, irritano i soggetti e possono essere strappati in due da una coppia che si separa (per questo abbiamo iniziato a ritrarre le coppie in due pannelli complementari).

Facciamo in modo che l'attenzione si sposti dai soggetti a noi stessi. I ritratti non riguardano l'individualità dei soggetti, che hanno solo il ruolo di controfigure di altre persone simili a loro, diventano portatori generici di potere, rendendo confusa la distinzione tra immagini generiche e committenze.
Una differenza comunque fondamentale: i ritratti eseguiti su commissione funzionano come un codice per acquisire uno status sociale o per affermarlo, sono un segno celebrativo della possibilità di acquistare una rappresentazione di se stessi, di diventare un soggetto, una persona importante.
Il ritratto su commissione è la realizzazione del desiderio di essere rappresentati (di essere presenti, vivi), di possedere e controllare la rappresentazione di se stessi.

Nelle immagini generiche, invece, i soggetti diventano un tipo sociale, mancano di individualità ed è per questo che solitamente queste immagini sono piccole e i loro titoli indicano un'attività, un genere, piuttosto che un nome proprio. Abbiamo scelto di assegnare titoli generici alle nostre fotografie su commissione per articolare questa distinzione. Gli osservatori si dividevano tra coloro che potevano permettersi una rappresentazione e coloro che dipendevano da altri per essere rappresentati.
Consideravamo il nostro progetto artistico come la

This distinction between commissioned and generic portrait is a central one: commissioned images function as a code of acquiring a social status or an affirmation of one, it is a celebratory sign of having the means of acquiring your own representation, of being a subject – a person of distinction. It is a fulfilment of the wish to be represented (to be present, alive) to own and control one's own representation.
While in generic representations the sitters becomes a social type, lacking individuality; therefore typically generic images are small and have titles indicating an activity, a kind rather than a name. We have chosen to give generic titles to our commissioned images in order to articulate this distinction. The viewers were polarized between those who could afford a representation and those who depended on others for their representation. We used to think about our art project as a utopian promise of a state when the difference between the two will be dissolved.

Typically, the distinction between commissioned and generic can be seen as a dramatization of the power relations between the artist and his subject – that is, the artist being dominated by his commissioner or standing in a dominant, almost patronizing relation to his subject in generic images.
We have tried to invert this model by the overt control we exert over the photographic session, by reserving the right to decide who will be in or out of the portrait, how they will be represented and by never sharing the photographic proofs or results with our sitters – allowing them to see only the finished, framed artwork a few months later.

Rejection

Sometimes the result of this procedure is a refusal – a rejected commission. We do not get paid, the commissioners return the artwork with the understanding that we are free to exhibit it and use their image in other promessa utopica di una condizione in cui quella differenza non sarebbe più esistita.

La differenza tra opera generica e opera commissionata può essere vista come una drammatizzazione dei rapporti di potere tra l'artista e il suo soggetto; nel primo caso l'artista è dominato dal committente mentre nel secondo occupa una posizione dominante, quasi paternalistica, nei confronti del soggetto.

Abbiamo cercato di ribaltare questo schema attraverso il controllo esasperato della seduta fotografica, riservandoci il diritto di decidere chi includere nel ritratto e in che modo raffigurarlo, ed evitando di far vedere i provini o i risultati finali ai soggetti. I clienti possono vedere l'opera d'arte completa e incorniciata solo alcuni mesi dopo l'effettiva realizzazione dello scatto.

Il rifiuto

Talvolta il risultato di questa prassi è un rifiuto, un incarico respinto. In quel caso noi non otteniamo alcun compenso e i committenti restituiscono l'opera, fermo restando che possiamo comunque esporla o usarla in altre occasioni. L'eventualità non ci dispiace perché in questo modo l'immagine esce dal circuito esclusivo tra l'artista e il committente e si rende disponibile al pubblico. C'è anche una certa soddisfazione nel fatto che l'opera non sia stata digerita, non sia gradevole ma al contrario irritante e talvolta decisamente brutta. Proponiamo una sorta di idealizzazione controllata imperniata sul potere piuttosto che sulla bellezza.

Non senza malizia, e forse animati da un sottile spirito di vendetta abbiamo messo insieme i ritratti respinti: abbiamo smembrato le famiglie ed esposto gruppi di figli, donne e uomini rifiutati, presentando immagini che ancora una volta sono imperniate sulla narrativa del potere e sul motivo che ha portato al loro rifiuto.

pieces. We are happy to get the rejections, they release the works from the closed circle between the artist and the commissioner and open them to the public. There is also a sense of satisfaction in the fact that the work is not digested, that it is not pleasant but rather disturbing and, occasionally, downright ugly. We offer a kind of controlled idealization that revolves around power rather than beauty.

Not out of malice but perhaps with a slight vindictiveness we have collected the rejected portraits, we have separated families and exhibited groups of rejected children, rejected women and rejected men as images that, again, revolve around the narrative of power and around the reason for the rejection.

About the "Political-Physiognomic Fragments"

We try not to photograph people who have a media image, who are recognizable to the public – this creates a process of compare and contrast and shifts the subject to the personality or at best to an analysis of our interpretation of the subject.
When we photographed the German government and the photograph was moved from the original exhibition site in Winterthur to Berlin, we were in a curious position – of knowing less about our sitters than the viewers did. We hoped, in this case, that the work would be liberated from the original circumstances of its production and become more generalized, that it would stand by itself, disconnected from its use value (which in this case was minimal). This was not a commission by the German government but rather by a Swiss museum. We had shown a collection of single portraits side by side with the very same portraits collaged together to form a large group. As far as we were concerned, the subject of the show was the relation between single and group portraits: a study of the process through which single portraits are transformed when put together in a group; the action of constructing a narrative of power, of finding

I "frammenti fisiognomici politici"

In genere cerchiamo di non fotografare persone che hanno un'immagine mediatica e sono riconoscibili dal pubblico: ciò innesca un processo di confronto e contrasto e l'attenzione si sposta sulla personalità del soggetto o, nella migliore delle ipotesi, si focalizza sull'analisi dell'interpretazione che ne abbiamo dato.

Quando abbiamo fotografato i membri del governo tedesco e la fotografia è stata trasferita dalla sala espositiva originaria di Winterthur a Berlino, ci siamo trovati un una posizione curiosa: conoscevamo i nostri soggetti meno del pubblico. Speravamo che in questo caso l'opera si sarebbe svincolata dalle circostanze originali della sua produzione per diventare qualcosa di più generalizzato e indipendente, distaccato dal suo valore d'uso (che comunque era minimo): non si trattava di un'opera commissionata dal governo tedesco, ma da un museo svizzero.

Abbiamo esposto una serie di ritratti singoli accanto a grandi fotografie di gruppo formate con le stesse immagini. Per quel che ci riguardava, il tema della mostra era il rapporto fra i due tipi di rappresentazione, ossia lo studio del processo in virtù del quale i ritratti individuali si trasformano quando entrano a far parte di un gruppo, l'azione di costruire una narrativa del potere, di trovare un linguaggio del corpo comune a tutte le figure.

Per la mostra successiva abbiamo utilizzato gli stessi elementi con l'aggiunta di sei "vetrine" fotografiche in cui venivano presentati i lineamenti espressivi del viso, scollegati dai loro proprietari come se fossero fuggiti per andare a formare gruppi indipendenti: gli occhi, le bocche, i nasi, le mani del potere... Le parti del corpo erano fissate a un pannello con le puntine da disegno, come una raccolta di esemplari.

Al momento non siamo certi che l'arte possa servire come strumento critico diretto a un pubblico di

an internal body language between the figures.

In the next exhibition we used the same elements with the addition of six photographic "vitrines" in which the expressive facial features were presented, detached from their owners, as though they had run away to form independent groups – the eyes of power, the mouths, the noses, the hands, etc. The body parts were fixed on a board with pushpins as collection of specimens.

At present we doubt whether art could function as a critical tool directed at a public of consumers. This doubt calls for the suspense of any assumption about the public; it defines the public in negative terms. As a result, when interpreted as a continuation of the tradition of conceptual art, this work attempts to analyse the conditions of production and reception of meaning under the pressure of privatized experience. We feel a necessity to shift from a preoccupation with content – art as a critique – to experimentation with new modes of communication and reception. While we have continued to elaborate our portrait/photographic-based work since the 1990s, we have developed art forms that attempted to address directly, to engage and even re-articulate the public in our outdoor, public projects and cognitive exercises – a body of work that nevertheless we define in terms of Portraiture.

consumatori; questo dubbio esige la sospensione di ogni assunzione riguardo al pubblico, definendolo in termini negativi. Di conseguenza, se interpretata come un proseguimento della tradizione dell'arte concettuale, quest'opera cerca di analizzare le condizioni della produzione e della ricezione di senso sotto la pressione dell'esperienza personale.

Avvertiamo l'esigenza di passare dalla preoccupazione per il contenuto – l'arte intesa come critica – alla sperimentazione di nuove modalità di comunicazione e ricezione. Pur continuando a elaborare il tema del ritratto fotografico, a partire dagli anni novanta abbiamo sviluppato diverse forme d'arte mirate al coinvolgimento diretto del pubblico, con progetti all'aperto ed esercizi cognitivi, un corpus di opere che tuttavia continuiamo a definire in termini di ritrattistica.

TINA BARNEY
CHRISTOPH BRECH
BUREAU D'ÉTUDES
FABIO CIFARIELLO CIARDI
CLEGG & GUTTMANN
NICK DANZIGER
RINEKE DIJKSTRA
JIM DOW
FRANCESCO JODICE
ANNIE LEIBOVITZ
HELMUT NEWTON
TREVOR PAGLEN
MARTIN PARR
WANG QINGSONG
DANIELA ROSSELL
JULES SPINATSCH
HIROSHI SUGIMOTO
THE YES MEN

TINA BARNEY

Fin dalla metà degli anni settanta, Tina Barney ha incentrato il suo lavoro sul ritratto dei privilegiati esponenti dell'alta società di New York e del New England nelle loro dimore o in alcune occasioni mondane. Lo stile delle immagini oscilla fra il *tableau vivant* e il quadro di genere, traendo forza espressiva dall'interazione fra i ricchi ambienti e le persone che vi si muovono.

Since the mid-1970s, Tina Barney has been focusing her work on the portrayal of the privileged exponents of New York and New England high society, seen either in their own homes or on certain special occasions. The style of the pictures ranges from that of *tableaux vivant* to that of genre paintings, drawing expressive force from the interaction between wealthy settings and the people who move about in them.

I personaggi ritratti da Barney rappresentano una classe sociale che normalmente cura e controlla la diffusione delle proprie immagini sotto forma di fotografie di famiglia o ritratti ufficiali, spesso attraverso le pagine delle riviste patinate; Tina Barney è stata fra i primi a inserire questo genere di rappresentazione in un contesto artistico. Il suo non è lo sguardo di una semplice spettatrice ma piuttosto quello di una persona di fiducia, che intrattiene con i suoi soggetti una relazione personale. Ciò che le interessa non è tanto l'esibizione della ricchezza di queste famiglie, quanto l'analisi delle dinamiche sociali e familiari (come l'ambivalenza del rapporto tra figli e genitori), intendendo il proprio lavoro come un mezzo per arrivare a capire meglio se stessi.

Le persone ritratte discendono da famiglie educate nella consapevolezza del proprio ruolo sociale: disciplina, padronanza di sé e rigore sono elementi che si riscontrano in tutti i soggetti fotografati, sempre accomunati da un alto grado di compostezza. Per la serie *The Europeans*, realizzata nell'arco di otto anni, Barney è stata indirizzata da una cerchia di amici a un'altra, cogliendo così l'opportunità di ritrarre nobili italiani, banchieri e proprietari terrieri austriaci, fieri esponenti della ricca borghesia spagnola o gentlemen inglesi nelle loro sofisticate residenze.

Né l'abbigliamento formale, né gli arredi sono classificabili secondo una moda precisa: le fotografie di Barney vogliono essere senza tempo, a prima vista più vicine alla pittura tradizionale che non alla fotografia contemporanea.

Tina Barney compone i suoi ritratti osservando attentamente le persone nella loro quotidianità, pose e momenti effimeri che chiede ai suoi protagonisti di ripetere di fronte alla macchina fotografica per essere fissati. Suo strumento di lavoro è una macchina fissa e di grande formato; il lungo tempo di posa e l'elevata risoluzione della fotografia consentono una resa precisa dei particolari degli ambienti. Le figure ritratte appaiono rigide e formali, rendendo palpabile un certo senso di distacco fra l'una e l'altra, nonostante spesso vengano affiancati fratelli e sorelle, genitori e figli. Come la stessa Barney afferma: "Questo è il meglio che sappiamo fare. Questa incapacità a esprimere affetto fisico fa parte del nostro retaggio".

Le fotografie lasciano trapelare la labilità delle relazioni che si cela dietro una facciata tanto controllata. L'artista svela il gioco dei ruoli sociali e gli atteggiamenti dei suoi protagonisti: un vero *Theater of Manners* ("teatro delle buone manerie"), come indica il titolo di una sua celebre serie, che sollecita nell'osservatore la sensibilità necessaria a soffermarsi su quei particolari delle immagini che aprono a connotazioni nascoste e non subito evidenti.

The characters Tina Barney portrays are the representatives of a social class that normally exercises careful control over the circulation of pictures of its members, whether in the form of family photographs or official portraits, which are often published on the pages of glossy magazines. She is one of the first photographers to have made artistic use of this kind of representation. Hers is not merely the gaze of an onlooker, but that of a trusted person, who has personal relationships with her subjects. What she is interested in is not so much the idea of displaying the wealth of these families, but that of analysing social and family dynamics – such as the ambivalent relationship between children and parents. Her work is conceived as a means to improve self-understanding.

The people portrayed all come from families educated in the awareness of their own social role: discipline, self-control and rigour are features to be observed in all the subjects photographed, and they share the same high level of composure. For the series entitled *The Europeans*, which was produced over a period of about eight years, the author was introduced by one circle of friends to another, and thus given the opportunity to portray Italian nobles, Austrian bankers and landowners, proud representatives of the wealthy Spanish bourgeoisie, and English gentlemen in their sophisticated dwellings.

Neither the formal way of dressing nor the furnishings can be traced back to any particular fashion: Tina Barney seeks to produce timeless pictures that at first sight will appear closer to traditional painting than to contemporary photography.

Tina Barney creates her portraits through a careful observation of people in their everyday lives; to capture transient moments she asks her subjects to repeat something in front of the camera in such a way as to fix them. Her work tool is a fixed, large-size camera; an extended time exposure and high resolution enable her to render the details of each setting in detail. The figures portrayed have a rigid and formal countenance, which makes them appear markedly detached from one another, even though it is often brothers and sisters or parents and children who are photographed together: "this is the best that we can do. This inability to show physical affection is in our heritage".

Tina Barney's photographs give a sense of the fleetingness of their relationships behind the mask of self-controlled bearing. The artist thus unveils the game of social roles and attitudes conducted by her subjects, a veritable *Theater of Manners* (to quote the title of one of her most famous series) which demands enough sensitivity on the viewers' part for them to focus on those details in the pictures that render hidden and non-immediately-obvious features visible.

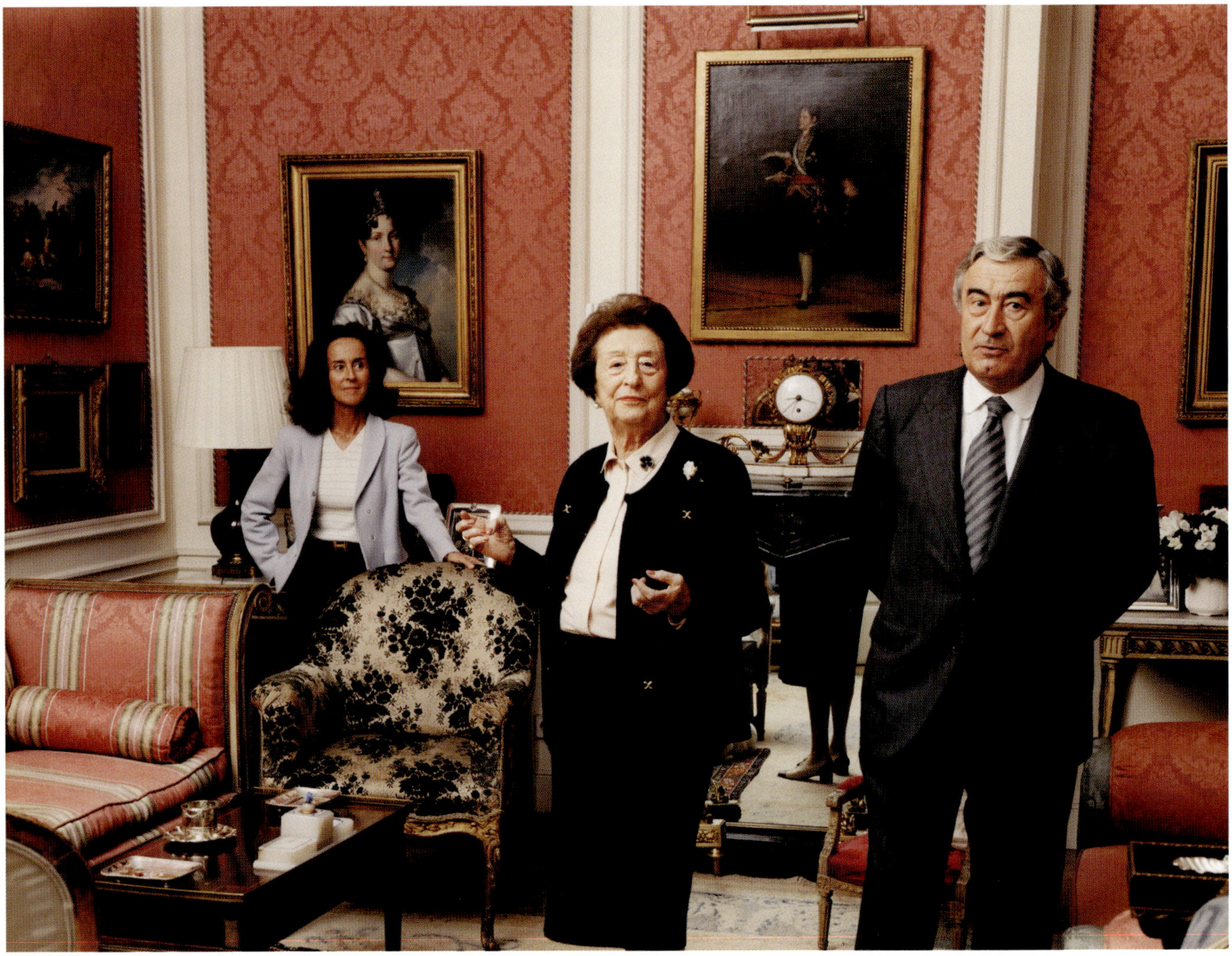

The Brocade Walls, 2004
Chromogenic color print
122 x 152 cm
Courtesy l'artista / *the artist*, Janet Borden, Inc., New York

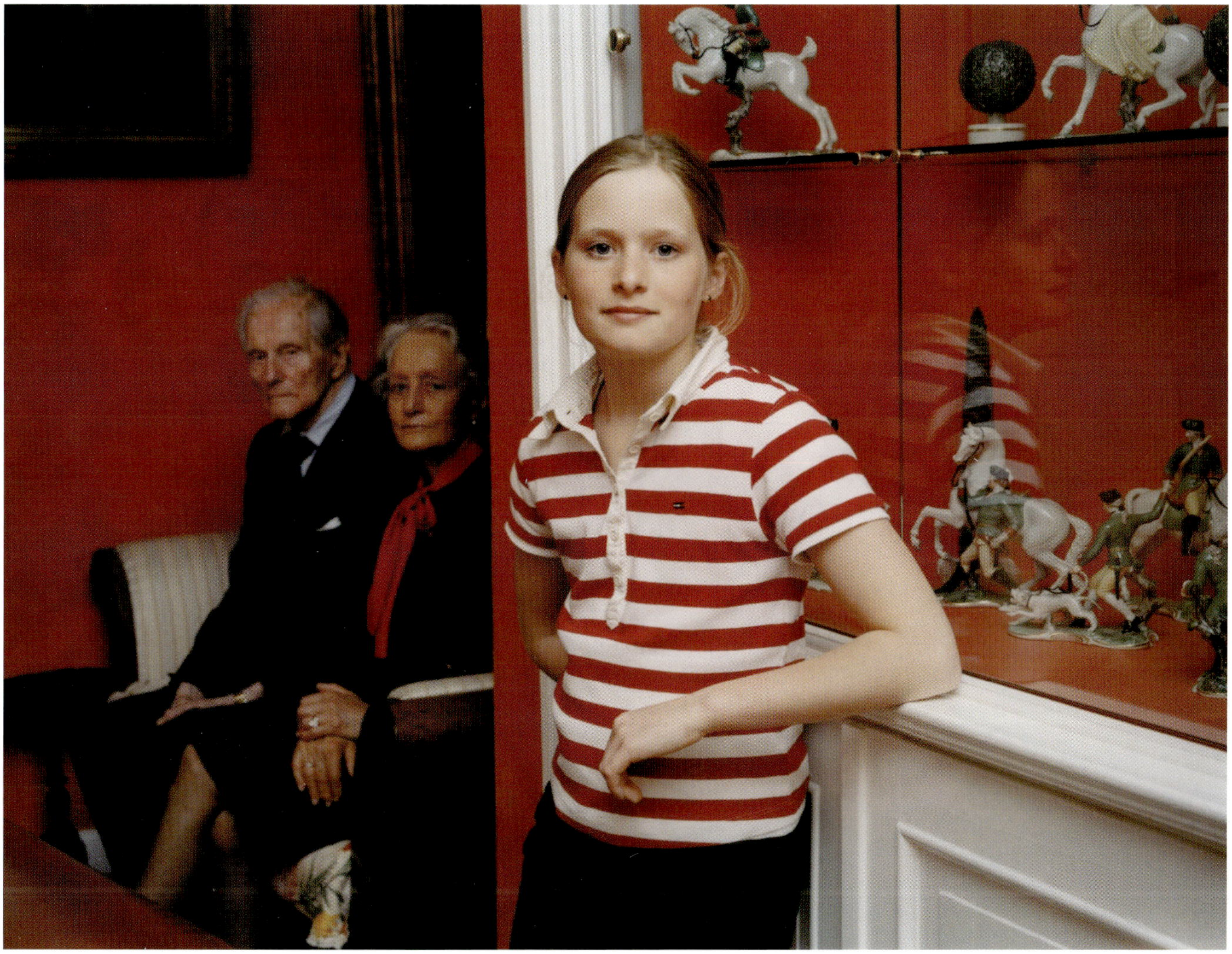

The Granddaughter, 2004
Chromogenic color print
122 x 152 cm
Courtesy l'artista / *the artist*, Janet Borden, Inc., New York

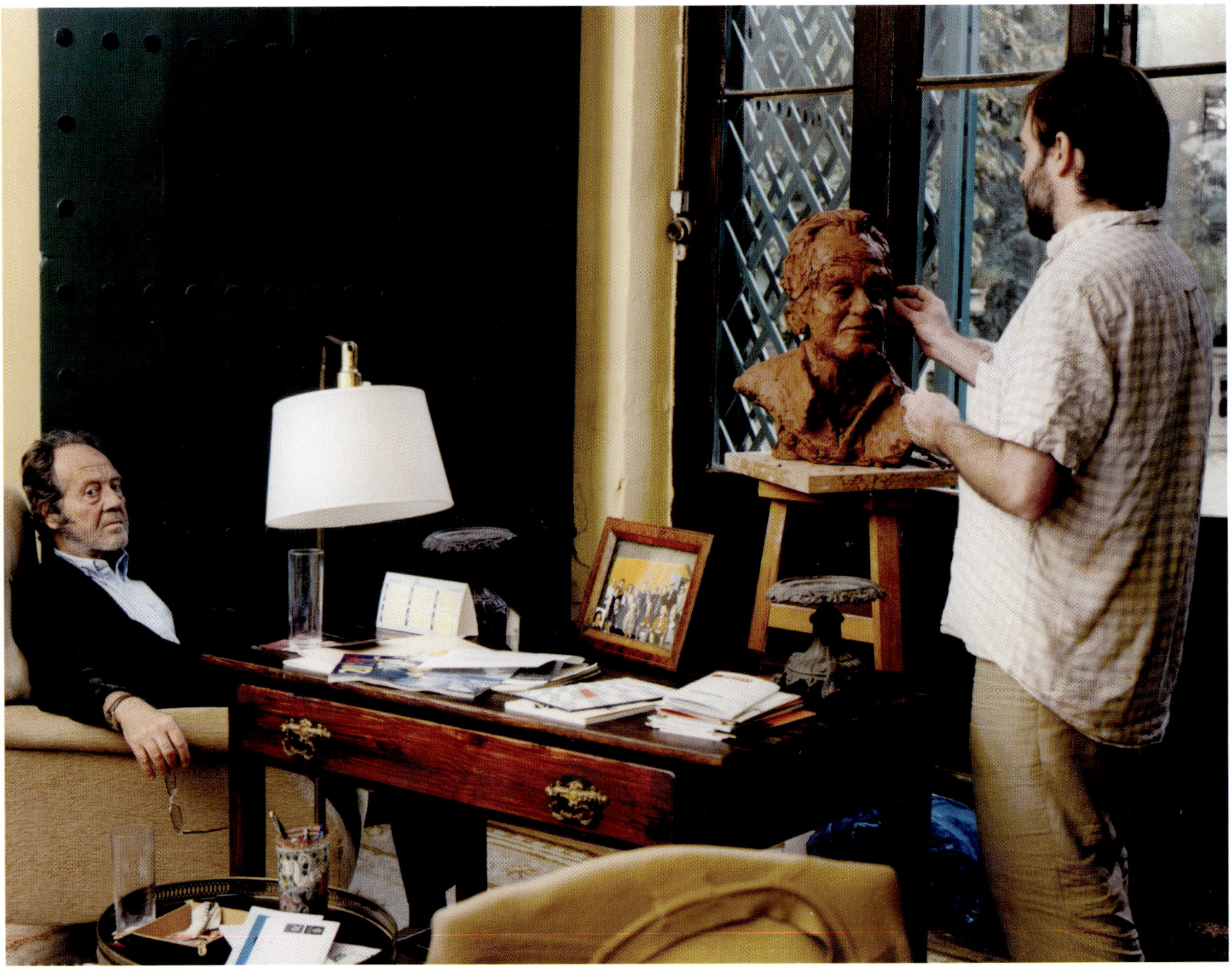

The Bust, 2003
Chromogenic color print
122 x 152 cm
Courtesy l'artista / *the artist*, Janet Borden, Inc., New York

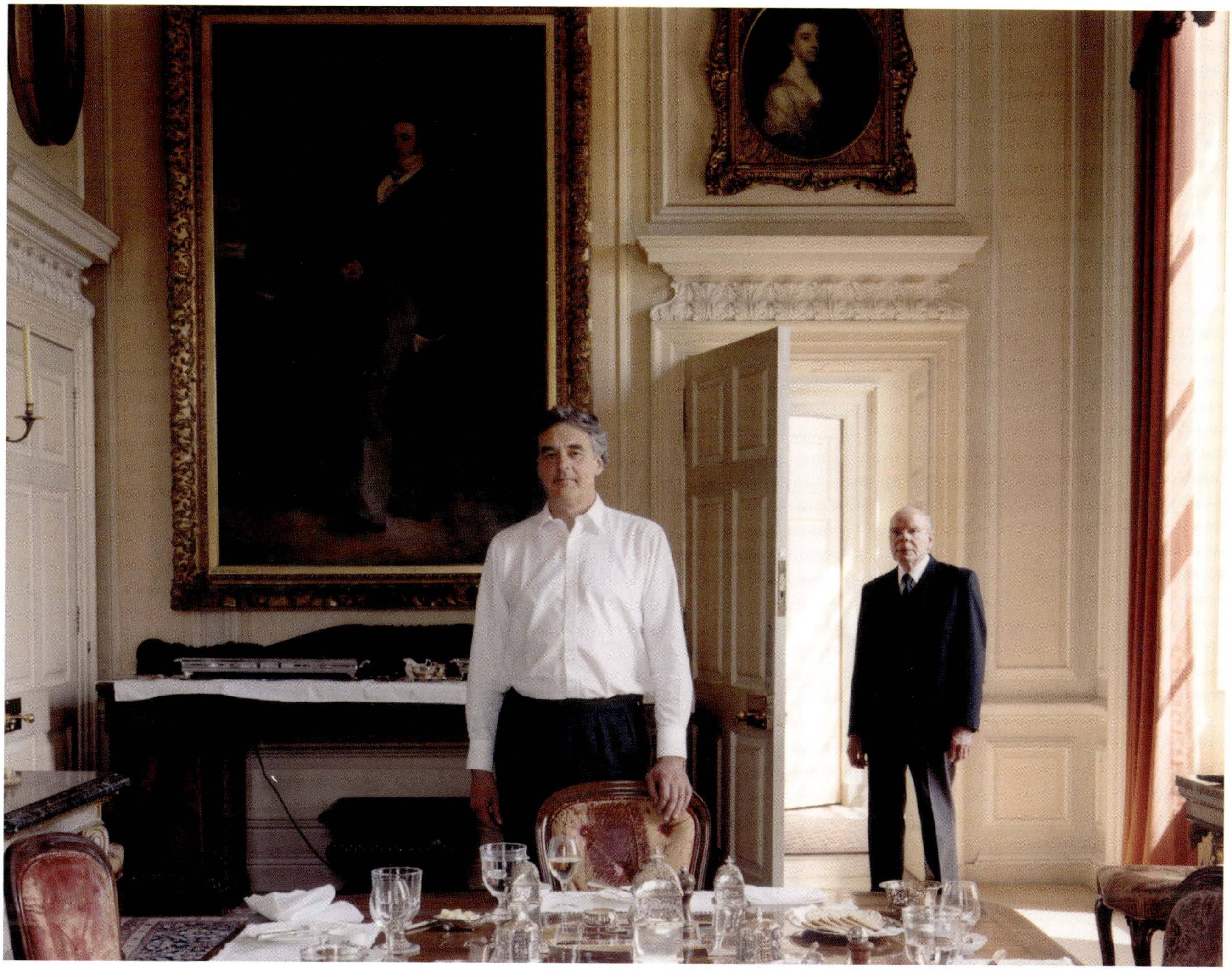

The Ancestor, 2001
Chromogenic color print
122 x 152 cm
Courtesy l'artista / *the artist*, Janet Borden, Inc., New York

CHRISTOPH BRECH

Punto di partenza per le opere di Christoph Brech è l'osservazione di situazioni o eventi comuni, come il movimento di una tenda, uno stormo di uccelli o il passaggio di una nave.

Egli propone una riflessione sul nostro modo di vedere aspetti del quotidiano che ci circonda, creando video in cui oggetti, luce e suoni si uniscono per creare immagini poetiche con tempi di visione rallentati.

In *Sea Force One* l'artista punta la sua attenzione su un unico breve e apparentemente insignificante episodio: due uomini, a bordo di una piccola imbarcazione, puliscono lo scafo nero di un grande yacht. Le tracce di schiuma del sapone e le onde del mare che si riflettono sulla superficie scura creano una sorta di composizione pittorica astratta, che appare e scompare di fronte al nostro sguardo nel loop continuo del video. In sottofondo, la musica del *Preludio in si minore* di Johann Sebastian Bach.

Questo momento è stato registrato da Brech nella laguna di Venezia durante i primi giorni della Biennale del 2009. Lo yacht è ancorato davanti al nuovo museo di Punta della Dogana il giorno della sua inaugurazione, alla quale sono stati invitati solo ospiti selezionati e vip, protetti e nascosti da un impenetrabile servizio di sicurezza. La grande imbarcazione è uno yacht di lusso (il cui nome è ispirato all'aereo presidenziale americano Air Force One) creato dal misterioso armatore Captain Magic. Visto da fuori, questo Admiral di 54 metri è un rigoroso scafo nero dalle linee possenti, ma all'interno gli ambienti si pongono a metà tra uno stravagante night club e una galleria d'arte, con opere di artisti come Kiki Smith e Fabrizio Plessi. Non sappiamo chi fosse a bordo del panfilo, forse lo stesso François Pinault, il celebre imprenditore francese del lusso e primo investitore del nuovo spazio espositivo veneziano.

Brech punta il suo obiettivo su un momento che normalmente sarebbe passato inosservato, e rinuncia deliberatamente alla registrazione della sfarzosa ostentazione di ricchezza del panfilo. Sono il contrasto di dimensioni tra il panfilo e la piccola imbarcazione, o la contrapposizione tra il nero dello scafo e il bianco evanescente del sapone e dei riflessi marini che riescono a far risaltare la grandiosità dell'imbarcazione, di cui non siamo in grado di percepire le dimensioni effettive. L'artista riesce ad andare oltre la facciata del potere e della ricchezza: proprio fermandosi alla sua superficie. E sembra suggerire che la strategia per la costruzione di un'immagine del potere possa essere proprio la sua anti-rappresentazione: velando o nascondendo l'identità di chi detiene il potere se ne costruisce il "mito".

The starting point of Christoph Brech's works is the observation of everyday situations or events, such as the movement of a curtain, a flock of birds, or the passing of a ship.

What he offers is a reflection upon our way of perceiving aspects of everyday life by creating videos in which objects, light and sounds are combined to create poetic images in slowed viewing time.

In *Sea Force One*, the artist focuses on a single, short and apparently insignificant episode: two men aboard a small boat are cleaning the black hull of a big yacht. The traces left by the foam of their soap and the waves of the sea reflecting on the black surface engender a sort of abstract pictorial composition, which comes and goes in the continuous loop of the video. The background soundtrack is Johann Sebastian Bach's *Prelude in D Minor*.

Brech filmed this episode in the Venice lagoon in one of the opening days of the 2009 Biennale. The yacht was anchored outside the new Punta della Dogana museum on the day of its inauguration, when only selected guests and VIPs had been invited, protected and concealed by an impenetrable security service. The large boat is a luxury yacht named after the American presidential plane Air Force One, created by the mysterious ship-owner Captain Magic. As seen from outside, this 54 metre-long Admiral is an impeccable black vessel with a powerful contour; yet inside, its rooms are halfway between an extravagant nightclub and an art gallery, featuring works by artists such as Kiki Smith and Fabrizio Plessi. We do not know who was on board the yacht – possibly François Pinault himself, the famous French luxury goods entrepreneur and primary investor in the new Venetian exhibition area.

Brech has turned his camera on a moment that would otherwise have gone unnoticed, deliberately choosing not to record the sumptuous affirmation of wealth of the yacht. It is the contrast between the size of the latter and that of the small boat, or between the black hull of the yacht and the evanescent white of the soap and of the reflections upon the water, that brings out the greatness of the vessel, the actual size of which we do not grasp. The artist succeeds in moving beyond the façade of power and wealth by stopping at its surface. He seems to be suggesting that the strategy for the construction of an image of power may lie in its anti-representation: i.e., the "myth" of power is created by veiling or concealing the identity of those who hold it.

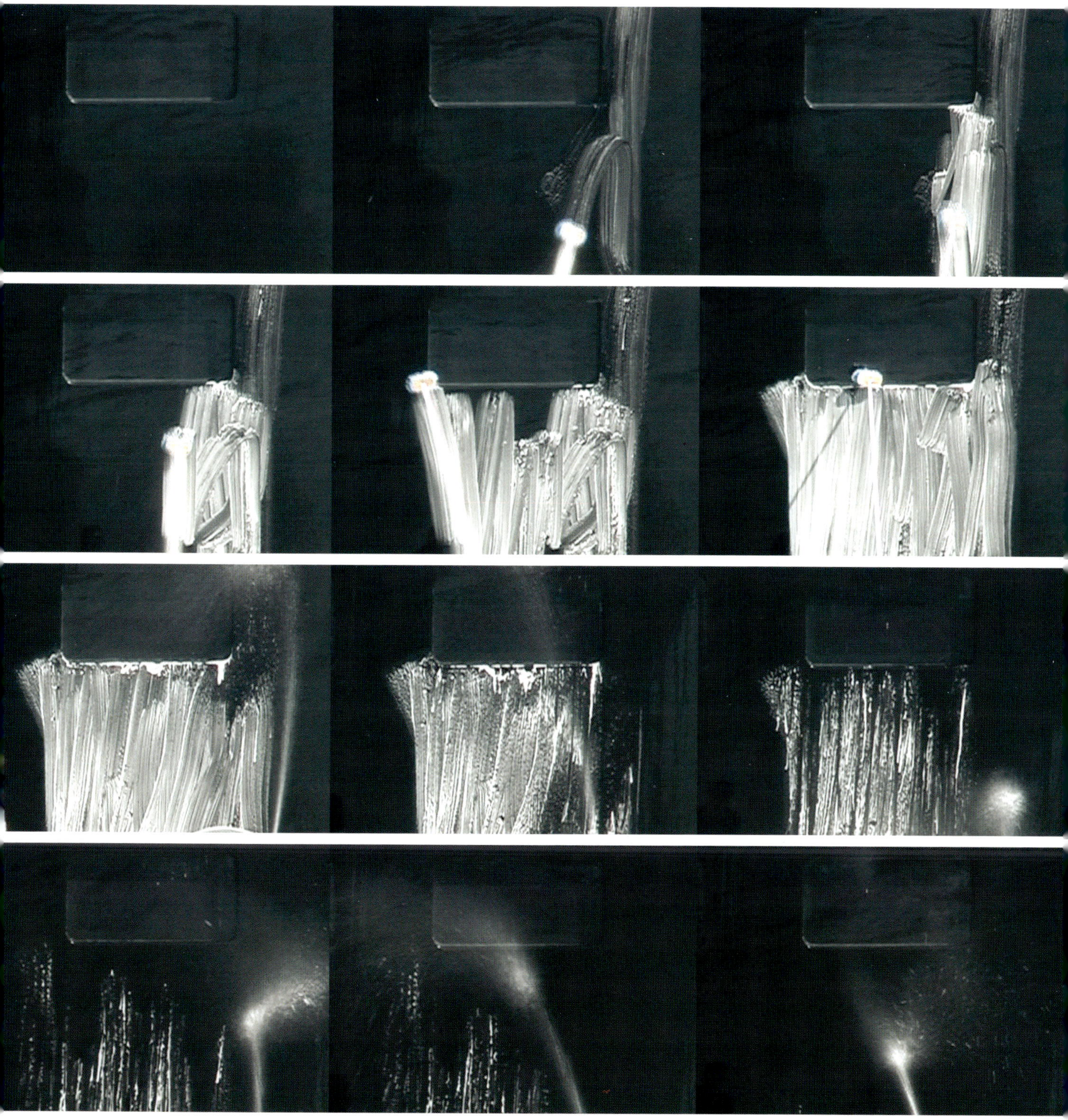

Still da / *Stills from* **Sea Force One**, 2009
Video, 5'09''
Courtesy Galerie Kunstagenten, Berlin

BUREAU D'ÉTUDES

Nel lavoro di Bureau d'études, duo di artisti concettuali francesi formato da Léonore Bonaccini e Xavier Fourt, si fondono arte, teoria politica e ricerca pratica. Le loro opere visualizzano le interdipendenze reciproche tra singoli individui, politica, istituzioni e imprese.

The work of Bureau d'études, a French duo of conceptual artists formed by Léonore Bonaccini and Xavier Fourt, combines art, theory and research. Their works lend expression to the forms of mutual interdependence existing among individuals, politics, institutions and businesses.

Quello che un tempo era campo d'azione esclusivo del giornalismo d'inchiesta oggi è diventato pratica culturale. In una società basata sull'informazione e sulla comunicazione la distanza fra privato e pubblico, fra segreto e manifesto si accorcia sempre più, aprendo nuove potenzialità anche per la pratica artistica, che può diventare un mezzo di contrasto per svelare occulte relazioni di potere.

Da diversi anni i due artisti realizzano mappe del potere tramite le quali analizzano e mettono a confronto sistemi politici, sociali ed economici del mondo contemporaneo. Scopo di queste carte è rendere visibile ciò che normalmente è nascosto, ossia le relazioni non ufficiali che organizzano e regolano il mondo degli affari e della politica. Queste descrizioni e analisi visive del capitalismo transnazionale si basano su ricerche approfondite e vengono presentate quasi sempre tramite visualizzazioni in grandi formati. Questa strategia artistica, detta "cartografia critica", ha conosciuto uno sviluppo significativo grazie ai mezzi di comunicazione digitale: le tecnologie informatiche consentono infatti la ricerca incrociata, oltre che analitica, di dati e informazioni, registrando le tracce di connessioni ramificate e i retroscena di complesse relazioni di potere.

La mappa *World Government* visualizza i complessi intrecci fra le strutture del potere globale: un tentativo di elaborare visivamente l'intricata interazione fra centri finanziari, *think tank* strategici e diplomatici, ricerca tecnica e scientifica, uffici di pianificazione, reti di influenze politiche, mafie, servizi segreti e prestazioni legali e fiscali. Gli artisti non hanno alcuna pretesa di completezza; al contrario, intendono il loro lavoro come l'istantanea di una ricerca metodica e in costante sviluppo. La struttura di potere così visualizzata non è chiusa o gerarchicamente univoca. L'autorità non esiste come un centro chiaramente definito, ma si presenta con la forma di una rete flessibile, "meta-amministrativa", che agisce a livello globale assumendo configurazioni sempre nuove. Il "governo mondiale" si comporta, secondo i due artisti, come un corpo che regola il caos.

What was once the exclusive field of action of investigative journalism has now become a cultural practice. In a society based on information and communication, the gap between private and public, secret and manifest, is ever narrowing, opening up new opportunities for artistic quests, which can become a means of contrasting and revealing the veiled intrigues of power.

For several years now the two artists have been drawing power maps through which they analyse and compare different political, social and economic systems found in the contemporary world. The aim of these maps is to make visible what is usually concealed, namely the informal relations that organize business and politics. These descriptions and visual analyses of trans-national capitalism are based on detailed research and are almost always presented by means of large-scale displays. This artistic strategy, known as "critical cartography", has undergone substantial development thanks to digital means of communication; for computer technology enables cross-research – as well as analytical research – to be conducted on data and information, registering traces of multiple connections as well as the background to complex power relations.

The *World Government* map illustrates the complex intertwining among different structures of global power. It represents an attempt to visually display the intricate mutual interaction of financial cores, strategic and diplomatic think tanks, scientific and technical research, planning offices, political influence networks, mafias, intelligence-gathering services and legal and accounting consultancy. The artists make no claim to be exhaustive. On the contrary, they envisage their work as the snapshot of a methodical and constantly developing research. The power structure thus visualized is neither closed nor unambiguous in terms of hierarchy. Authority does not exist as a clearly defined centre, but rather presents itself as a flexible, meta-administrative network that operates on a global level, in ever new forms. The "world government", according to the two artists, behaves like a body regulating chaos.

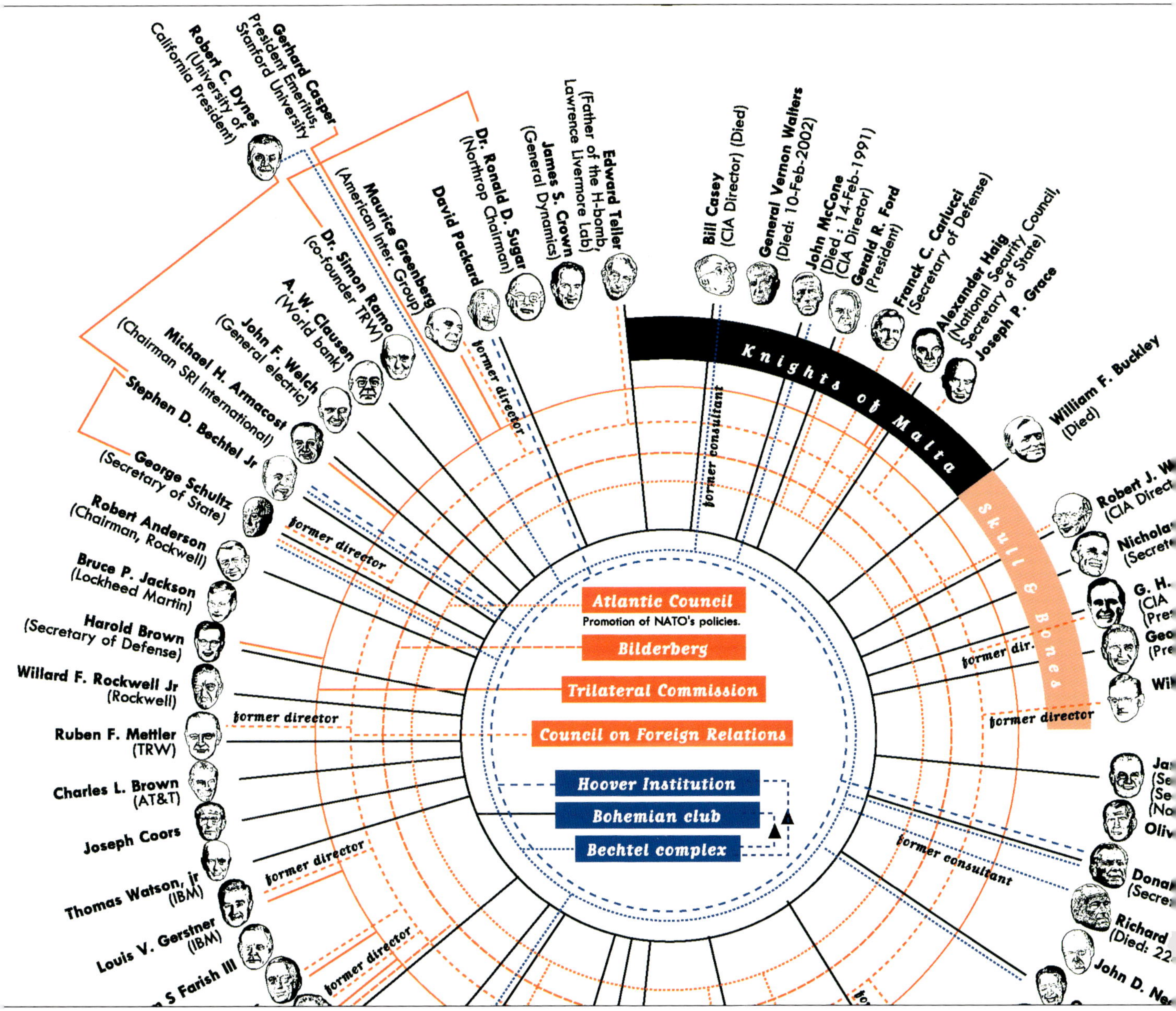

Dettaglio da / *Detail of*
Bohemian Club, 2005
Wall paper
Dimensioni variabili / *variable dimensions*
Courtesy gli artisti / *the artists*

Nella pagina seguente / *on the following page* :
Dettaglio da / *detail of* **The World Government**, 2005
Wall paper
Dimensioni variabili / *variable dimensions*
Courtesy gli artisti / *the artists*

the world governement 20

G8 ◀◀G8-member state

Federal republic
German state
Civil code
Protestant 34%
Median age 41.3 yrs
fossile 61,8%

State

◀◀The indication mentioned in the header (republic, constitutional monarchy, etc.) is given as a guideline only (CIA sources).

Legal system: basic description of the historical underpinnings of the legal system used.
Religion: the percentage does not indicate the number of practicing believers but the culture of origin (ie. Poland, 95% Roman Catholic, 75% devout followers).
Median age: median age divides the population into two numerically equal groups, one half "younger," the other half "older."
Principal source of electricity production: percentage of national electricity generated by fossil fuel, hydro, nuclear or other (solar, geothermic, wind) sources.
All information taken from the August 2003 edition of the CIA Fact Book. **(http://www.cia.gov/cia/publications/factbook)**

Republic
Peruvian state
civil law
median age23,5 yrs
hydro 84,7%
Catholics 90%

State under the control from an other state

European Bank — **Central bank**

UK Barclays Plc — **Investment group**
Banking company
Hedge fund : fund engaging in speculative management on behalf of institutional or private investors
Insurance Conglomerate
Zeibatsu (japan)
Chaebol (korea)

Fitch — **Rating Agency**

Order of Malta — **club or brotherhood**

World Trade Organization WTO — **International organization**

usa Triad — **mafia**

UMA — **Area of Free Trade**

Open Society Institute — **think tank**

BND — **Secret service, intelligence**

Fondation Rockefeller — **Foundation**

Pennzoil Quaker State — **Industrial firm or conglomerate**

intelligence | mercenaries | car | law
Private Bank | energy | agro-food | mass media
chimical | petroleum | weapon | pharma

Keidanren — **Lobby, association of employers**

Baron Georg Thyssen-Bornemisza
Shen Kurong

Individual, family,lineage
Meaning of acronyms :
KBE - *Knight Commander of the Civil Division of the Most Excellent Order of the British Empire*
CBE - *Commander of the Civil Division of the Most Excellent Order of the British Empire*
OBE - *Officer of the Civil Division of the Most Excellent Order of the British Empire*
CBE - *Member of the Civil Division of the Most Excellent Order of the British Empire*

.... **Tie of administration**

——— **Tie of affiliation or control**

x ▶▶2,2- y **Percentage of property: x holds 2.2 % of y**

Milli Guvenl

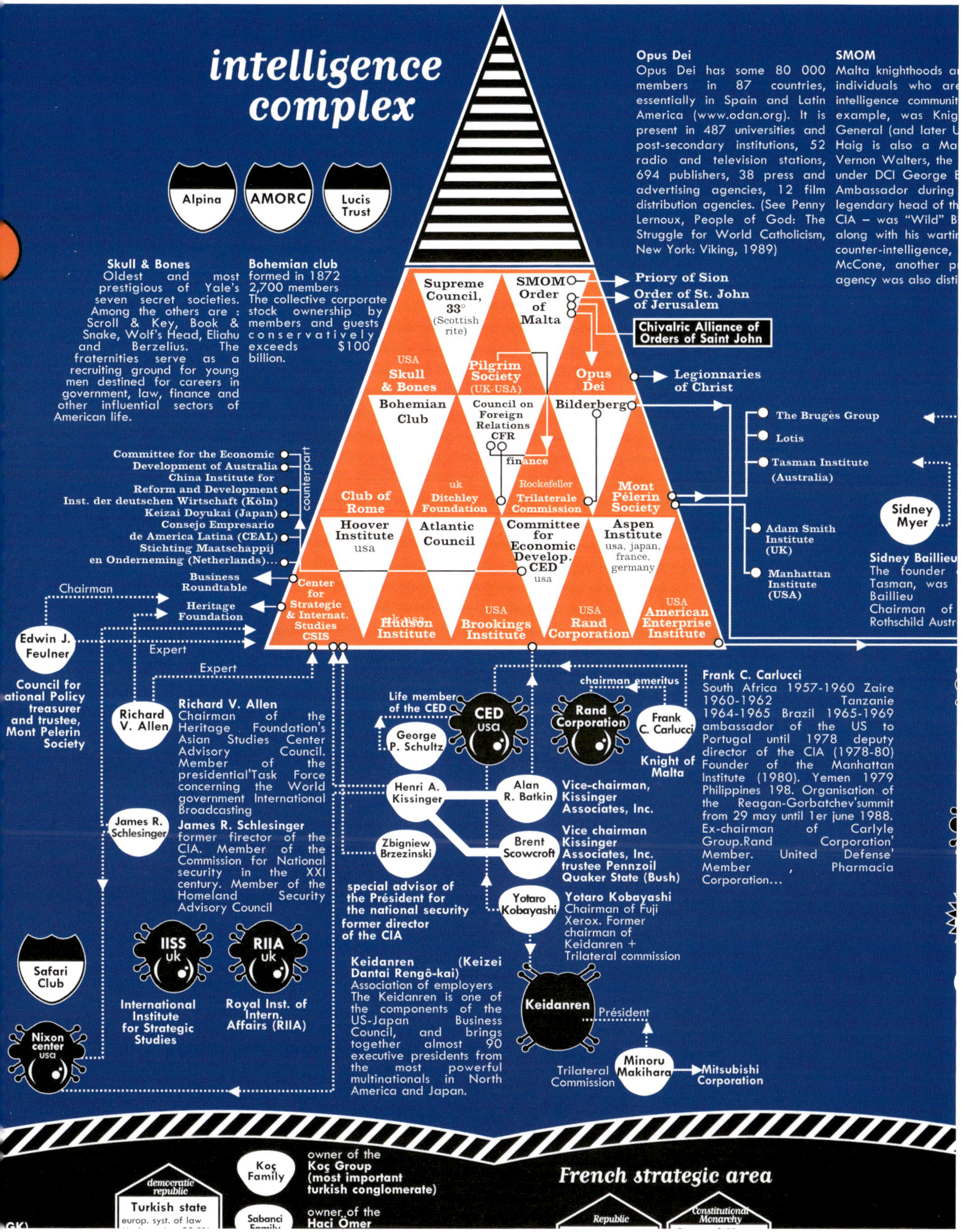

intelligence complex
Alpina
AMORC
Lucis Trust
Opus Dei
Opus Dei has some 80 000 members in 87 countries, essentially in Spain and Latin America (www.odan.org). It is present in 487 universities and post-secondary institutions, 52 radio and television stations, 694 publishers, 38 press and advertising agencies, 12 film distribution agencies. (See Penny Lernoux, People of God: The Struggle for World Catholicism, New York: Viking, 1989)
SMOM
Malta knighthoods a
individuals who are
intelligence communit
example, was Knig
General (and later U
Haig is also a Ma
Vernon Walters, the
under DCI George E
Ambassador during
legendary head of th
CIA – was "Wild" B
along with his warti
counter-intelligence,
McCone, another p
agency was also disti
Skull & Bones
Oldest and most prestigious of Yale's seven secret societies. Among the others are : Scroll & Key, Book & Snake, Wolf's Head, Eliahu and Berzelius. The fraternities serve as a recruiting ground for young men destined for careers in government, law, finance and other influential sectors of American life.
Bohemian club
formed in 1872
2,700 members
The collective corporate stock ownership by members and guests conservatively exceeds $100 billion.
Supreme Council, 33° (Scottish rite)
SMOM Order of Malta
Priory of Sion
Order of St. John of Jerusalem
Chivalric Alliance of Orders of Saint John
USA Skull & Bones
Pilgrim Society (UK-USA)
Opus Dei
Legionnaries of Christ
Bohemian Club
Council on Foreign Relations CFR
finance
Bilderberg
The Bruges Group
Lotis
Tasman Institute (Australia)
Sidney Myer
Committee for the Economic Development of Australia
China Institute for Reform and Development
Inst. der deutschen Wirtschaft (Köln)
Keizai Doyukai (Japan)
Consejo Empresario de America Latina (CEAL)
Stichting Maatschappij en Onderneming (Netherlands)...
counterpart
Club of Rome
uk Ditchley Foundation
Rockefeller Trilaterale Commission
Mont Pélerin Society
Adam Smith Institute (UK)
Manhattan Institute (USA)
Sidney Baillieu
The founder
Tasman, was
Baillieu
Chairman of
Rothschild Austr
Hoover Institute usa
Atlantic Council
Committee for Economic Develop. CED usa
Aspen Institute usa, japan, france, germany
Business Roundtable
Heritage Foundation
Chairman
Center for Strategic & Internat. Studies CSIS
uk-usa Hudson Institute
USA Brookings Institute
USA Rand Corporation
USA American Enterprise Institute
Edwin J. Feulner
Expert
Expert
Council for
ational Policy
treasurer
and trustee,
Mont Pelerin
Society
Richard V. Allen
Richard V. Allen
Chairman of the Heritage Foundation's Asian Studies Center Advisory Council. Member of the presidential'Task Force concerning the World government International Broadcasting
James R. Schlesinger
James R. Schlesinger
former firector of the CIA. Member of the Commission for National security in the XXI century. Member of the Homeland Security Advisory Council
Life member of the CED
George P. Schultz
CED usa
Rand Corporation
chairman emeritus
Frank C. Carlucci
Knight of Malta
Frank C. Carlucci
South Africa 1957-1960 Zaire 1960-1962 Tanzanie 1964-1965 Brazil 1965-1969 ambassador of the US to Portugal until 1978 deputy director of the CIA (1978-80) Founder of the Manhattan Institute (1980). Yemen 1979 Philippines 198. Organisation of the Reagan-Gorbatchev'summit from 29 may until 1er june 1988. Ex-chairman of Carlyle Group.Rand Corporation' Member. United Defense' Member , Pharmacia Corporation...
Henri A. Kissinger
Alan R. Batkin
Vice-chairman, Kissinger Associates, Inc.
Zbigniew Brzezinski
Brent Scowcroft
Vice chairman Kissinger Associates, Inc. trustee Pennzoil Quaker State (Bush)
special advisor of the Président for the national security
former director of the CIA
Yotaro Kobayashi
Yotaro Kobayashi
Chairman of Fuji Xerox. Former chairman of Keidanren + Trilateral commission
Safari Club
IISS uk
RIIA uk
International Institute for Strategic Studies
Royal Inst. of Intern. Affairs (RIIA)
Nixon center usa
Keidanren (Keizei Dantai Rengô-kai)
Association of employers
The Keidanren is one of the components of the US-Japan Business Council, and brings together almost 90 executive presidents from the most powerful multinationals in North America and Japan.
Keidanren
Président
Trilateral Commission
Minoru Makihara
Mitsubishi Corporation
Koç Family
owner of the Koç Group (most important turkish conglomerate)
democratic republic
Turkish state
europ. syst. of law
Sabanci Family
owner of the Haci Ömer
French strategic area
Republic
Constitutional Monarchy

FABIO CIFARIELLO CIARDI

Compositore di musica strumentale ed elettroacustica, Fabio Cifariello Ciardi ha sviluppato negli anni un approccio interessato alla percezione, alla memoria e all'uso della tecnologia applicata ai diversi fenomeni acustici che raccontano il nostro presente, come la traduzione in suoni degli andamenti finanziari dei titoli in borsa.

A composer of instrumental and electro-acoustic music, over the years Fabio Cifariello Ciardi has developed an artistic approach focused on perception, music and the use of technology applied to various acoustic phenomena that tell of our present – such as the translation into sounds of the financial trends of the stock exchange.

Tre Piccoli Studi sul Potere è una composizione basata sulla puntuale trascrizione strumentale delle inflessioni e dei ritmi della voce parlata. Un software realizzato dall'autore è utilizzato per "smascherare" la musica nascosta in tre celebri discorsi di altrettanti uomini politici (George W. Bush, Tony Blair e Barack Obama) dedicati alla guerra, alle sue terroristiche conseguenze e alla ricerca di una auspicabile soluzione. Il 19 marzo 2003 il presidente Bush annunciò l'inizio della guerra in Iraq per "disarmare l'Iraq dalle armi di distruzione di massa, porre fine al sostegno di Saddam Hussein al terrorismo e liberare il popolo iracheno". In risposta al coinvolgimento britannico in quella guerra, il 7 luglio 2005 un attacco terroristico nella metropolitana di Londra provocò la morte di 52 persone. Tony Blair annunciò la tragedia dalla Scozia, interrompendo la riunione del G8 in corso. Il 6 aprile 2009 il presidente Obama pronunciò uno storico discorso all'Università del Cairo in cui poneva l'accento sulla necessità di superare gli stereotipi negativi dello scontro di civiltà, dopo anni di "paura e diffidenza".

Il linguaggio è il mezzo principale della propaganda politica e viene attentamente controllato per influenzare l'opinione degli elettori. Siamo solo parzialmente consapevoli degli elementi che ci portano a dare un giudizio sulla credibilità di un politico, e molti sono i fattori che influenzano la percezione che abbiamo di loro, come le caratteristiche fisiche, l'abbigliamento, i gesti. I leader convincono i cittadini delle loro politiche e legittimano il proprio potere tramite performance linguistiche caratterizzate da un'ampia serie di strategie retoriche che, combinandosi, danno forma al linguaggio del potere.

L'interesse di Cifariello Ciardi è rivolto a scoprire la possibilità di tradurre l'enfasi retorica di un politico in musica, sottolineando come nella pratica dei loro discorsi anche il ritmo e la "melodia" della parola siano elementi fondamentali nelle strategie di ricerca del consenso. A differenza di altre opere dell'autore, qui non è stata attuata alcuna elaborazione elettronica del suono: è solo la trascrizione della voce per uno strumento musicale.

Come dice Cifariello Ciardi, "spesso il potere parla non alla testa, ma soprattutto alla pancia. In che modo? Forse anche con la 'musica' celata nell'eloquio". *Tre Piccoli Studi sul Potere* svela come la forza dell'immagine del potere non si basi solo su quello che appare alla nostra vista ma agisca anche su ciò che penetra nella nostra percezione più profonda, tramite l'udito, in un modo tanto più efficace quanto più difficile da decriptare.

Tre Piccoli Studi sul Potere (Three small studies on power) is based on an accurate instrumental transcription of the inflections and rhythms of the spoken voice. A software developed by the author is here used to "unmask" the music concealed in three famous speeches delivered by politicians George W. Bush, Tony Blair and Barack Obama and devoted to war, to its consequences in terms of terrorism and to the search for a desirable solution. On 19 March 2003, President Bush announced the beginning of the war in Iraq, "to disarm Iraq of weapons of mass destruction, to end Saddam Hussein's support for terrorism, and to free the Iraqi people". As an answer to the British involvement in the war, on 7 July 2005 a terrorist attack was carried out in the London underground which caused the death of 52 people. Tony Blair announced this tragedy from Scotland, breaking up the G8 meeting that was then taking place. On 6 April 2009, President Obama held a memorable speech at the University of Cairo in which he stressed the need to overcome negative stereotypes on the clash of civilizations after years of "fear and mistrust".

Language is the chief means of political propaganda and is closely controlled to influence voters' opinions. We are only partly aware of the series of elements on the basis of which we formulate our judgement on a politician's reliability, and many are the factors that influence our perception of politicians, ranging from their physical characteristics to their way of dressing and gestures. Political leaders persuade citizens about their policies and legitimize their own power by means of linguistic performances marked by a wide range of rhetorical strategies which, combined, shape the language of power.

Cifariello Ciardi's work aims to explore the possibility of translating the rhetorical emphasis of politicians into music, thus emphasizing how in the context of political speeches the rhythm and "melody" of one's language also represent crucial elements for building consensus-searching strategies. Unlike other works by the author, in this case the sound underwent no electronic processing: each politician's voice was merely transcribed for a musical instrument.

Cifariello Ciardi observes that "often power speaks not so much to people's heads as to their stomachs. How so? Perhaps, also through the 'music' concealed in their speech". *Tre Piccoli Studi sul Potere* illustrates how images of power draw their strength not merely from what meets our gaze, but also from what becomes the object of our most deep-seated perceptions – via hearing, for instance – in a more efficient way. And one harder to decrypt.

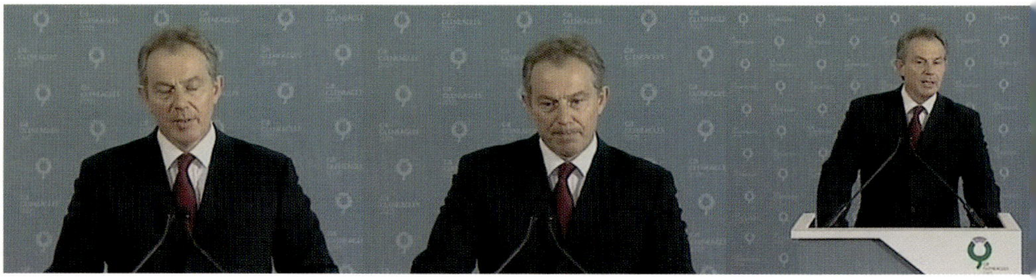

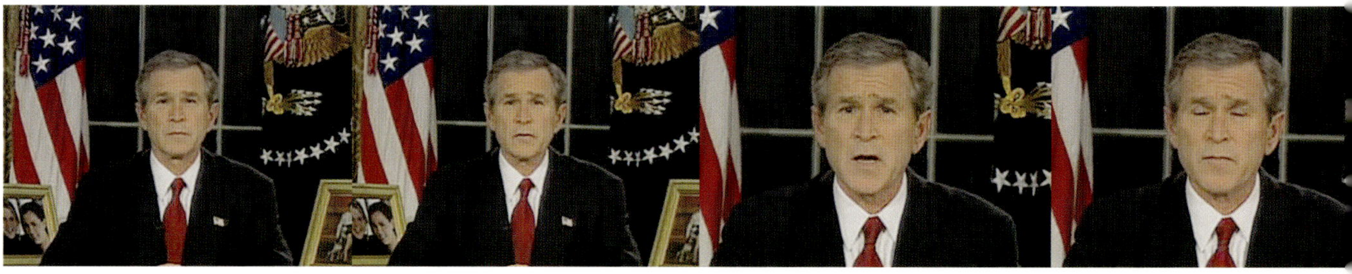

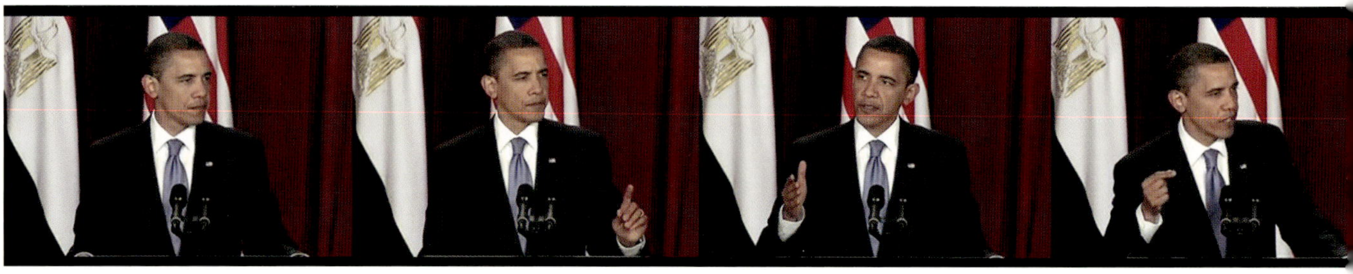

Tre Piccoli Studi sul Potere, 2010
Per video e suoni di flauto, clarinetto, violoncello
For video and flute, clarinet, cello sounds
Prodotto da / *Produced by* Centro di Cultura Contemporanea Strozzina, Fondazione Palazzo Strozzi; Ex Novo Ensemble; Edison Studio
Traduzioni di / *Translations by* Anna Bissanti, "la Repubblica" (Obama); Francesco Cifariello Ciardi (Bush, Blair)

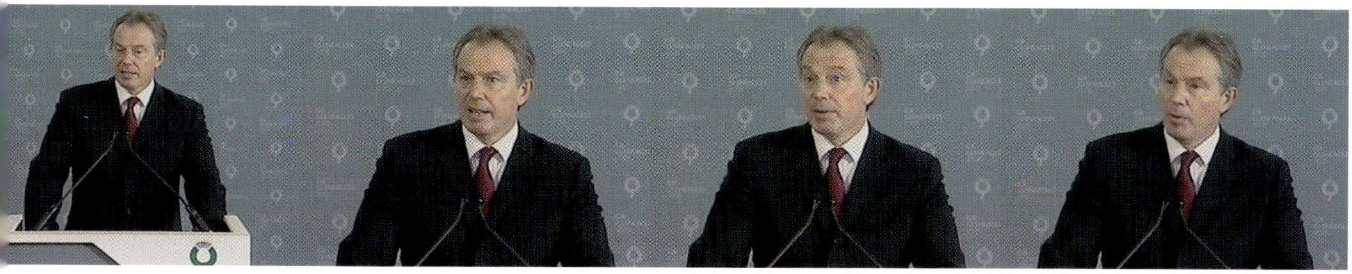

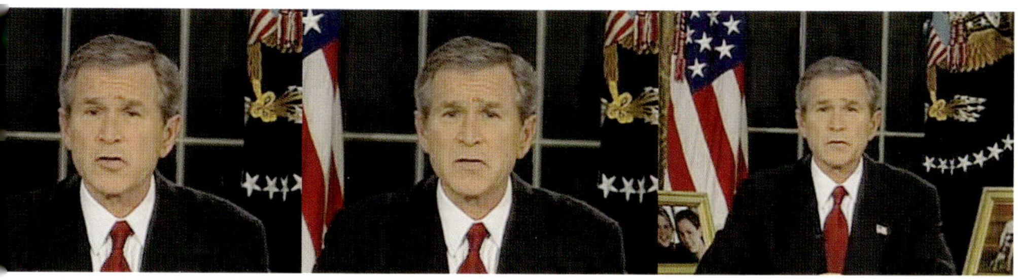

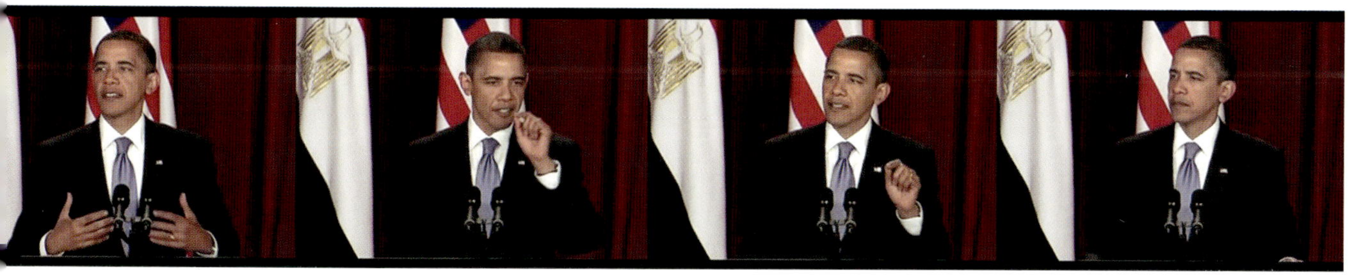

CLEGG & GUTTMANN

Michael Clegg e Martin Guttmann si dedicano da oltre trent'anni alla ricerca sulla rappresentazione del potere nel genere del ritratto.

Nell'arco della loro lunga carriera si osservano alcuni elementi che si sono mantenuti costanti fra le diverse opere ma che sono anche tradizionali del genere del ritratto storico, come la forte illuminazione laterale delle figure e l'uso di alcune tipiche pose, gesti e accessori per la caratterizzazione dei soggetti. Nelle loro opere i due artisti imitano e decostruiscono i rituali canonici della rappresentazione dell'autorità.

Le opere selezionate per la mostra segnano momenti particolarmente significativi della loro produzione. La più recente, *The Board*, ritrae tre alti dirigenti della Deutsche Bank, uno dei quali anche membro dell'importante consiglio culturale dell'istituto finanziario. La loro rappresentazione simboleggia il potere del denaro che, nel mondo dell'attuale finanza globale e computerizzata, si regola con flussi economici difficili da visualizzare.

Nel ritrarre queste personalità, Clegg & Guttmann non si pongono nella posizione di semplici esecutori di una committenza, limitandosi al rispetto delle aspettative, bensì come artisti autonomi. Sono loro a stabilire ogni elemento della composizione dell'immagine, dalla posa all'illuminazione, dall'abbigliamento allo sfondo, assicurandosi per contratto di poter esporre e usare l'opera a propria discrezione. La tradizionale relazione fra artista e committente viene così ribaltata.

I tre soggetti di *The Board* sono stati ripresi in sessioni diverse su un fondo neutro; le fotografie sono state poi montate in un ritratto di gruppo che reca tracce evidenti del procedimento di montaggio digitale. Come sfondo della composizione è stata inserita una infilata di finestre che si aprono su Francoforte, sede della Deutsche Bank e cuore della finanza tedesca ed europea. L'apertura sull'esterno, così come il suggestivo gioco di luci e ombre, sono citazioni dirette del ritratto tradizionale, in cui spesso i soggetti venivano raffigurati davanti a vedute che rimandavano ai loro possedimenti o ai luoghi rappresentativi della loro provenienza.

L'opera *Politisch-Physiognomische Fragmente* è costituita da frammenti fotografici, dettagli tratti da rappresentazioni di uomini politici ritratti secondo pose caratteristiche della messa in scena del potere maschile. Gli artisti presentano accumulazioni di singoli frammenti – come mani messe in posa, o cravatte – che sono esempi tipici dell'espressione degli uomini politici e simboli della loro autorevolezza. L'opera funziona come una decostruzione analitica dei principi della tipica rappresentazione del potere, isolando e mostrando gli elementi che stanno alla base dello studiato codice iconografico impiega-

Michael Clegg and Martin Guttmann have devoted over thirty years of research to the representation of power in portraiture.

Over the course of their long career, certain features have emerged that recur throughout their various works – features that are also traditionally found in historical portraiture: for instance, a strong side lighting of the figures and the use of certain typical poses, gestures and accessories to characterize the subjects. In their works, the two artists imitate and deconstruct the typical rituals behind the representation of authority.

The works selected for the exhibition have marked particularly important moments in the career of the two artists. The most recent of these works, *The Board*, depicts three top executives from Deutsche Bank, one of whom is also a member of the important cultural council of this financial institute. Their representation symbolizes the power of money, which in the current world of global and computerized finance, is regulated according to economic flows that are difficult to visualize.

In portraying these figures, Clegg & Guttmann are not acting as the mere executors of a commissioned work, limiting themselves to meeting the expectations of their clients, but rather as independent artists. It is they who have chosen each and every element in the composition of the picture, ranging from the subjects' pose to the lighting, style of clothes and background. By contract, they also ensured they could display and make use of the work at their own discretion. The traditional relation between artist and client is therefore overturned.

The three subjects of *The Board* were photographed in different sessions against a neutral background; the photos were then assembled to form a group portrait, which bears clear traces of this procedure of digital assemblage. As a background to the composition, a series of windows were inserted that open up on the city of Frankfurt, the headquarters of Deutsche Bank and the heart of German and European finance. This opening up on the outside, just like the striking interplay of light and shadow, is a borrowing from traditional portraiture, which often shows subjects standing against vistas alluding to their properties or evoking their homelands.

The work entitled *Politisch-Physiognomische Fragmente* consists of photographic fragments: details from representations of politicians portrayed according to the poses typical of the enactment of male power. The artists here feature accumulations of single fragments – such as hands arranged in a pose, or ties – that represent common expressions and symbols of the authoritativeness of political figures. The work serves as an analytical deconstruction of the principles behind the typical representation of power by isolating and showing the elements that stand at the basis of the well-planned iconographic norms employed by the world of politics for its media representation.

For *Grand Master*, part of a photographic series produced in the 1980s, Clegg & Guttmann asked an actor to display certain poses characteristic of power, presenting him as the representative of a non-specified institution. The background of the image consists in a fictional architectural

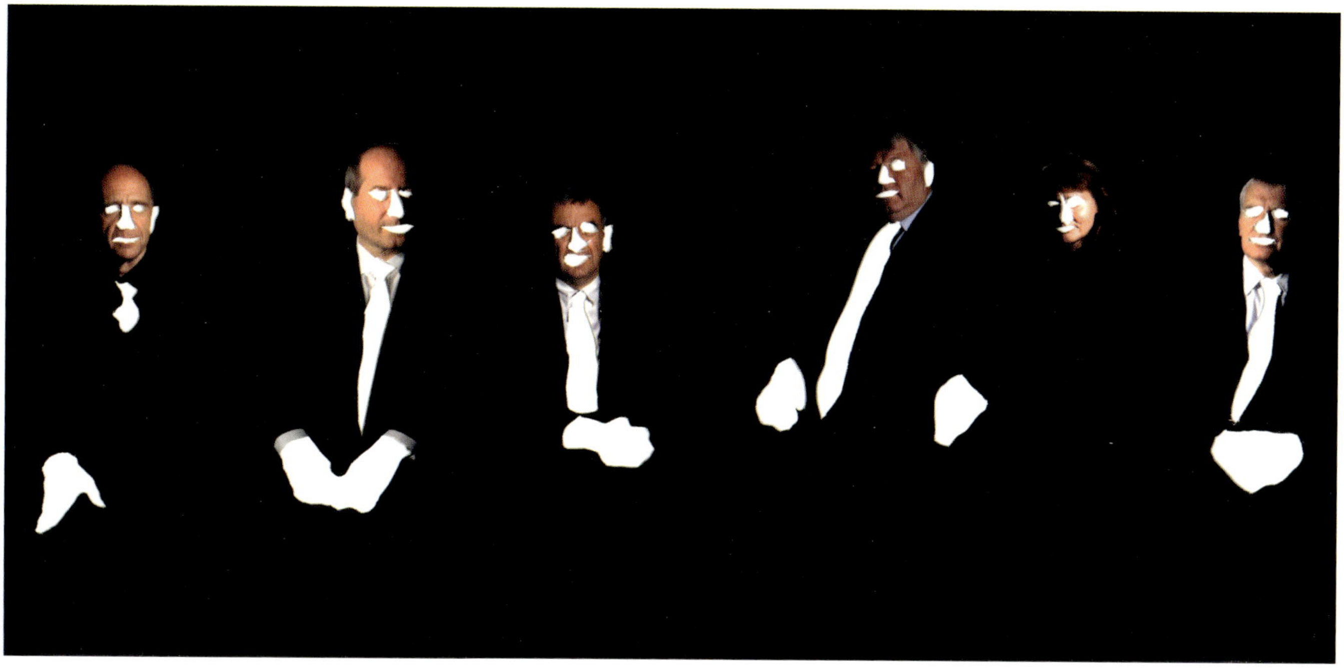

Ministers and Senators, Political Physiognomical Fragments, a study, 2001
Silver dye bleach print (Cibachrome)
21 x 41 cm
Courtesy Galerie Christian Nagel, Cologne, Berlin, Antwerp

to dalla politica per la propria rappresentazione mediatica.

Per *Grand Master*, parte di una serie fotografica realizzata negli anni ottanta, Clegg & Guttmann hanno incaricato un attore di interpretare alcune pose caratteristiche del potere, presentandolo come un esponente di una non specificata istituzione. Lo sfondo dell'immagine consiste in uno scenario architettonico non reale ma semplicemente simulato tramite la fotografia di uno spazio, la cui artificialità è resa evidente dalle incongruenze degli effetti di luce. Ancora una volta, centrale è la riflessione sulla costruzione mai spontanea e sempre controllata dell'immagine del potere.

La tensione che promana dalle opere di Clegg & Guttmann nasce dal sottile scarto in cui si gioca il loro rapporto con la tradizione. Le rappresentazioni classiche e apparentemente affermative delle persone di potere vanno lette, nel contesto della loro produzione decennale, come visualizzazioni diverse di una pratica analitica e decostruente nei confronti dei meccanismi dell'autorità.

scenario – one simply simulated by using photographed space – the artificial nature of which is revealed by certain incongruities in the lighting effects. What is central here, once more, is the reflection offered on the controlled and never spontaneous construction of an image of power.

The tension conveyed by Clegg & Guttmann's works springs from the subtle gap characterizing the artists' relationship with tradition. Their classical and apparently affirmative representations of people with power should be interpreted, within the context of their career spanning several decades, as different ways of visualizing an analytical and deconstructive practice engaging with the mechanisms of authority.

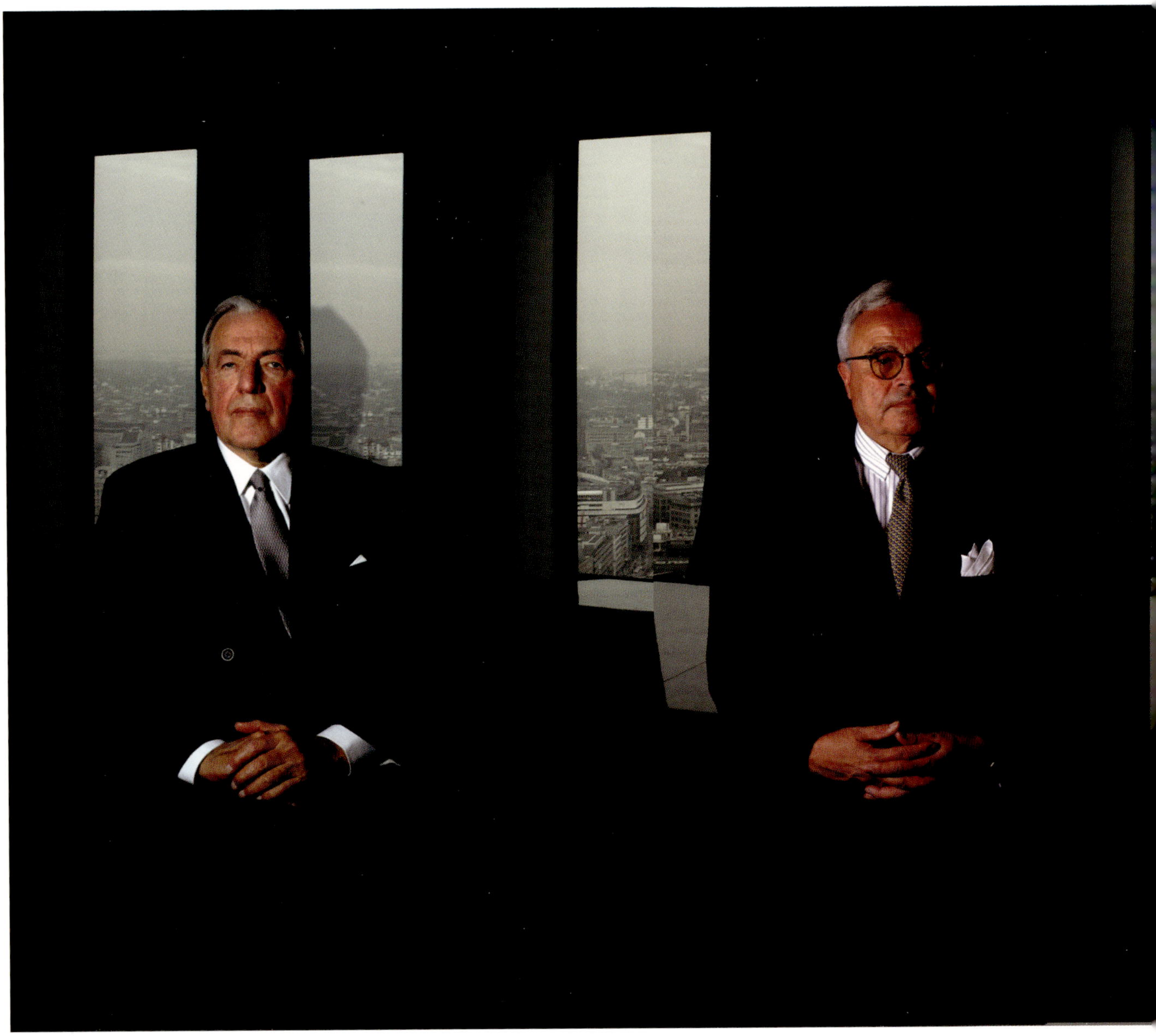

The Board, Single/Group Portrait
(Executives of the Deutsche Bank Art Department), 2007
Silver dye bleach print (Cibachrome)
168 x 318 cm
Courtesy Galerie Christian Nagel, Cologne, Berlin, Antwerp

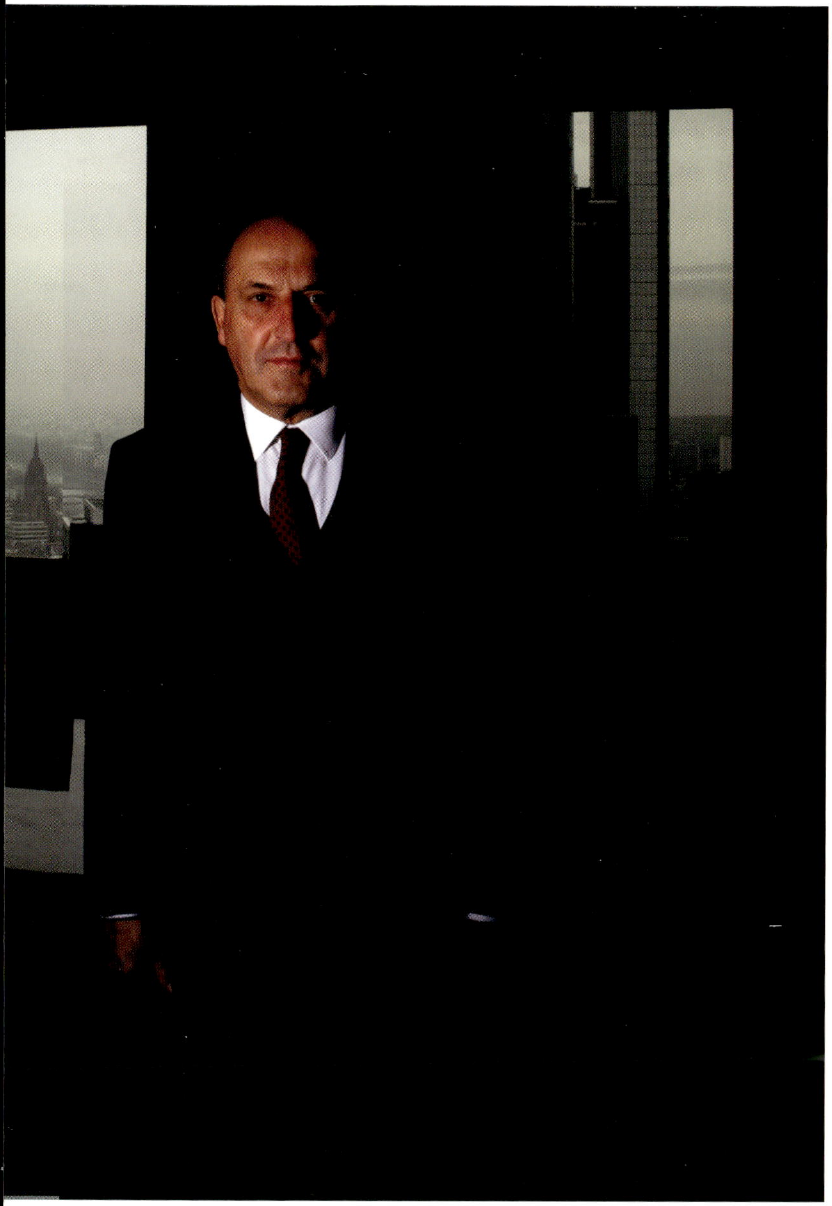

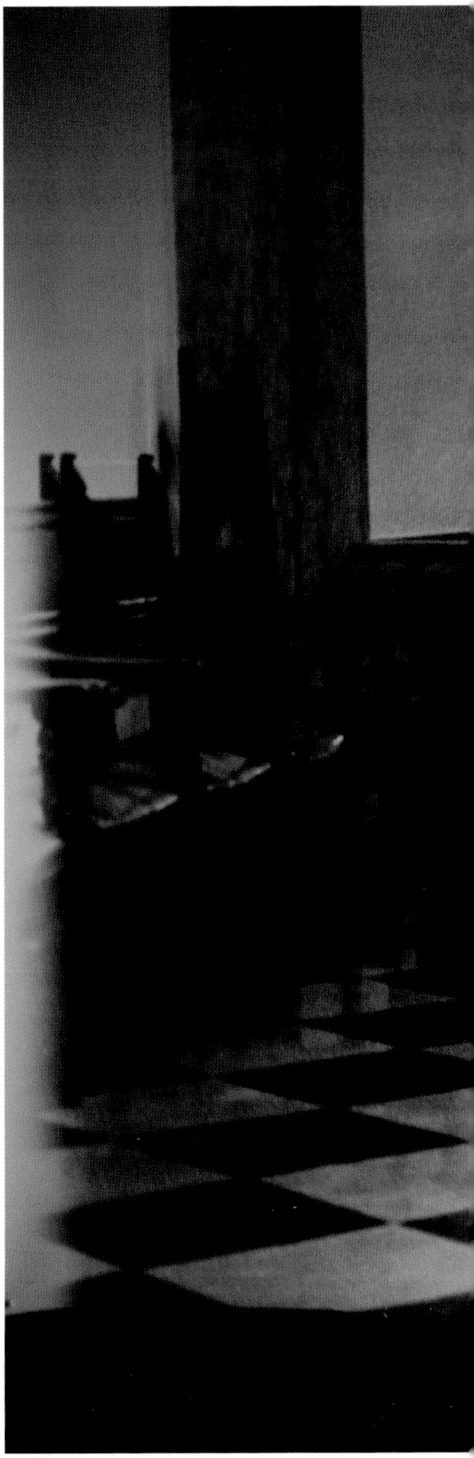

Grand Master, 1985
Cibachrome behind Plexiglas
220 x 279 cm
Courtesy Sammlung Wiese

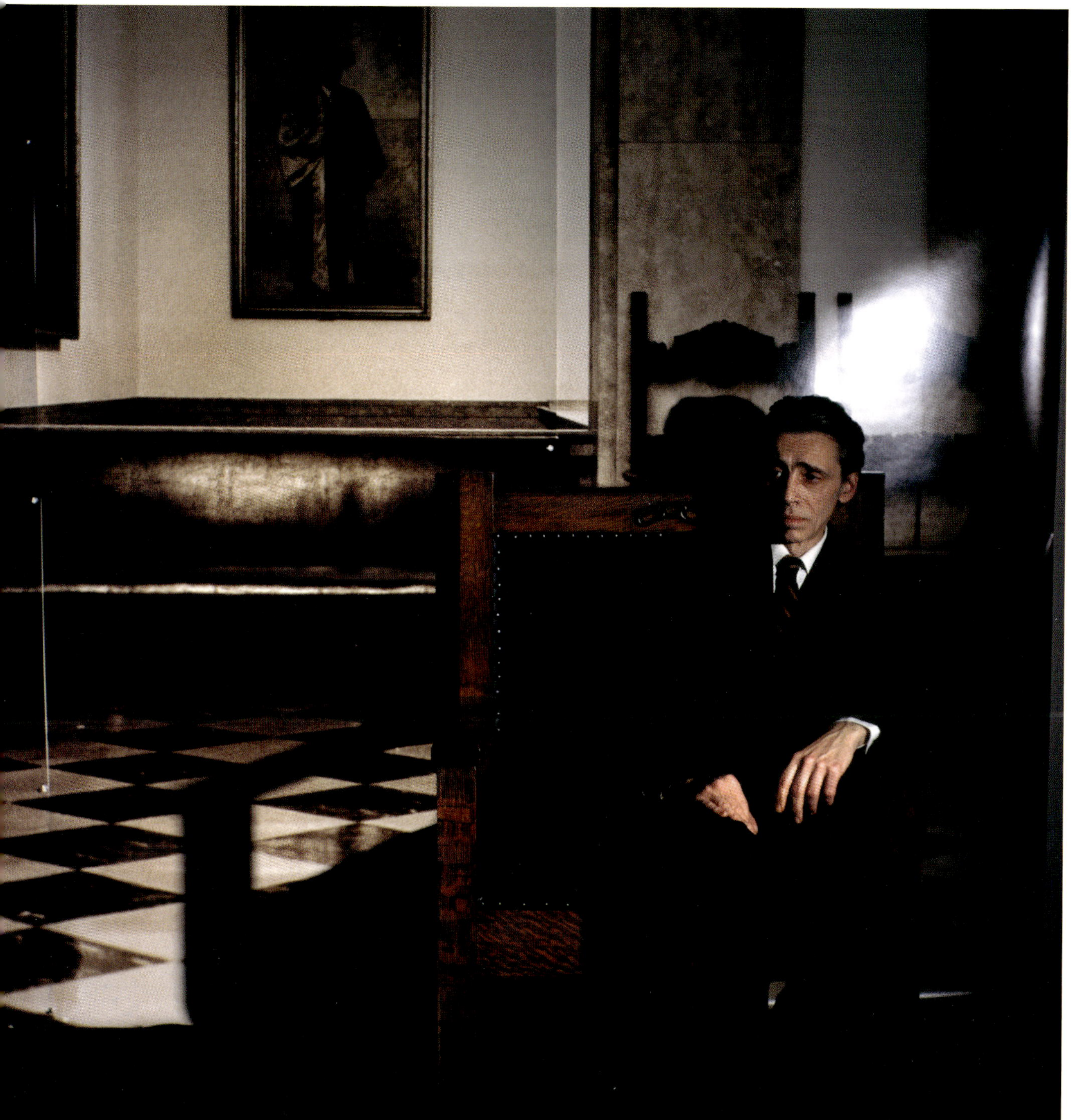

NICK DANZIGER

Il lavoro del fotogiornalista Nick Danziger si caratterizza per video e fotografie di stampo documentaristico che spesso accompagnano i diari scritti durante i suoi numerosi viaggi nel mondo, dalla Bosnia all'Afghanistan, dalla Gran Bretagna al Brasile.

The work of photojournalist Nick Danziger features videos and photographs in a documentary style, which often accompany the diaries he writes during his many trips around the world – from Bosnia to Afghanistan, Great Britain to Brazil, and so on.

Tra marzo e aprile 2003 Danziger e il giornalista Peter Stothard trascorrono trenta giorni a stretto contatto con l'allora primo ministro britannico Tony Blair e il suo entourage. L'occasione viene dal progetto sviluppato dal "Saturday Times Magazine" di realizzare un servizio speciale in occasione del cinquantesimo compleanno di Blair, non attraverso fotografie ufficiali ma secondo modalità di rappresentazione del potere nella quotidianità di tutti i giorni, all'interno di ambienti privati e solitamente inaccessibili, fuori dai luoghi canonici più strettamente rappresentativi. Proprio in quei giorni Blair dovette affrontare una delle decisioni più impegnative del suo mandato: la partecipazione della Gran Bretagna, al fianco degli Stati Uniti, nella seconda guerra del Golfo. Danziger riesce a documentare scene che altrimenti non si sarebbero mai viste e a cogliere momenti che, seppure apparentemente non significativi, riescono a comunicare con la massima chiarezza le tensioni e le dinamiche sotterranee di quei giorni cruciali del 2003.

Nel primo giorno di lavoro, il 14 marzo, Danziger si trova nella cosiddetta "den", la stanza privata di lavoro di Blair a Downing Street. Durante una telefonata con il leader palestinese Yasser Arafat, Blair si mostra in una posa non convenzionale, informale e non meramente rappresentativa. Nello specchio intravediamo Alastair Campbell, onnipresente *spin doctor* del primo ministro e responsabile della sua immagine. Il riflesso di Campbell diviene un'immagine nell'immagine, a confermare come la costruzione del documento fotografico non sia mai casuale o frutto di ingenuità ma sempre determinata da una precisa decisione di chi scatta la fotografia.

Danziger riesce a rappresentare quasi "l'intimità" del potere, con l'apparente inconsapevolezza delle persone coinvolte. Va tuttavia ricordato che il governo Blair aveva sviluppato una strategia estremamente controllata e studiata della propria identità pubblica, e la promozione di un'immagine del primo ministro come giovanotto della porta accanto e appartenente a una classe politica vicina alle persone comuni è stato uno dei punti centrali della politica del New Labour, il moderno laburismo inglese, in contrapposizione ai lunghi anni segnati dal conservatorismo di Margaret Thatcher e John Major.

Between March and April 2003, Danziger and journalist Peter Stothard spent thirty days in close contact with the then Prime Minister Tony Blair and his entourage. This opportunity had arisen thanks to *The Saturday Times Magazine*, which had launched a project to produce a special report on the occasion of Blair's fiftieth birthday, one based not on official photographs but on a way of perceiving and depicting power from the point of view of everyday life – the interior of private and usually inaccessible places, removed from the conventional and more distinctly representational ones. These were the very days in which Blair was facing one of the most challenging decisions of his mandate: that concerning Great Britain's intervention in the Second Gulf War on the side of the United States. Danziger was able to document moments and scenes that could otherwise never have been made visible, capturing apparently insignificant moments that actually express all the underlying tensions and dynamics of those crucial days in 2003.

On his first day of work, 14 March, Danziger was in Blair's so-called "den" – the Prime Minister's private workroom in Downing Street. While engaged in a telephone call with Palestinian leader Yasser Arafat, Blair is shown in a non-conventional and informal, rather than simply official, pose. A mirror here gives us a glimpse of Alastair Campbell, the Prime Minister's ever-present spin doctor, and the person responsible for his public image. This reflection becomes a sort of picture within the picture, a reminder of the assemblage of Danziger's photographic documents, which are never created by chance or artlessly, but always follow from a conscious decision on the photographer's part.

Danziger seems to be providing an almost intimate depiction of power, one that catches its subjects unawares. Yet it is worth recalling that the Blair government had developed a very careful and well-thought strategy for controlling its own public identity. New Labour's promotion of an image of its Prime Minister as a young man from next door and of its own political class as one close to ordinary people has been a central feature of its political platform – a way of making a break after the long years of Conservatism under Margaret Thatcher and John Major.

The power of Danziger's photographs lies in their ability to suggest the moments preceding and following the one portrayed, as illus-

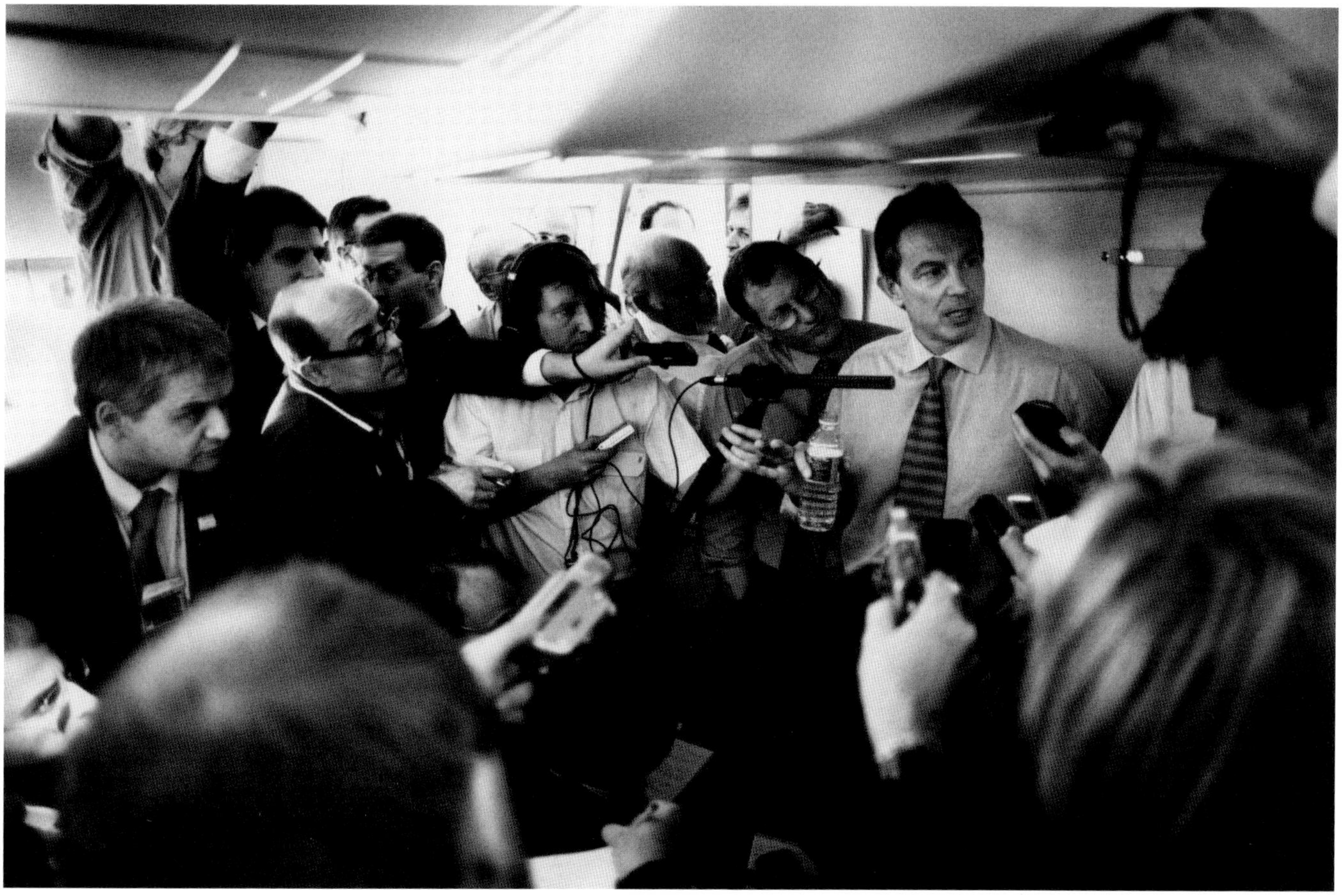

Press Quarters of PM's Boeing 777 en route to Washington, 26 March 2003
Bromide print
Courtesy National Portrait Gallery, London
© Nick Danziger

La forza delle fotografie di Danziger sta nella capacità di suggerire un "prima" e un "dopo" rispetto al momento rappresentato, che sia un trasferimento aereo del primo ministro o la conversazione di un gruppo di personalità politiche fuori dal gabinetto di Blair, in attesa delle imminenti decisioni sulla guerra. In queste immagini il mondo esterno è sempre tagliato fuori; tuttavia, come dice il critico John Berger, l'importanza di una fotografia sta nel modo in cui mostra ciò che non vediamo nell'immagine. E Danziger testimonia in prima persona: "in alcune immagini, dal punto in cui era seduto il primo ministro poteva sentire dall'esterno la gente che urlava 'fermate la guerra'". Il potere censura ciò che può incrinare o mettere in dubbio l'apparenza rassicurante di un uomo politico e fornisce sempre di sé un ritratto funzionale al suo mantenimento.

trated for instance by the pictures of the Prime Minister's transfer by plane, or the conversation held by a group of politicians outside Blair's cabinet as they wait for the imminent war decisions to be made. In these pictures the outside world is always cut off; still, as critic John Berger has noted, the importance of photographs lies precisely in their ability to show things they do not directly portray. Danziger himself bears witness to this when he writes that "in some of the pictures, from where the Prime Minister is sitting, he could hear people shouting 'stop the war' outside". Power censors what might damage or shed doubt upon the reassuring appearance of a politician, and always seeks to portray itself in a manner useful for its own preservation.

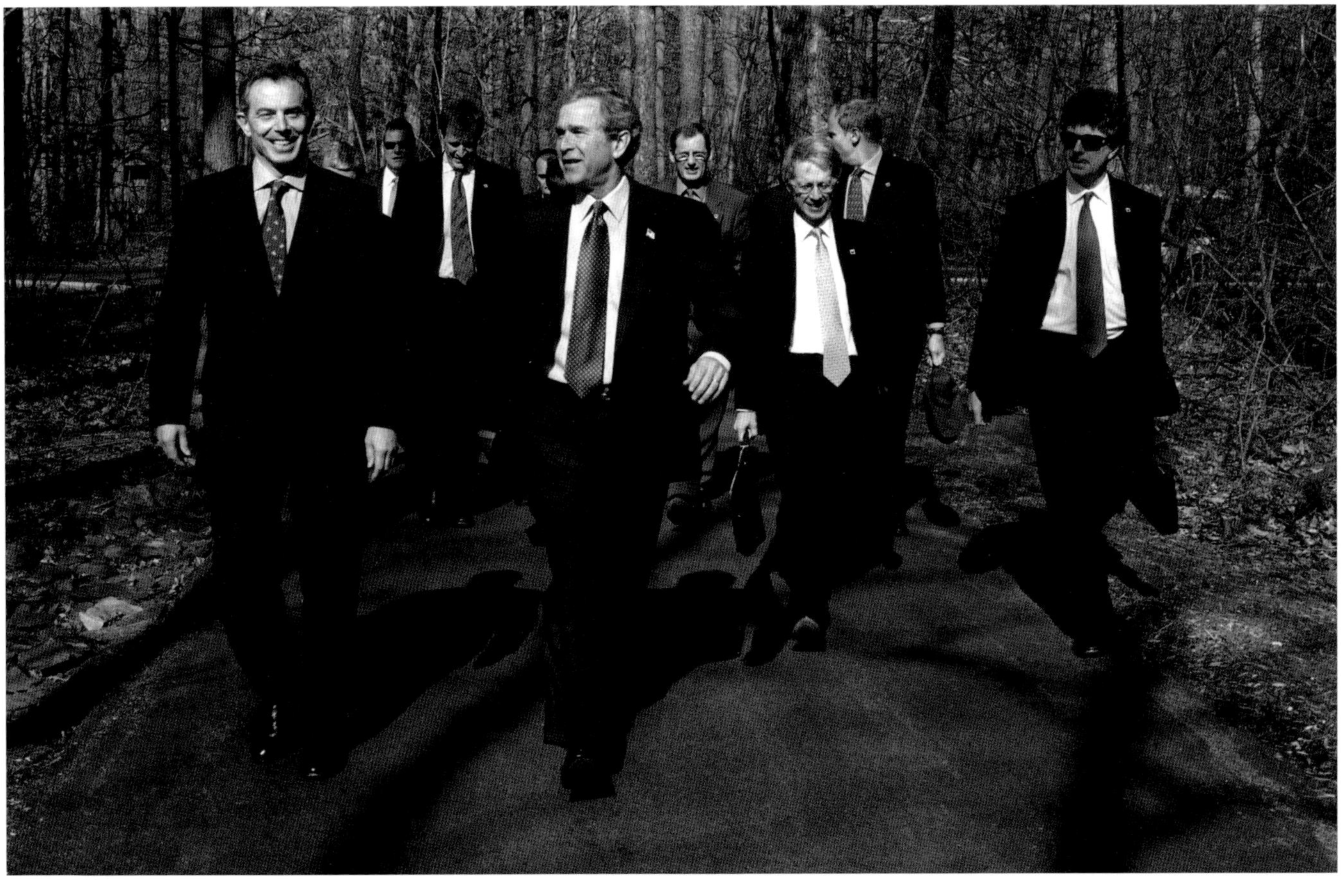

The Road to Camp David Heliport, 27 March 2003
Bromide print
Courtesy National Portrait Gallery, London
© Nick Danziger

Helicopter Flight from RAF Lyneham to Battersea, 3 April 2003
Bromide print
Courtesy National Portrait Gallery, London
© Nick Danziger

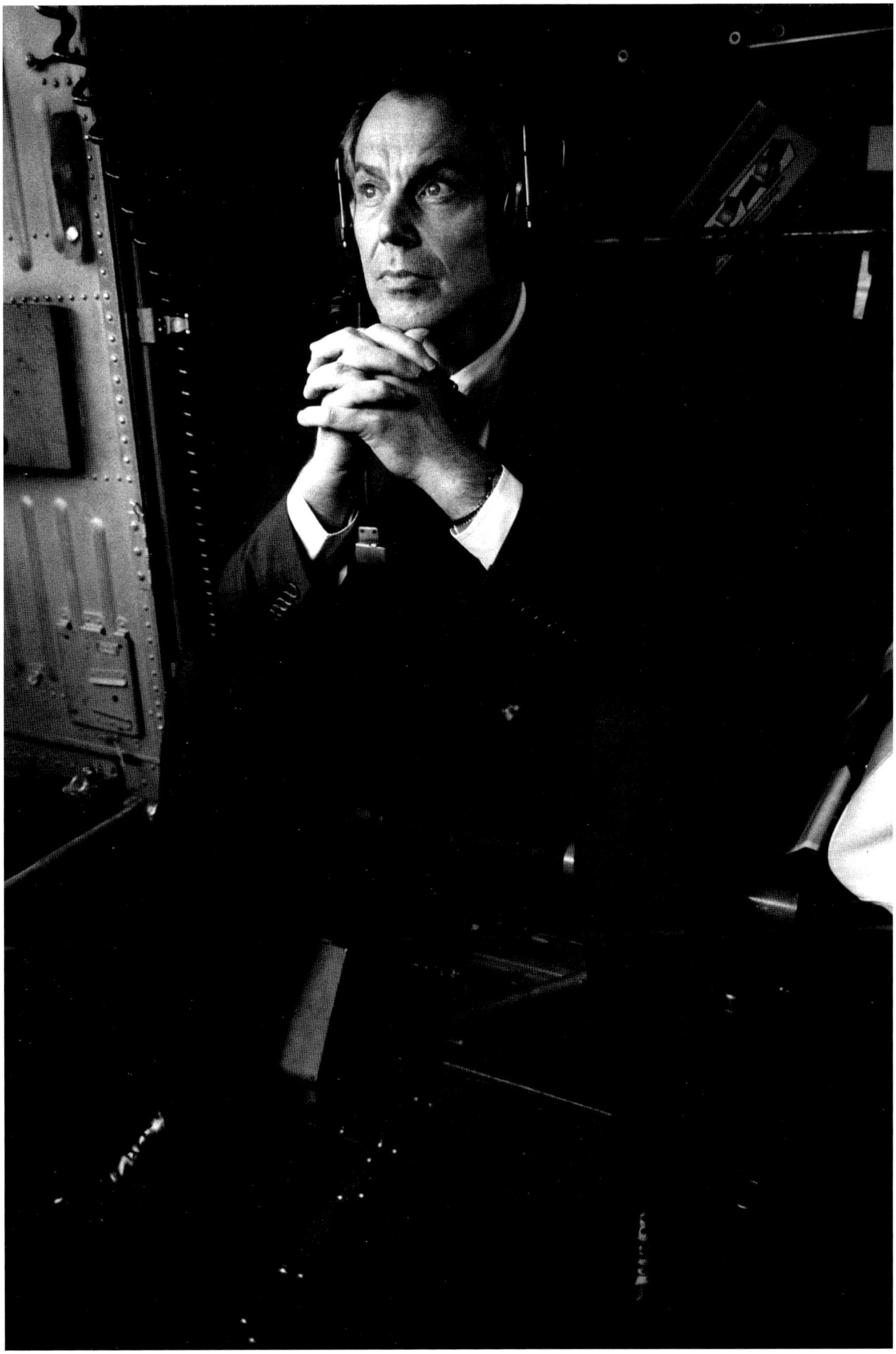

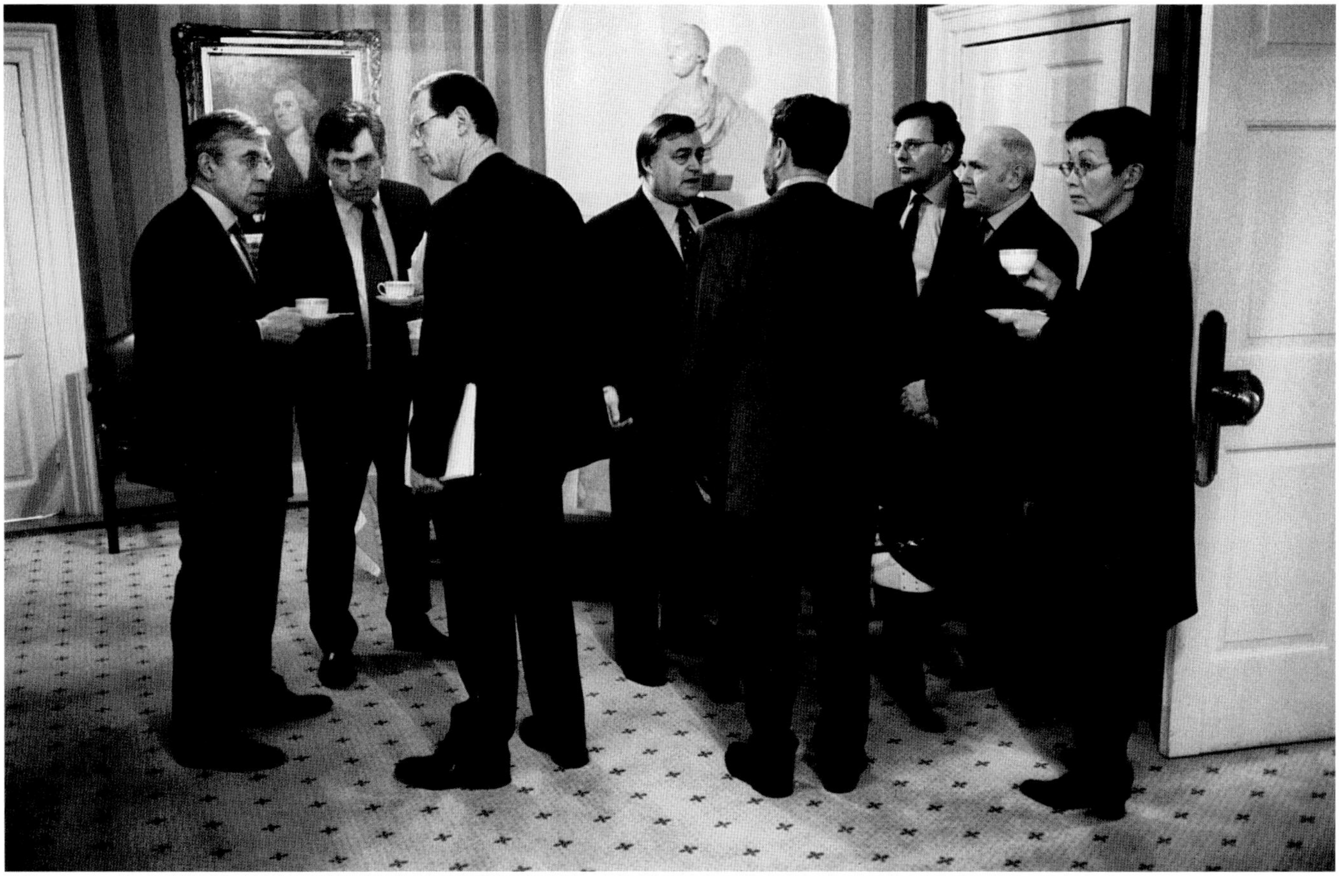

March 20, 2003, 7:55am Tea before first War Cabinet
Bromide print
Courtesy National Portrait Gallery, London

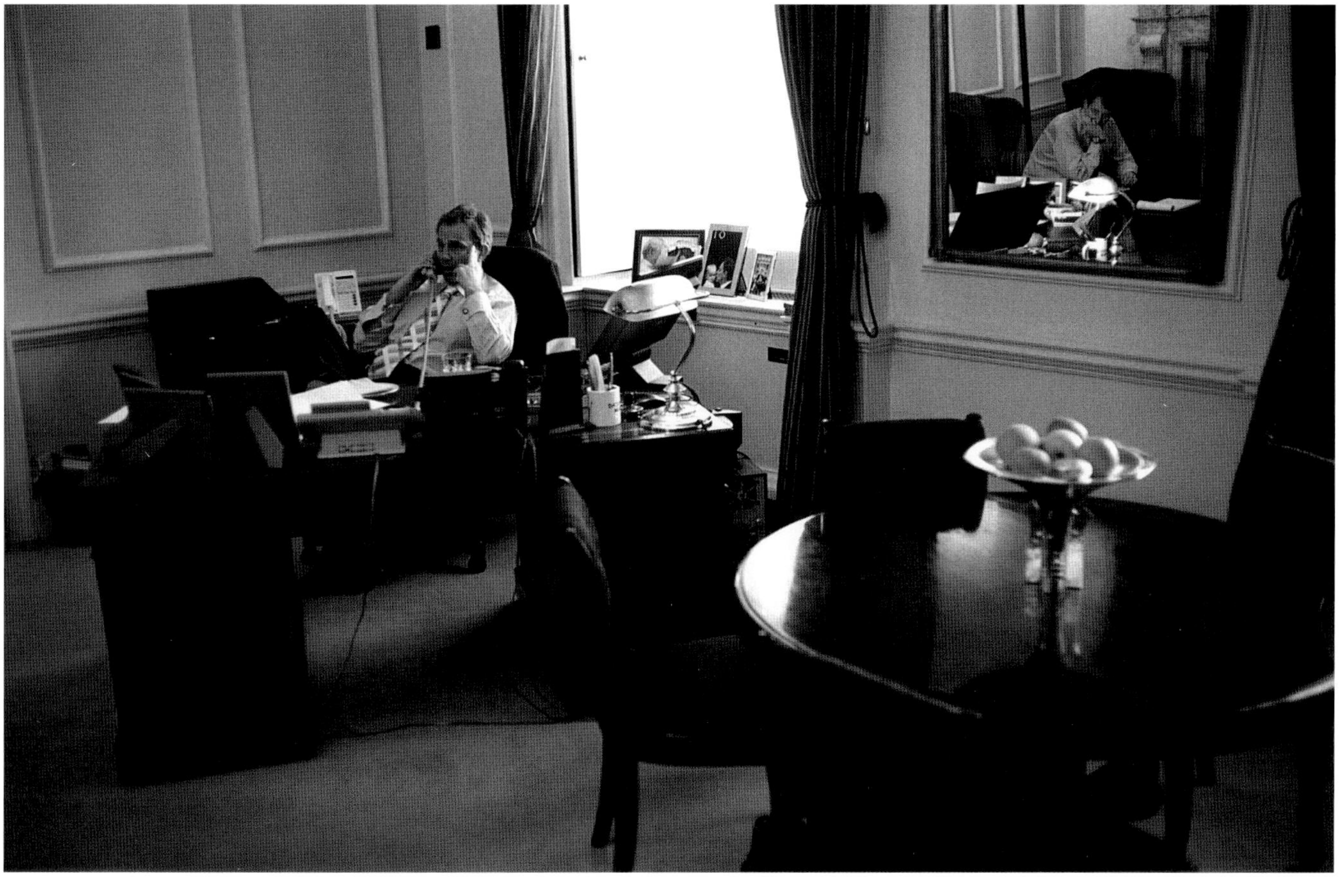

The "den", 10 Downing Street (Tony Blair and Alastair Campbell), 14 March 2003
Bromide print
Courtesy National Portrait Gallery, London

RINEKE DIJKSTRA

Rineke Dijkstra ha sviluppato una ricerca approfondita nell'ambito del ritratto fotografico. Prendendo come soggetti adolescenti ancora alla ricerca di se stessi e incapaci di fingere davanti all'obiettivo, ma anche adulti colti in momenti decisivi del loro sviluppo personale, l'artista riflette sul tema dell'identità e della sua rappresentazione.
Cruciale nella fotografia di Dijkstra è la volontà di mostrare la personalità vera, e non simulata, del soggetto che ha di fronte.

Rineke Dijkstra has carried out profound research in the field of photographic portraiture. Her subjects are adolescents who are still searching for themselves and who are incapable of acting in front of a camera, as well as adults caught in decisive moments in their personal development. By portraying these subjects, the artist explores the theme of identity and its representation.
A crucial feature of Dijkstra's photography is her desire to show the true personality of her subjects, as opposed to any simulated one.

Contrapponendosi alla corrente attitudine mistificatoria di Internet e alla manipolazione digitale, le sue immagini dimostrano con effetto assolutamente convincente come il mezzo fotografico sia ancora in grado di andare al di là della superficie del soggetto per coglierne l'identità più profonda e in costante cambiamento. Le sue serie presentano ad esempio giovani toreri subito dopo una corrida, giovani madri con i loro bambini nati da pochi minuti o, ancora, ritratti sulla spiaggia di ragazzi e ragazze provenienti da varie parti del mondo.

La prassi operativa dell'artista, che fornisce scarsissime indicazioni ai propri soggetti, tipicamente ritratti in modo frontale, crea immagini scarne e distaccate, i cui protagonisti appaiono immancabilmente fragili e vulnerabili.

Il progetto *Olivier Silva*, che Dijkstra ha svolto nel corso di più di tre anni, ha come protagonista un giovane che nel luglio del 2000 si arruola volontariamente nella Légion étrangère. Viene ritratto in precisi momenti dell'intenso addestramento, svoltosi in Francia e in Africa: dal primo giorno dell'arruolamento, ad Aubagne presso Marsiglia, fino alla partenza in missione in diverse parti del mondo (Gabon, Costa d'Avorio e Gibuti) nel 2003.

Le fotografie mostrano chiaramente la metamorfosi subita nell'arco degli anni dal giovane uomo, un ragazzo dall'aria innocente che si trasforma in soldato d'élite energico e professionale, inquadrato in uno dei corpi militari più duri e controversi del mondo. Al centro del lavoro sta l'interesse per Olivier come individuo, la cui personalità muta con il procedere dell'addestramento: lo si può cogliere appieno dall'atteggiamento e dallo sguardo, ma anche dai cambiamenti che occorrono sul suo volto. Secondo la prassi dell'addestramento per questo tipo di gruppi militari, la personalità della recluta viene annullata per poi essere formata nuovamente e secondo parametri nuovi: e di fotografia in fotografia, il giovane si avvicina sempre più al prototipo del soldato. Tutti coloro che entrano a far parte della Legione straniera ricevono un nuovo nome e una nuova identità: così, dopo tre anni, Olivier non sembra più, anche fisicamente, la stessa persona.

Come in una ripresa accelerata, la serie mostra il dissolvimento dell'identità originaria di un uomo sottoposto alle condizioni di un apparato di potere. Il soldato è al servizio del Paese per il quale combatte, ne diviene una rappresentazione pubblica ufficiale e ne incarna il potere militare. Ma lo stesso potere che ora emana da lui è lo stesso che, nell'arco di pochi anni, lo ha condizionato o, potremmo dire, prodotto. Tramite le sue fotografie, formalmente sempre molto essenziali, Rineke Dijkstra evidenzia il paradosso dell'opposizione tra i valori dell'individuo e quelli della comunità, tra identità e omologazione.

Up against the contemporary mystifying quality of the Internet and digital manipulation, her images illustrate in a very convincing way how photography is still capable of transcending the surface of subjects to grasp their deeper and constantly evolving identities. Her series feature, for instance, young bullfighters immediately after a bullfight, young mothers with babies born only a few minutes before, and portraits of boys and girls from various parts of the world at the beach.

Her work method, whereby subjects are given very few directions and are usually portrayed frontally, leads to the creation of bare and detached pictures in which people display an inevitably fragile and vulnerable air.

The *Olivier Silva* project, which the artist has developed over the course of more than three years, centres on the figure of a young man who in July 2000 voluntarily enrolled in the French Foreign Legion. Dijkstra portrays crucial moments of his intense training in France and Africa – from the day of his enrolment, in Aubagne, near Marseille, to the missions he was sent to fulfil in various parts of the world (Gabon, Ivory Coast and Gibuti) in 2003.

The photographs clearly illustrate the metamorphoses the young man underwent over the course of the years: the innocent looking boy becomes an energetic and professional elite soldier enlisted in one of the world's toughest and most controversial army corps. The centrepiece of the work is the artist's interest in Olivier as an individual whose personality evolves in the course of his training, as is clearly revealed by his attitude and the look in his eyes, as well as by the very way in which his facial features change. The training imparted in military units of this kind is aimed at annulling the recruit's personality in order to then recreate it according to new parameters: the youngster draws closer and closer to the prototype of the soldier as we progress from one photograph to the next. Just as all new recruits of the Foreign Legion are assigned a new name and identity, after three years Olivier no longer looks (even physically) like the same person as before.

Like an accelerated film sequence, this series shows the dissolution of the original identity of a man subjected to the conditions dictated by an apparatus of power. Every soldier is at the service of the country he fights for and becomes one of its official public representations, embodying its military power. The same power he now wields is that which in a few years has conditioned him – or even produced him, one may say. Through her aesthetically minimalist photographs, Rineke Dijkstra illustrates the paradox of opposition between individual values and those of the community, between identity and conformity.

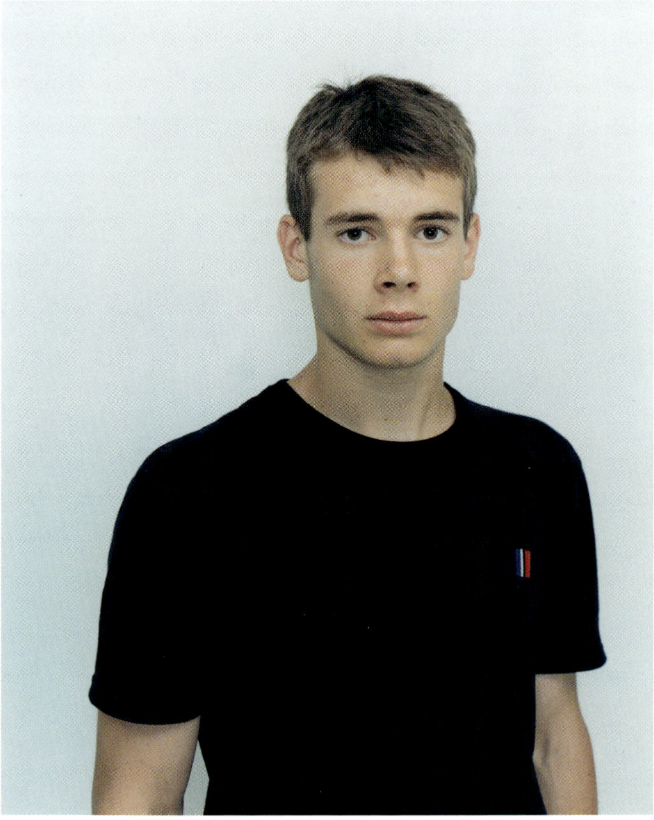

Olivier - The French Foreign Legion
C-prints
Ognuno / *each* 127 x 109 cm
In prestito da / *on loan from* the Bank of America Merril Lynch Collection

**Quartier Vienot,
Marseille, France, July 21, 2000**

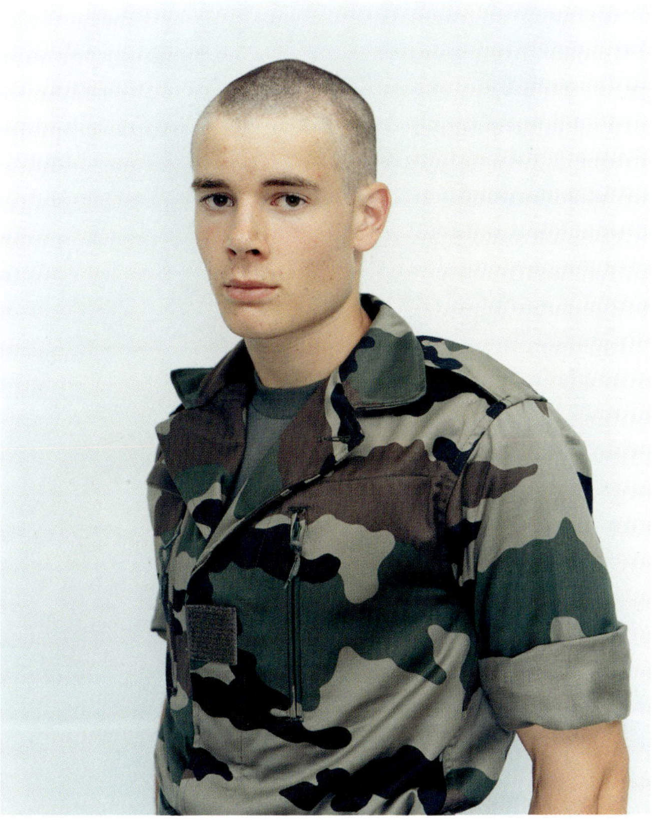

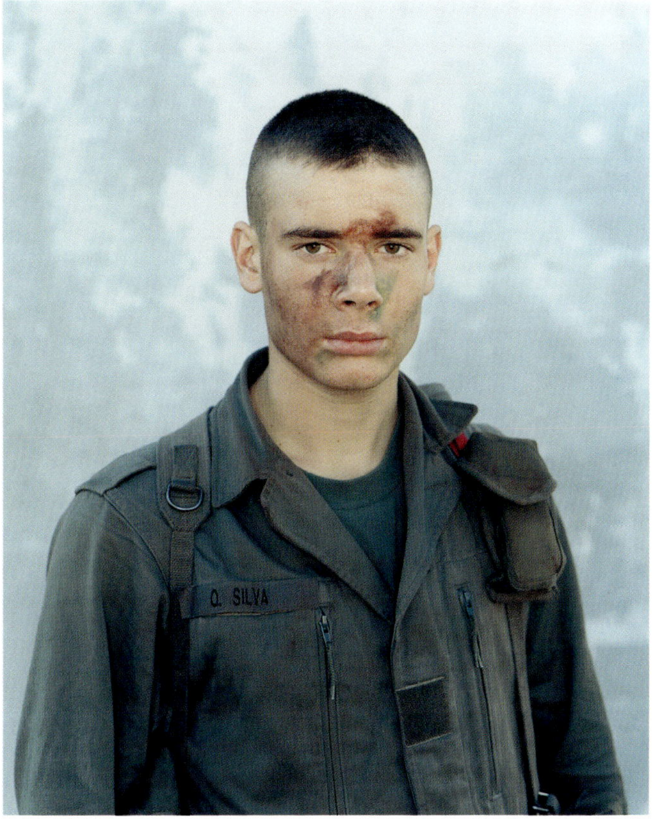

Quartier Vienot,
Marseille, France, July 21, 2000

Les Guerdes,
France, November 1, 2000

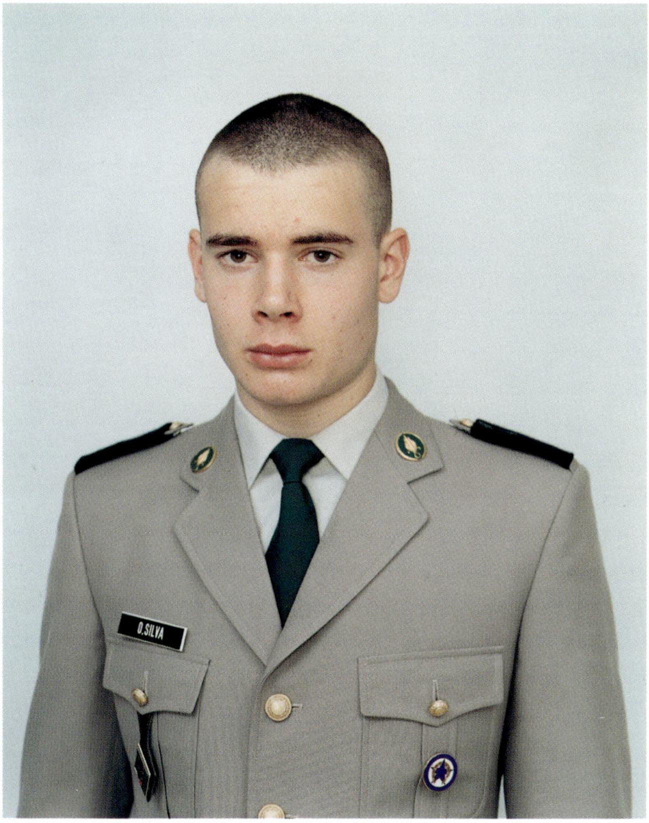

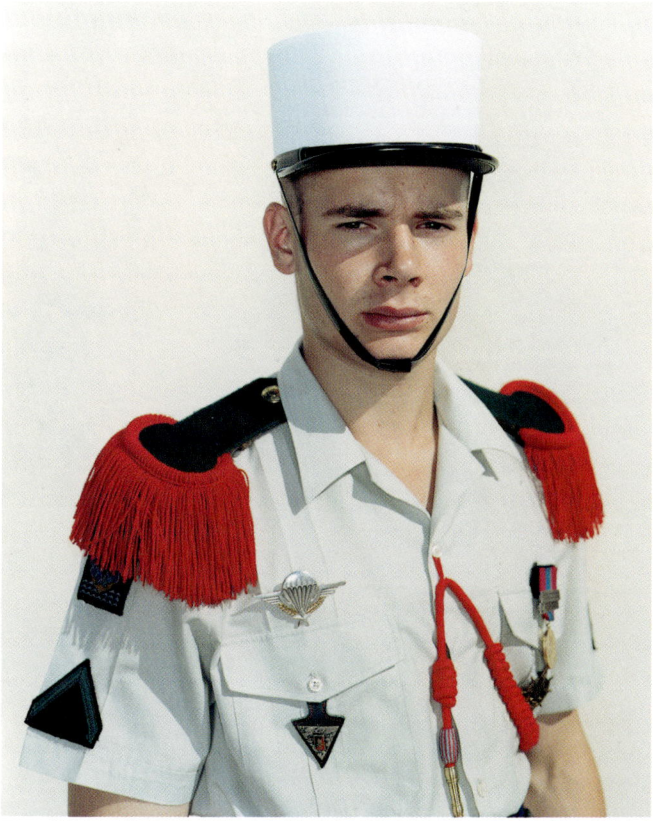

Quartier Vienot,
Marseille, France, November 30, 2000

Camp Raffalli,
Calvi, Corsica, June 18, 2001

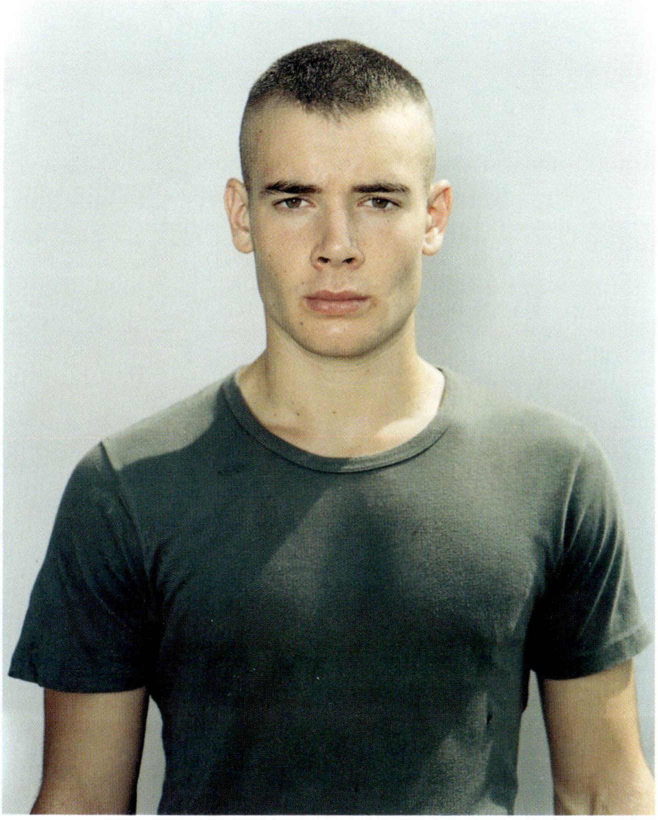

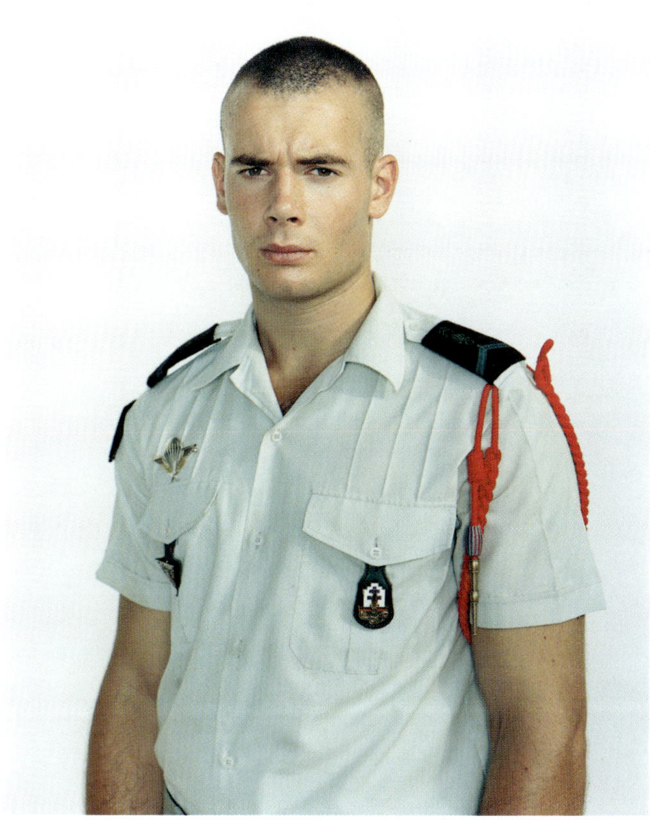

**Camp Général de Gaulle,
Libreville, Gabon, June 2, 2002**

**Quartier Monclar,
Djibouti, July 13, 2003**

JIM DOW

Il fotografo americano Jim Dow si confronta con luoghi usati come punti d'incontro che recano tracce visibili dell'interazione fra le persone.

Nelle diverse serie fotografiche l'artista ha ritratto *barbecue joints* americani, *pie and mash shops* londinesi, sale da tango di Buenos Aires, luoghi di lavoro di contadini, stagnini e fabbri, stadi di baseball da una costa all'altra dell'America. Riprendendoli nel modo più obiettivo possibile, totalmente privi di qualsiasi presenza umana, Dow trasmette all'osservatore una visione concentrata e autentica dell'architettura, degli arredi e della struttura di questi palcoscenici della vita.

"Il mio interesse per la fotografia si incentra sulla sua capacità di descrizione esatta. Uso la fotografia per cercare di registrare le manifestazioni dell'ingegno e dello spirito umano che ancora permangono nel paesaggio quotidiano del nostro Paese".

In occasione di una delle sue serie più recenti, Dow è riuscito a entrare in alcuni dei circoli privati più esclusivi di New York, scegliendo quelli tuttora attivi e che vantano una storia lunga e importante, come il celebre Metropolitan Club, fondato nel 1891 da John Pierpont Morgan e che ha annoverato fra i suoi membri più illustri James Roosevelt e William K. Vanderbilt.

La maggior parte di questi circoli prevede il rigoroso rispetto di un regolamento consolidato dalla tradizione. Può entrare a farne parte solo chi venga presentato da qualcuno che è già socio, assicurando così l'idea della "rete"; un'apposita commissione valuta se il candidato è idoneo a essere accettato.

Benché a New York se ne possano contare più di venti, dall'esterno ci si accorge raramente della loro esistenza. Pur non esercitando più l'influenza politica di un tempo come luoghi del potere e centri decisionali, questi club stanno attraversando oggi una nuova fase di rinascita e sono sempre più numerosi i politici e gli uomini d'affari che preferiscono incontrarsi nelle loro sale appartate, che l'opinione pubblica vede spesso come luoghi per l'organizzazione di complotti e appuntamenti segreti di diversa natura.

Con le sue fotografie descrittive e comparative Dow dà un volto a questi ritrovi esclusivi e invita l'osservatore ad ammirare con lui l'opulenza senza tempo delle loro sale. L'architettura è "la forma primaria e più potente della comunicazione di massa" e al tempo stesso uno specchio del potere e delle sue strategie, del consolidamento dell'autorità e dei suoi effetti su coloro che lo esercitano. "L'architettura è potere. I potenti costruiscono proprio perché sono potenti. Però l'architettura è anche espressione della capacità e della risolutezza – e della decisione – dei potenti. L'architettura è sfruttata intenzionalmente dai politici per sedurre, per impressionare, per intimidire" (Deyan Sudjic, *The Edifice Complex: How the Rich and Powerful Shape the World*, 2006).

American photographer Jim Dow approaches places as meeting points bearing visible traces of people's mutual interactions.

In different photographic series, the artist has portrayed American barbecue joints, pie and mash shops in London, tango halls in Buenos Aires, the workplaces of farmers, tinsmiths and iron-smiths, and baseball stadiums from one coast of the US to the other. By taking shots that are as objective as possible and completely devoid of any human presence, Dow gives a concentrated and authentic view of the architecture, furnishings and frameworks of these backdrops of life.

"My interest in photography centres on its capacity for exact description. I use photography to try to record the manifestations of human ingenuity and spirit still remaining in our country's everyday landscape."

For one of his most recent series, Dow has been able to make his way into some of the most exclusive private circles of New York City. He selected circles that are still active and have a long and significant history behind, such as the renowned Metropolitan Club, which was founded in 1891 by John Pierpont Morgan, and once listed James Roosevelt and William K. Vanderbilt among its most illustrious members.

Most of these circles require strict adherence to rules consolidated by tradition. Only those introduced to the club by one of its members can join it, a practice that contributes to keep it a kind of network; a specific commission will then consider whether the candidate is fit for acceptance.

Though there are over twenty circles of this kind in New York, outsiders will rarely notice their presence. While they no longer exercise the kind of political influence they used to as seats of power and decision-making bodies, these clubs are now undergoing a new renaissance. An increasing number of politicians and businessmen are choosing to meet in their secluded rooms, which public opinion often perceives as places of intrigue and the setting for secret appointments of various kinds.

With his descriptive and comparative photographs, Dow is giving a face to these exclusive meeting places, inviting viewers to join him in admiring the timeless opulence of their rooms. Architecture is the "primary and most powerful form of mass-communication"; at the same time, it is a mirror for power and its strategies, for the consolidation of authority and its effects on those who exercise it. "Architecture is power. The powerful build precisely because they are powerful. Yet architecture is also an expression of the capability and resoluteness – as well as resolve – of the powerful. Politicians intentionally exploit architecture to seduce, impress, and intimidate." (Deyan Sudjic, *The Edifice Complex: How the Rich and Powerful Shape the World*, 2006).

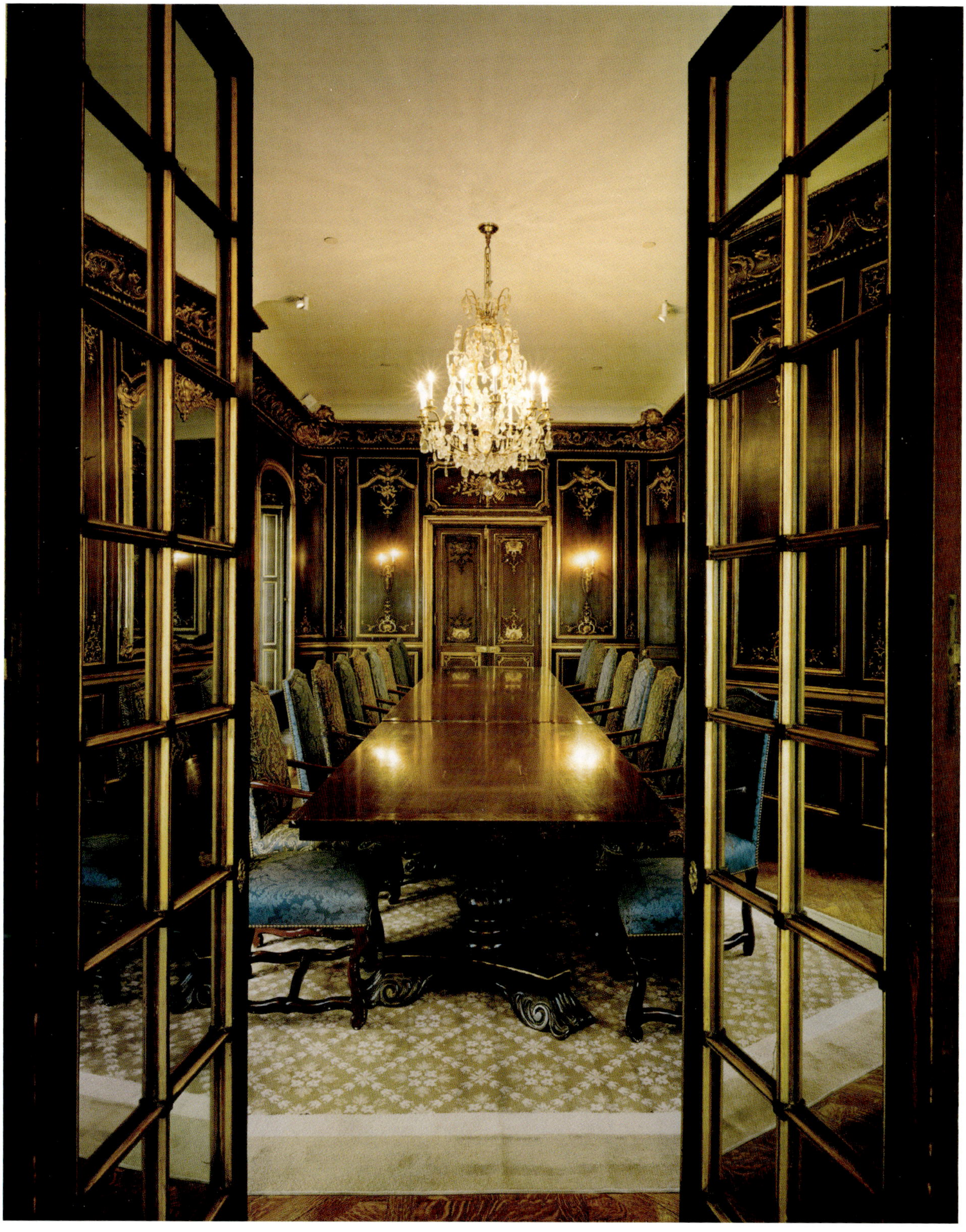

Dining Room, Morgan Library, New York, 1999/2010
Chromogenic color print
127 x 102 cm
Courtesy l'artista / *the artist*, Janet Borden, Inc., New York

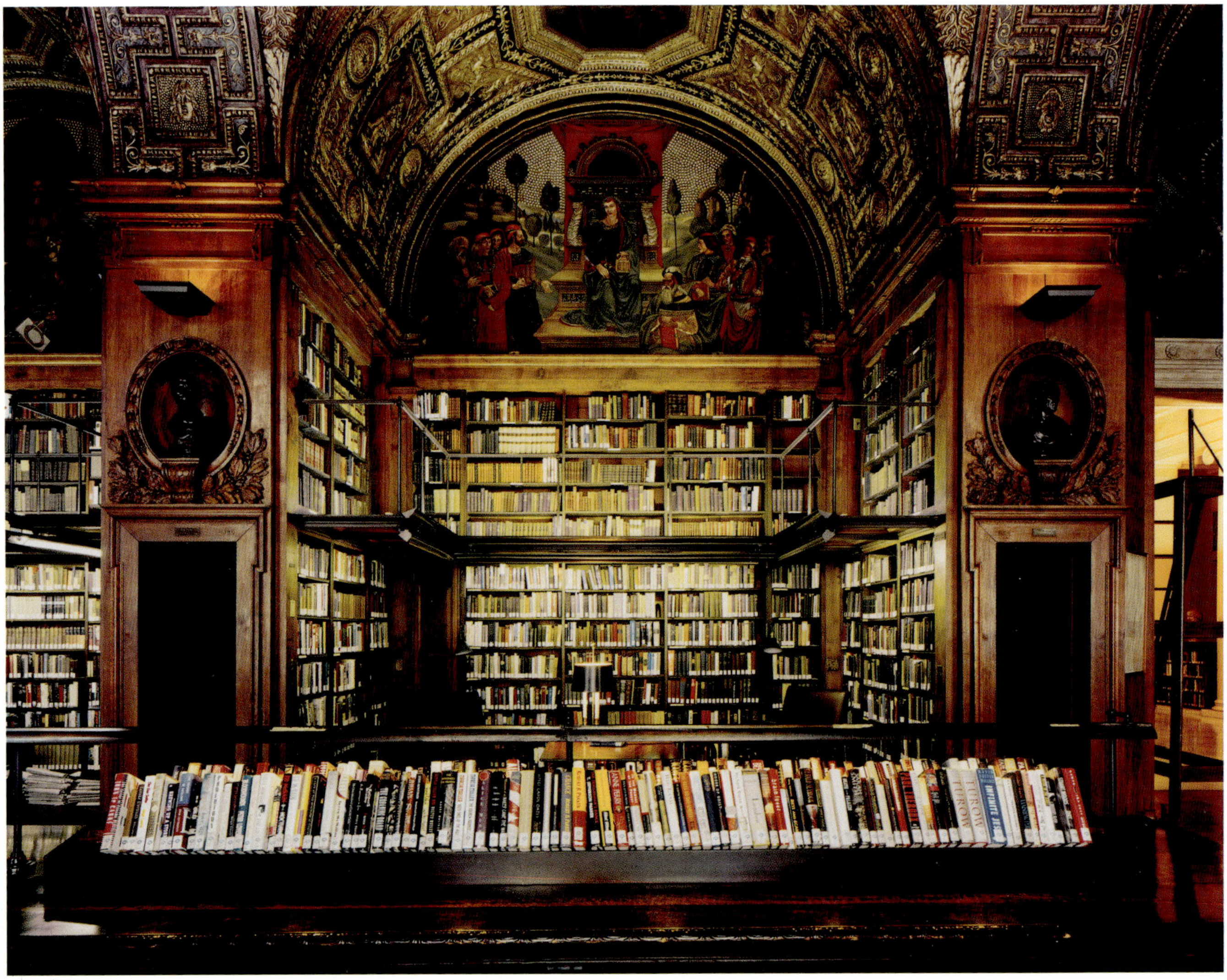

Member's Racks, University Club, New York, 1998/2010
Chromogenic color print
102 x 127 cm
Courtesy l'artista / *the artist*, Janet Borden, Inc., New York

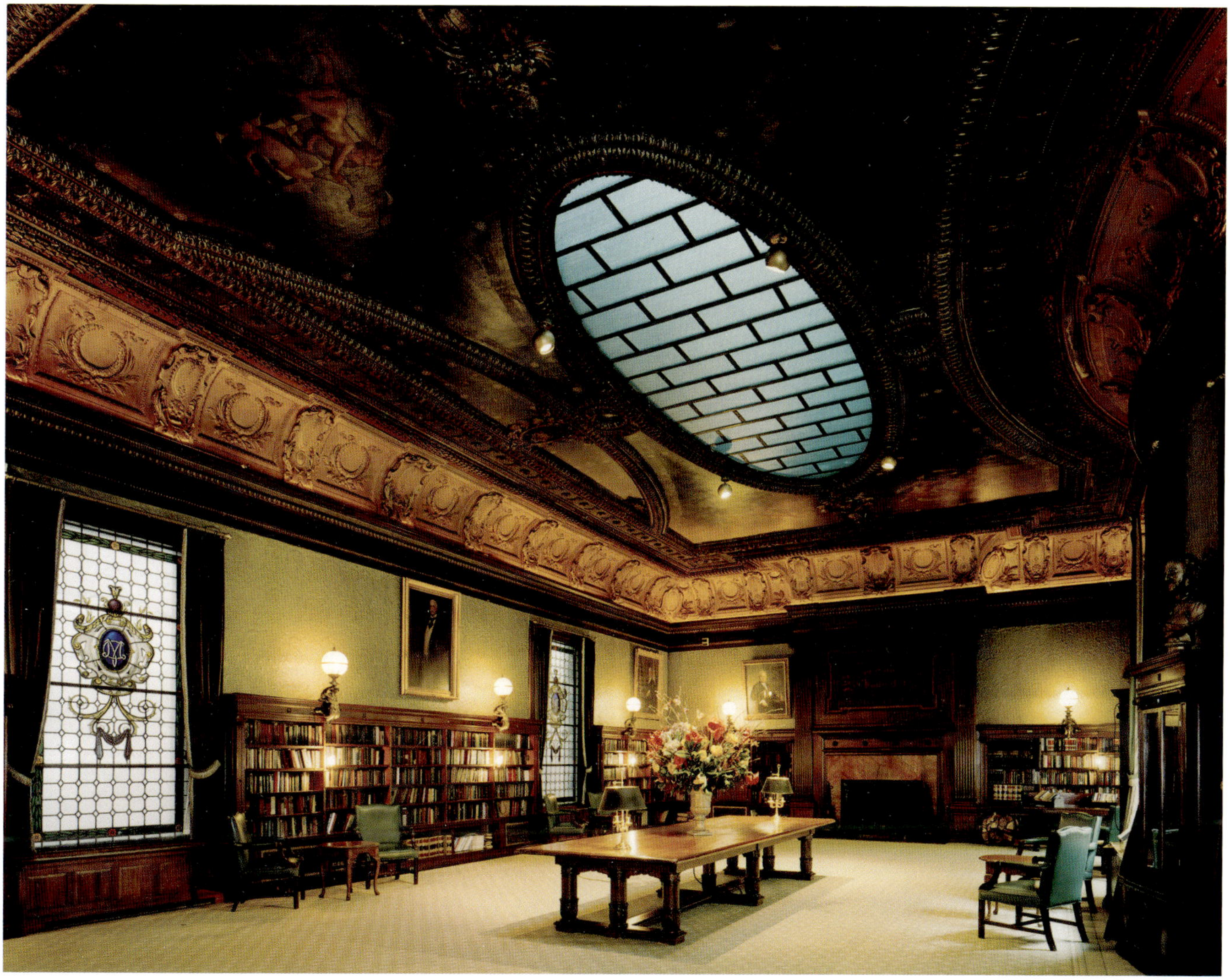

Library Metropolitan Club, New York, 1999/2010
Chromogenic color print
102 x 127 cm
Courtesy l'artista / *the artist*, Janet Borden, Inc., New York

FRANCESCO JODICE

"Credo che il lavoro di un artista possa e debba essere una poetica civile". Con queste parole il fotografo e video-artista Francesco Jodice descrive il senso del proprio lavoro, in cui la sua formazione da architetto lo porta a investigare trasformazioni e mutamenti di città e luoghi di tutto il mondo.

"I do believe that the work of an artist can and should be a form of civil poetics." With these words, photographer and video artist Francesco Jodice describes the meaning of his work, where his training as an architect leads him to explore changes and transformations in cities and places all around the world.

Ibrido tra cinema, video-arte e documentario, la serie *CITY-TELLERS*, una trilogia video dedicata a Dubai, San Paolo e Aral, si configura come un'indagine su alcuni dei luoghi del mondo diventati simbolo del potere per i loro estremi paradossi e le conseguenze devastanti sugli esseri umani e sulla natura.

DUBAI_CITYTELLERS ha per oggetto le recenti e profondissime trasformazioni dell'ex protettorato inglese, oggi uno dei sette stati che costituiscono gli Emirati Arabi Uniti e unico Paese della penisola araba che non basa la sua fortuna economica sullo sfruttamento del petrolio, bensì su operazioni finanziarie e immobiliari.

Il video si snoda tra riprese sul luogo, interviste a immigrati occidentali e orientali, politici locali e giornalisti. Costruita secondo una strategia di disagio percettivo, l'opera si pone a metà fra lavoro d'inchiesta e fiction, senza fornire certezze assolute. La logica narrativa del video è frequentemente messa in dubbio tramite un sistema frammentato di contributi, immagini e interventi, alternando punti di vista diversi e spesso in evidente contrasto fra loro.

Jodice si concentra soprattutto sull'analisi delle condizioni di vita degli immigrati (soprattutto indiani, pakistani e nepalesi) impiegati come manodopera a basso costo nel settore dell'edilizia. La formidabile crescita economica del Paese si è basata proprio sullo sfruttamento del lavoro di questi uomini, che hanno permesso la costruzione a basso costo e in tempi serrati di un immenso patrimonio immobiliare.

Dubai emerge come luogo di profonde contraddizioni sociali e culturali. Dubai è la città che ospita il grattacielo più alto del mondo e alcune delle più originali sperimentazioni ingegneristiche e architettoniche del mondo. Qui è esaltato e ostentato il gusto per il lusso dell'alta società occidentale, emulandola e tentando anche di superarne in fasto gli eventi, dalla moda alle competizioni equestri. Allo stesso tempo Dubai è anche uno stato di confessione musulmana, con leggi ancora molto severe su costumi e stile di vita dei suoi abitanti. Questo senso di contraddizione per uno sguardo occidentale è sottolineato da Jodice tramite efficaci ossimori, come l'accostamento del paesaggio desertico a una pista da sci innevata o a uno straordinario acquario, luoghi artificiali costruiti per lo svago dei ricchi ospiti occidentali.

A hybrid of cinema, video art and documentary-making, the *CITY-TELLERS* series – a video trilogy devoted to Dubai, São Paulo and Aral – takes the form of an enquiry into certain places of the world that have become symbols of power, with their extreme paradoxes and devastating consequences for human beings and nature.

DUBAI_CITYTELLERS focuses on the recent and profound transformations Dubai has undergone. This former British protectorate – now one of the seven states forming the United Arab Emirates – is the only state in the Arab peninsula that has founded its economic fortune not on petrol, but on finance and real estate.

The video unfolds through scenes filmed on site and interviews with Western and Eastern immigrants, as well as local politicians and journalists. Developed according to a sensory discomfort strategy, the work lies halfway between enquiry and fiction, offering no absolute certainties. The narrative logic of the video is often challenged by a fragmentary system of contributions, images and speeches, which provide different and often openly contrasting points of view.

Jodice focuses in particular upon an analysis of the living conditions of immigrants (particularly those from India, Pakistan and Nepal), who are employed as cheap labour in the building sector. The formidable economic growth of the country is based precisely on the exploitation of the work of these men, who have enabled the construction of vast real estate assets at a low cost and in a very short time.

Dubai emerges as a place ridden with deep social and cultural contradictions. It is the city housing the tallest skyscraper in the world, as well as some of the most original experimental works of engineering and architecture. The taste for luxury of Western high society is here put on full display in an attempt to emulate it and even surpass the pomp of its events – ranging from fashion shows to horse races. At the same time, Dubai is also a Muslim state, with laws that are still very harsh when it comes to the morals and lifestyles of its citizens. This sense of contradiction that Westerners perceive is emphasized by Jodice through the use of effective oxymora such as the juxtaposition between images of the desert landscape of Dubai and those of a ski slope covered in snow or of an extraordinary aquarium – artificial places created to entertain wealthy Western guests.

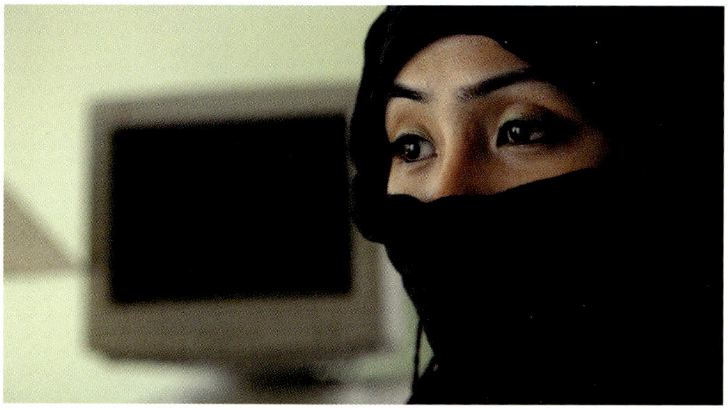
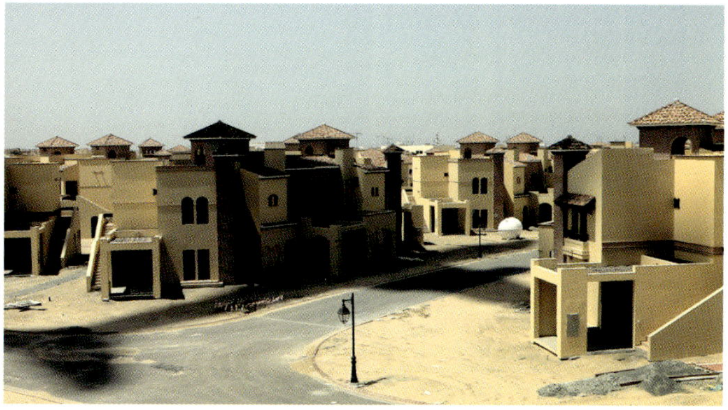
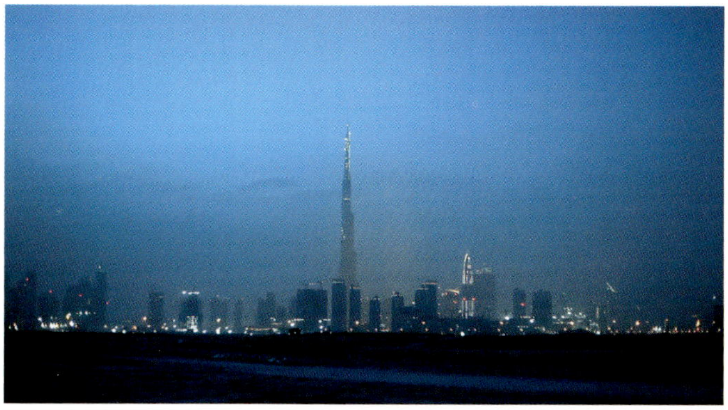
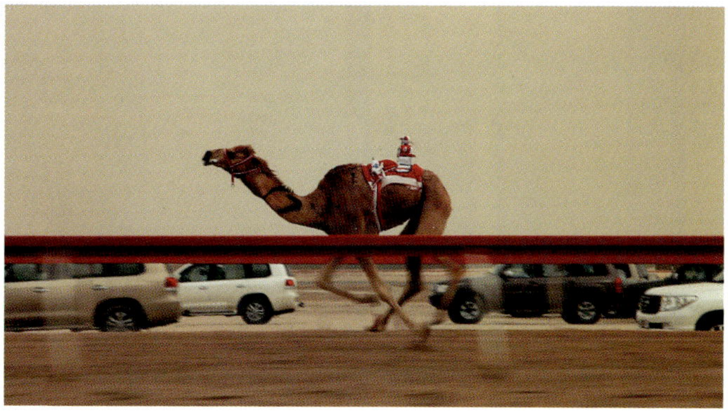
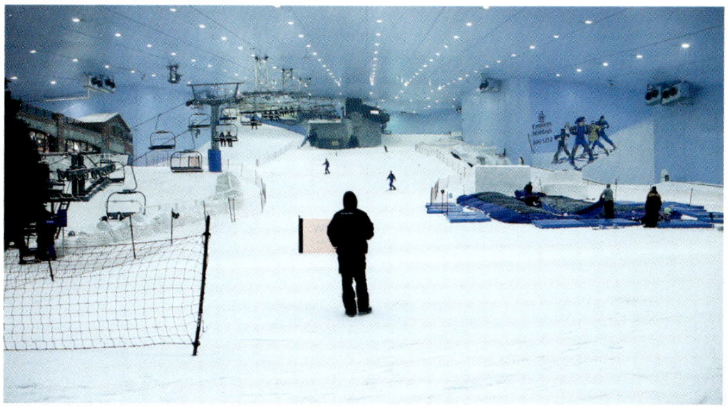
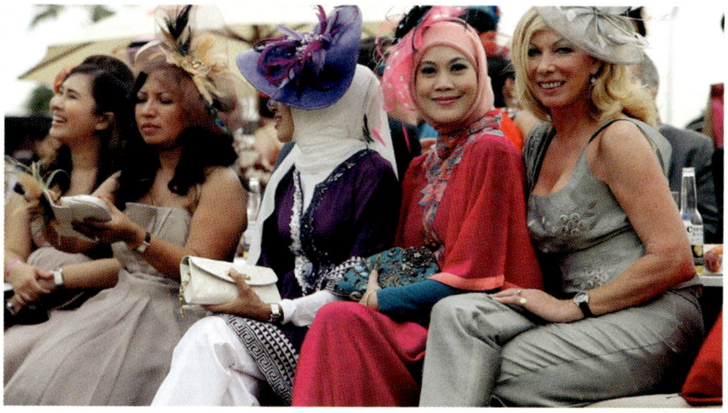

DUBAI_CITYTELLERS, 2009
video, 58'
Courtesy l'artista / *the artist*, UniCredit Group Collection

L'opulenta accoglienza che si riceve a Dubai è funzionale alla costruzione di un'immagine idonea all'attrazione di investimenti economici. Nonostante la recente crisi finanziaria abbia in parte inceppato questo meccanismo, Dubai si pone come perfetto esempio di uno stato che ha saputo auto-rappresentarsi come luogo delle meraviglie in cui tutto è possibile, occultando le problematiche sociali e culturali su cui si fonda.

The opulent welcome people receive in Dubai is geared towards constructing an image of the place that may attract economic investments. While the recent financial crisis has partly hampered this process, Dubai still stands as the perfect example of a state that has proven capable of representing itself as a land of wonders where everything is possible, by concealing the problematic social and cultural dynamics on which it is founded.

ANNIE LEIBOVITZ

Annie Leibovitz ha iniziato la sua carriera negli anni settanta con la rivista musicale "Rolling Stone" e ha proseguito nell'attività di ritrattista e fotografa di moda negli anni ottanta e novanta lavorando per testate come "Vanity Fair" e "Vogue".

Annie Leibovitz began her career in the 1970s with *Rolling Stone* magazine. She continued working as a portrait artist and fashion photographer in the 1980s and 1990s for magazines such as *Vanity Fair* and *Vogue*.

Alcune sue immagini sono ormai entrate nella storia della cultura popolare, come quella di John Lennon che abbraccia Yoko Ono scattata poche ore prima della morte del cantante. Accanto ai lavori di ritrattistica realizza anche reportage; di recente ha seguito la campagna elettorale di Barack Obama.

Nel 2007 è stata incaricata di ritrarre la regina Elisabetta II d'Inghilterra in occasione del viaggio della sovrana negli Stati Uniti, il primo dopo sedici anni. "Sento che quest'opera deve essere una documentazione e voglio che sia un ritratto molto semplice": sono le parole con cui Leibovitz ha descritto questa serie di immagini, che tuttavia ha richiesto tre settimane di lavoro e la collaborazione di ben dieci assistenti.

Ispirandosi alle sobrie e suggestive fotografie in bianco e nero scattate da Cecil Beaton alla regina madre nel 1939, Annie Leibovitz ha deciso di ambientare i ritratti nella White Drawing Room di Buckingham Palace, luogo deputato agli incontri della sovrana con i rappresentanti degli stati stranieri. Leibovitz ha chiesto alla regina di posare in abiti ufficiali: un vestito da sera ricamato in oro, una stola di pelliccia bianca, la collana di diamanti avuta in dono nel 1947 dal Nizam di Hyderabad e il diadema della regina Mary.

L'ufficio responsabile dell'immagine della famiglia reale concesse alla Leibovitz solo quindici minuti per realizzare gli scatti; per l'ottantenne sovrana, infatti, la seduta di posa sarebbe stata faticosa e inconsueta. Per la prima volta la regina veniva ritratta da una fotografa americana, e il ricco abito di rappresentanza, pesante più di quaranta chili, la connotava in modo opposto a come, negli ultimi anni, la corte britannica ha cercato di mostrarsi, meno distante dal popolo e meno formale, prediligendo attitudini e abbigliamento più comuni.

L'episodio più celebre e chiacchierato dell'incontro fra queste due donne così diverse è il momento in cui, per uno degli scatti, Leibovitz invitò la regina a togliere la corona per avere un'aria "meno formale". Visibilmente contrariata, e indicando l'abito che indossava, Elisabetta rispose: "Meno formale? Cosa crede che sia questo?".

Nella sessione fotografica si mettono a confronto l'autorità di Leibovitz, abituata a dirigere con rigore i propri set, e quella della sovrana d'Inghilterra, alla quale la fotografa dà disposizioni come se si trattasse di una normale modella durante una sessione fotografica

Some of her shots are now part of the history of pop culture, as is the case, for instance, with her photo of a naked John Lennon embracing a clothed Yoko Ono, which was taken only a few hours before the singer's death. In parallel to her portraits, Annie Leibovitz also produces reportages: recently, for example, she followed Barack Obama's election campaign.

In 2007, she was asked to portray Queen Elizabeth II of England in occasion of the sovereign's travel to the United States – the first in sixteen years. "I feel like it's a documentation and want to take a very simple portrait": these words of Annie Leibovitz's refer to the present series of pictures, which actually required weeks of work and the help of no less than ten assistants.

Drawing inspiration from the sober and evocative black and white photos that Cecil Beaton had taken of the Queen Mother in 1939, Annie Leibovitz chose as the setting for her portraits the White Drawing Room of Buckingham Palace – reserved for the sovereign's meetings with representatives of foreign states. Leibovitz asked the Queen to pose in official attire, a pale gold embroidered evening dress, a stole of white fur, the diamond necklace she was presented with by the Nizam of Hyderabad in 1947, and Queen Mary's diadem.

The office responsible for the image of the royal family gave Leibovitz only fifteen minutes to take her shots – for the eighty-year-old sovereign was expected to find the photo session both tiring and unusual. The Queen was thus portrayed for the first time by an American female photographer. Her rich official dress, weighing over forty kilos, shows her in a manner quite unlike that which the British court has sought to display itself over the past years – namely, as less distant from the people and less formal – by favouring more ordinary attitudes and attires.

The most frequently mentioned and gossiped-about episode in the meeting between these two figures so different from each other was the moment when for one of her shots Annie Leibovitz invited the Queen to take her crown off in order to assume a "less dressy" air. Visibly annoyed, Elizabeth pointed to the dress she was wearing and answered, "Less dressy, what do you think this is?" The artist is used to rigorously directing her photographic sets, but in this photo session Leibovitz's authority had to measure itself against that of the Queen. The photographer appears to have given the Queen directions as she would have to an ordinary model

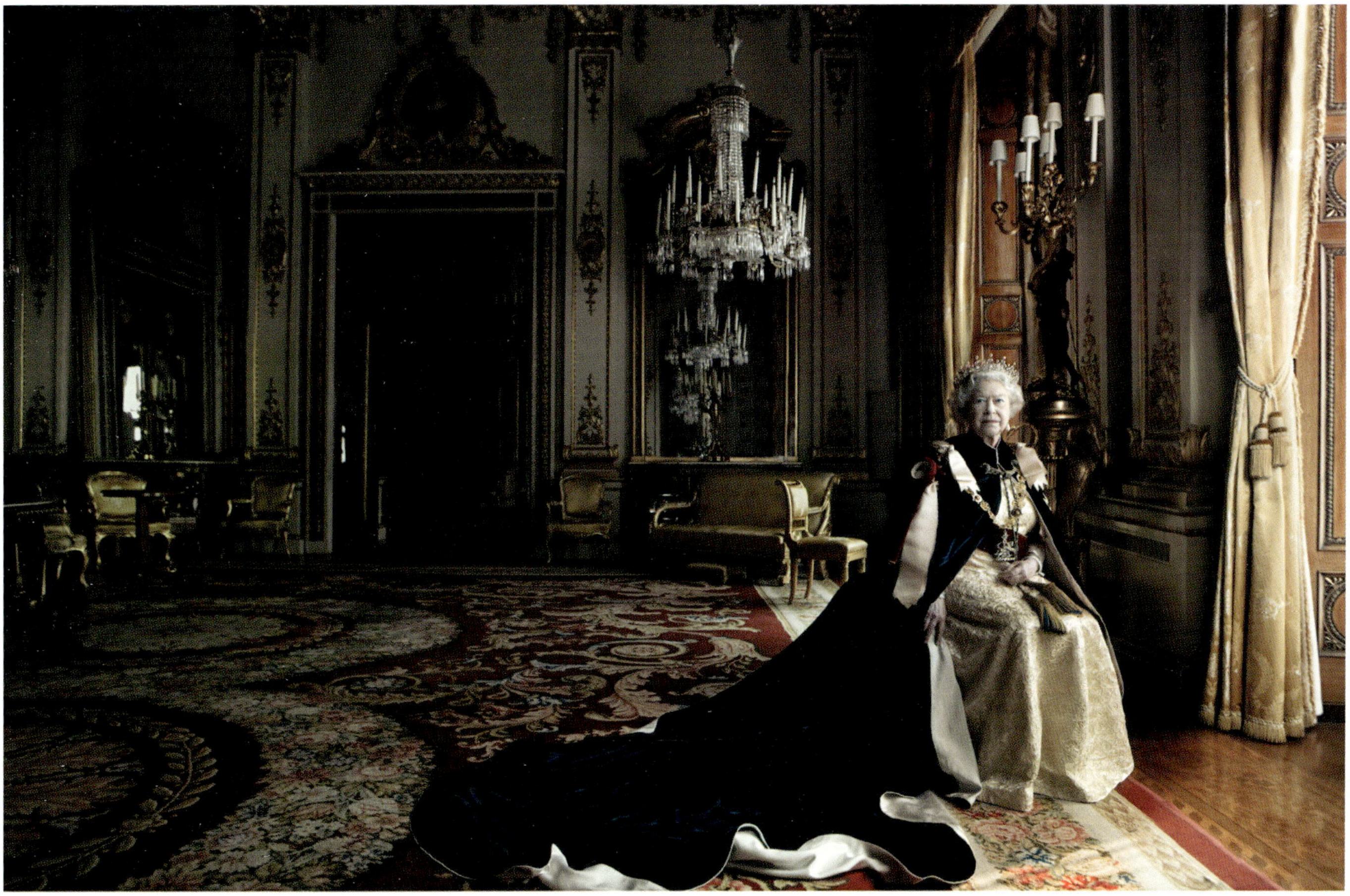

01

di moda, considerando la corona, insegna assoluta dell'autorità reale, come uno degli accessori di scena.

Fondamentale da osservare è il rapporto di queste immagini con il genere classico del ritratto di rappresentanza. Le fotografie sono realizzate seguendo tutti i parametri del ritratto tradizionale, facendo emergere tuttavia una insolita discrepanza tra l'artificiosità con cui la regina viene messa in scena, quasi come in un servizio di moda, e l'assoluta autenticità del contesto, in quanto il salone di corte e gli abiti rispecchiano il suo reale stato sociale.

La costruzione rigorosa dell'immagine, l'abbigliamento sontuoso e l'ambientazione talmente formale da ricordare un museo rendono la sovrana più simile a una statua di cera che a una persona in carne e ossa. Elisabetta è ritratta come simbolo di regalità, secondo un'iconografia funzionale alla rappresentazione del suo ruolo e non della sua individualità. La fotografa americana ritrae la regina così come si pone nell'immaginario collettivo, una visione che si è formata sulla scorta dell'iconografia tradizionale: dignitosa, senza tempo, nella ricca residenza ufficiale i cui arredi raccontano la lunga storia della casa reale. Le immagini contrastano con la consueta rappresentazione, più moderna e "borghese", che la famiglia reale inglese dà di sé negli ultimi anni e con l'effettivo ruolo politico della sovrana, che ormai svolge una funzione essenzialmente rappresentativa, non più dotata del potere che i re effigiati nei dipinti a cui Leibovitz si ispira ancora detenevano.

during a fashion photo session, treating the crown – an absolute insignia of regal authority – as a stage accessory.

What must crucially be noted here is the relation between these images and the classic genre of official portraiture. The photographs were taken by adhering to all the parameters of traditional portraiture, yet emphasizing the unusual discrepancy between the artificial way in which the Queen is presented on stage – almost as if this were a fashion shoot – and the perfect authenticity of the context (for the court hall and clothes worn reflect the sovereign's real social status).

The rigorous construction of the pictures, the sophisticated attire and the extremely formal setting of this space, reminiscent of a museum, all contribute to lending the Queen an appearance almost similar to that of a wax statue rather than a person in flesh and blood. Elizabeth is portrayed as a symbol of royalty, in line with iconography serving to represent her role – as opposed to her individuality. The American photographer therefore portrays the Queen as she appears in the collective imagination, as a vision shaped by traditional iconography: a dignified and timeless figure in her rich official residence, the furnishings of which reflect the long history of the royal family. These images stand in contrast to the usual and more modern and "bourgeois" representation that the English royal family has given itself over the past years, as well as to the actual political role played by the Queen, who now serves a purely representative function and no longer wields the same kind of power as the kings portrayed in the paintings from which Leibovitz has drawn inspiration.

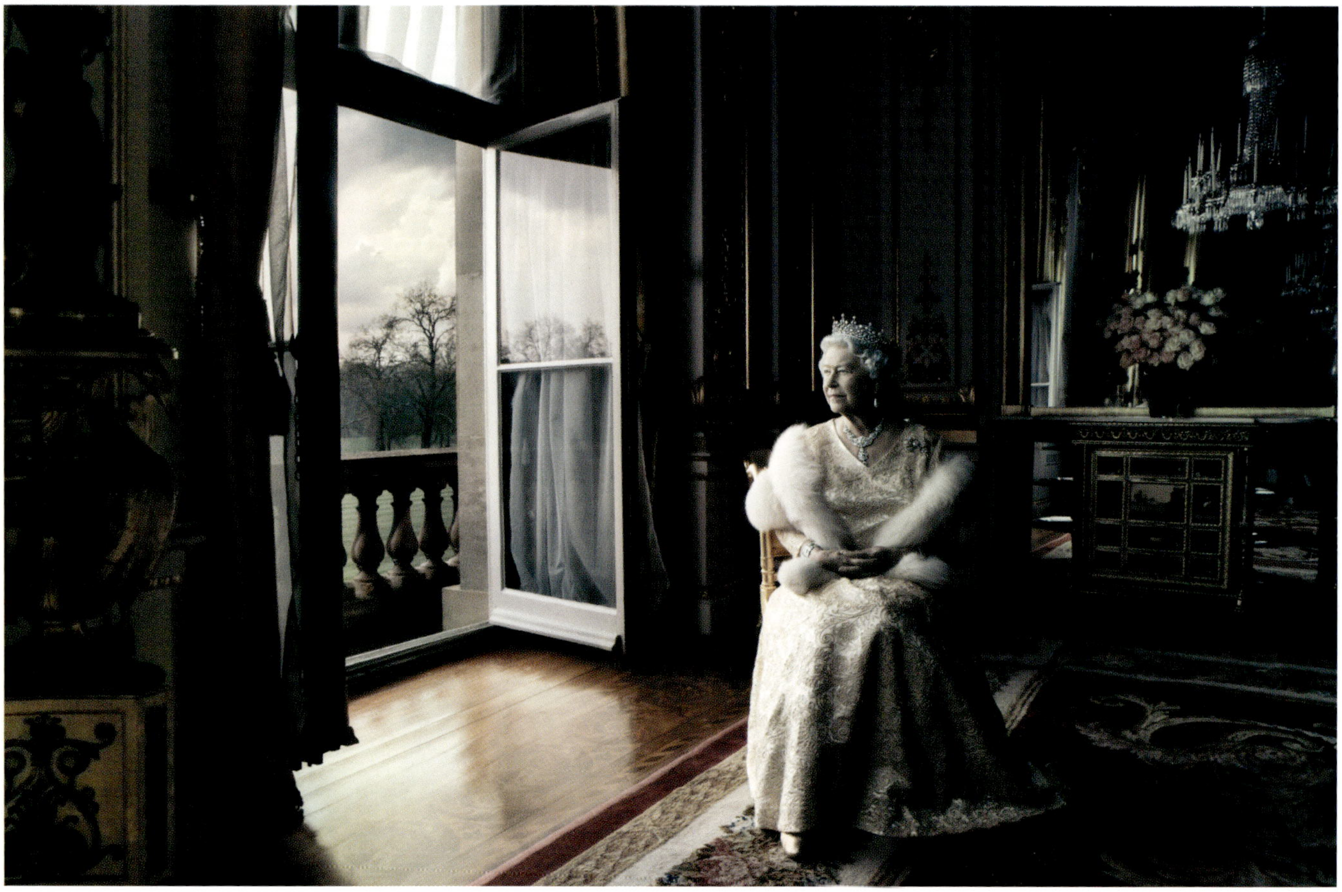

02

01/02/03
Queen Elizabeth II, 2007
Chromogenic prints (NPG P1313, P1314, P1315)
Collection National Portrait Gallery, London

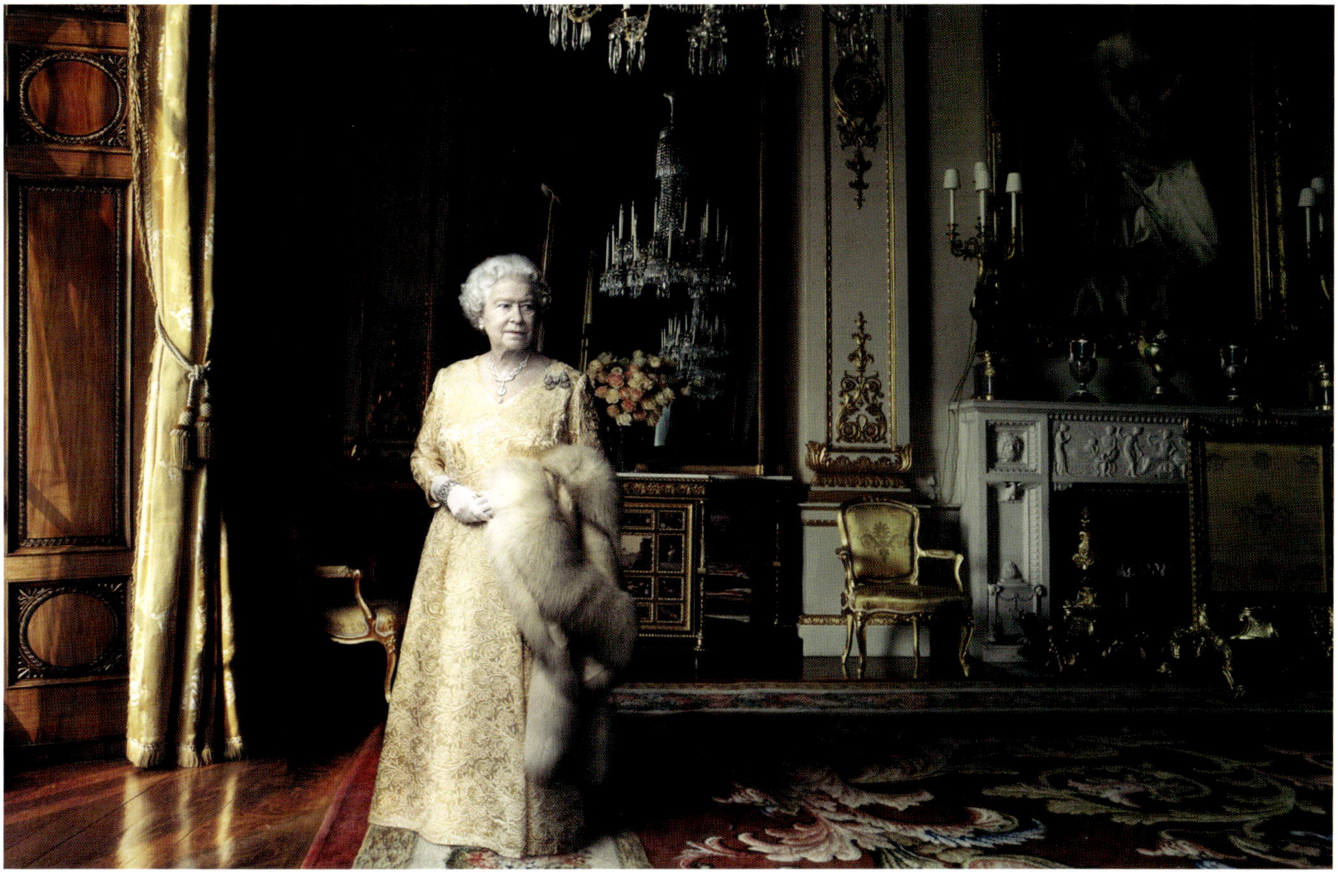

03

HELMUT NEWTON

Helmut Newton è conosciuto come uno dei fotografi che hanno fatto la storia della fotografia, lasciando un segno forte anche nella storia dell'immagine della donna contemporanea.

I suoi celebri ritratti si caratterizzano per un erotismo colto ed elegante: corpi femminili di cui fa emergere la bellezza ma anche l'ambigua relazione di potere con lo spettatore. È la donna a essere dominata dall'occhio maschile del fotografo? O è lei che ci domina attraverso la sua bellezza conturbante?

Perfetto esempio della relazione di Newton con l'universo femminile è il ritratto di Margaret Thatcher, la prima e a tutt'oggi unica donna ad aver ricoperto la carica di primo ministro in Gran Bretagna. Newton stesso ha dichiarato: "Margaret Thatcher è stata il massimo: che cosa c'è di più sexy del potere?". L'ex premier rappresenta per lui l'essenza della super-donna, potente e dominatrice: "Ricerco sempre una donna superiore, non un oggetto che posso controllare".

Il ritratto è stato eseguito nel 1991 in California, pochi mesi dopo che la Thatcher era stata costretta a dimettersi, "tradita" dai membri del suo stesso partito. Celebre per le sue provocatorie fotografie di scultorei nudi di giovani donne, Newton realizza qui un monumentale primo piano frontale di una donna matura, totalmente vestita.

Egli riesce a cogliere il carattere e la forza di una donna che è passata alla storia come conservatrice radicale, indisponibile a compromessi con i terroristi irlandesi dell'IRA o con i movimenti di protesta sindacali, soprannominata TINA: "There Is No Alternative". Egli scarta la tradizionale posa di tre quarti e sceglie la posa frontale, accentuando la forza del personaggio ma anche ponendolo in una condizione di totale esposizione nei confronti di chi guarda, con una luce che non risparmia di evidenziare rughe e imperfezioni. Newton chiese alla Thatcher di posare in modo austero e serio, ma lei aveva replicato: "Oh, ma si appare sgradevoli quando non si sorride". L'ex premier si pone di fronte al pubblico come ogni politico cerca di fare, ricercandone il consenso; qui si mostra con un lieve e rassicurante sorriso, esibendo, in modo sobrio, collana di perle e tailleur elegante.

L'opera non incontrò il gusto della Thatcher. A quella data il suo potere era ormai tramontato e Newton sembra voler fornire una sorta di ultima dichiarazione di potenza da parte di una donna che si era definita "iron lady", signora di ferro. Nel mostrarla ancora fiera della sua immagine di forza, sebbene ormai in declino, Newton coglie l'essenza della relazione fra personaggio politico e obiettivo della macchina fotografica: una strategia di affermazione del proprio potere attraverso il linguaggio delle immagini.

Helmut Newton is known as one of the photographers who made the history not only of photography, but also of female imagery in the contemporary world.

His celebrated portraits are characterized by refined and elegant eroticism: female bodies whose beauty he brings out, and which establish an ambiguous power relation with the viewer. Is it the women here who are being dominated by the male gaze of the photographer, or is it they who dominate us through their perturbing beauty?

A perfect example of Newton's relation with the female universe is his portrait of Margaret Thatcher, the first and to this day only woman to have served as Prime Minister in Great Britain. As Newton himself stated, "Margaret Thatcher has been the top: is there anything more sensual than power?" The former Prime Minister embodies the essence of the powerful super-woman who is never dominated: "I'm always looking for a woman who's superior, not an object I can push around".

The origins of the portrait lie in a 1991 meeting between the two in California. This was only a few months after she had been forced to resign, "betrayed" by her closest party allies. Famous for his often provocative photographs of sculpturesque naked young women, Newton here executed a full frontal and monumental portrait of a mature and completely dressed lady.

He succeeded in bringing out the character of a woman who has gone down in history as a radical conservative unwilling to strike any compromise, whether with the terrorists of the IRA or with trade union protest movements, and who was given the nickname TINA: "There Is No Alternative". Newton avoided a three-quarter pose and captured Mrs Thatcher's visage in a frontal position. He emphasized the strength of his subject but also made her completely exposed to the viewer, with the light here in no way concealing the wrinkles and imperfection of the skin.

When Newton asked Mrs Thatcher to pose with an austere and serious air, she replied: "Oh, but one looks so disagreeable when one does not smile". Margaret Thatcher faces the public as all politicians attempt to do, by seeking consensus: here she shows herself with a reassuring smile, soberly displaying a pearl necklace and elegant suit.

The work did not meet Mrs Thatcher's taste. At the time the picture was taken, Mrs Thatcher's influence had already declined and Newton seems to be providing a sort of final statement of power on the part of a woman who had described herself as the "Iron Lady". In showing this woman still proud of her image of strength despite its being in decline, Newton grasped the essence of the relation between public figure and photographic lens: a strategy of affirming one's power through the language of images.

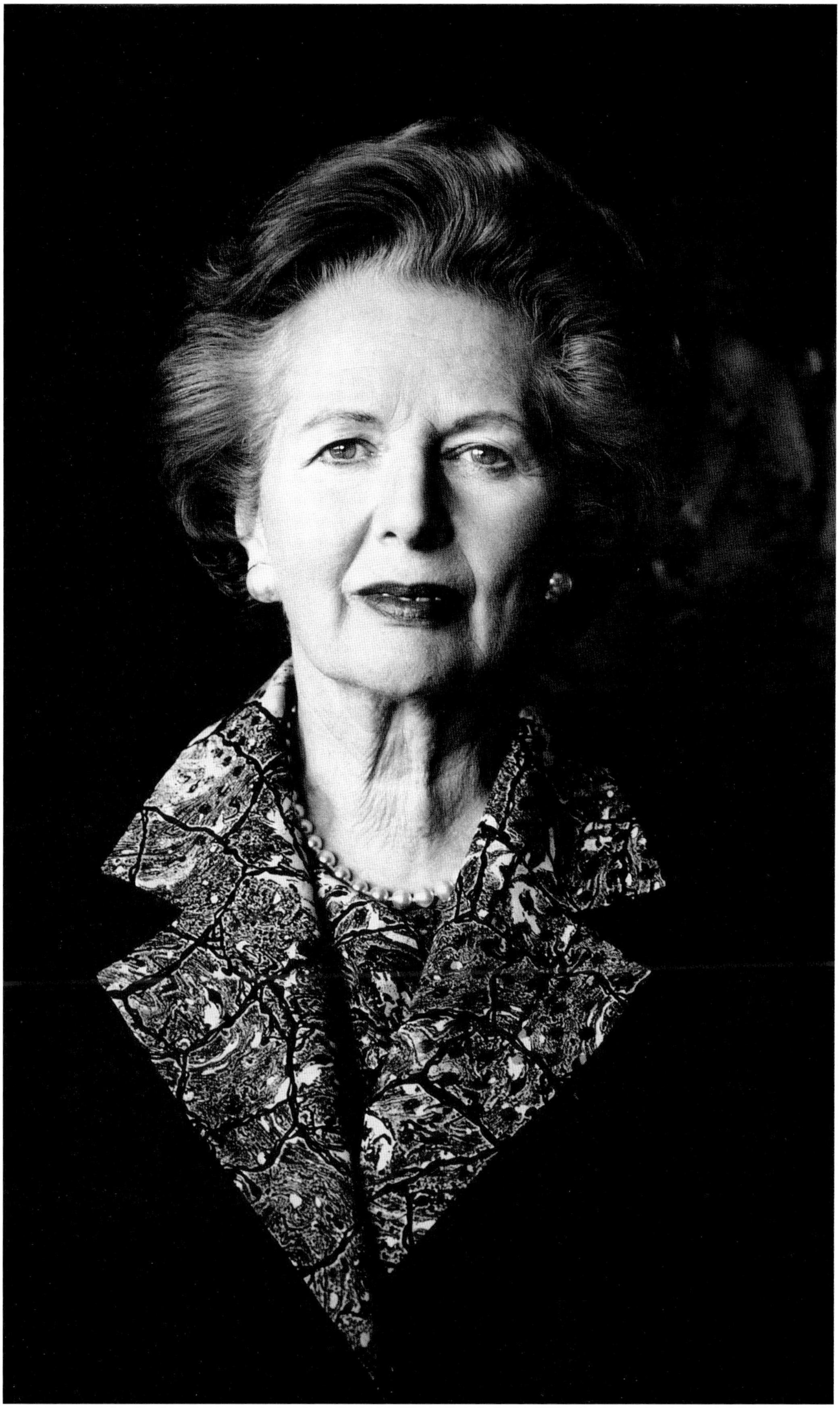

Margaret Thatcher, 1991
Bromide print
199 x 114 cm
Courtesy National Portrait Gallery, London

TREVOR PAGLEN

Trevor Paglen è un artista, geografo e scrittore americano. Sulla base di una eterogenea e peculiare formazione, il suo lavoro si colloca in un campo che comprende la geografia, l'attivismo per i diritti umani e la rappresentazione artistica del paesaggio.

Da molti anni si occupa del cosiddetto "black world", l'infrastruttura dell'apparato militare statunitense e della CIA che cerca di rimanere segreta e invisibile all'opinione pubblica. Il suo metodo di lavoro è simile a quello del giornalismo d'inchiesta: attraverso interviste, indagini sul posto e la minuziosa raccolta di informazioni su documenti pubblicati dal governo statunitense, Paglen localizza, per esempio, campi di tortura americani in Afghanistan o scopre le società di comodo (*front companies*) della CIA che gestiscono compagnie aeree addette al trasferimento senza fondamento giuridico di persone sospette dai più diversi paesi del mondo in istituti di detenzione statunitensi.

In *Rendition Flights 2001–2006* Paglen mostra le diverse rotte seguite dalle *front companies* tra il 2001 – dopo l'attentato terroristico alle torri gemelle di New York – e il 2006, anno in cui la CIA ha bloccato le sue indagini.

La serie fotografica *Limit Telephotography* mostra invece le stazioni segrete statunitensi, fotografate qui per la prima volta, utilizzate per torturare prigionieri o trasferirli in altri paesi a bordo dei cosiddetti "aerei della tortura". Poiché queste postazioni sono volontariamente inserite in zone militari ad accesso interdetto, non esistono punti di vista esterni dai quali siano visibili a occhio nudo. Spesso costruiti nel deserto, questi luoghi sono invisibili per l'opinione pubblica. Per riprenderli, Paglen usa potenti obiettivi impiegati per la fotografia spaziale, con i quali esegue le riprese da distanze che arrivano fino a 100 chilometri. La lontananza della macchina fotografica dal soggetto, con il pulviscolo atmosferico che fluttua nell'aria e che si frappone, rende queste immagini quasi astratte, portandole al limite della leggibilità e della stessa visibilità e tematizzando così i limiti della capacità di rappresentazione del mezzo fotografico e dell'effettiva possibilità di conoscere questi luoghi nascosti.

Paglen descrive così il suo modo di procedere: "Invece di cercare di scoprire quello che accade veramente dietro una porta chiusa, cerco di guardare con occhio critico la porta stessa". Il suo lavoro ruota intorno ai confini ancora indistinti del "black world", un potere istituzionale che ufficialmente non esiste e che ignora frontiere e leggi internazionali. Paglen fornisce informazioni su quanto succede al di fuori del controllo pubblico e la cui conoscenza si basa solo

Trevor Paglen is an American artist, geographer and writer. Grounded in a heterogeneous and peculiar training, his work spans geography, human rights activism and the artistic representation of the landscape.

For many years now he has been focusing on the so-called "black world", that infrastructure of the US military apparatus and CIA which seeks to remain secret and concealed from public opinion. His work method resembles investigative journalism: through interviews, field investigations and the detailed gathering of information from documents published by the US Government, he manages to identify things such as American torture camps in Afghanistan and CIA front companies running airlines whose function is to transfer suspects – with no legal authority – from the most distant countries to US detention centres.

In *Rendition Flights 2001–2006*, Paglen traces the various routes followed by front companies between 2001 – the aftermath of the attack on the Twin Towers in New York – and 2006, the year in which the CIA put a stop to his investigations.

His photographic series *Limit Telephotography* instead for the first time shows secret US bases which are used to torture prisoners or transfer them to other countries on so-called "torture flights". As these sites have intentionally been developed within military areas that are off limits, they are not visible by the naked eye from any outside vantage point. Often built in the desert, they are places invisible to public opinion. To record them, Paglen uses powerful lenses of the kind employed for space photography, capturing them from as far as 100 kilometres away. The distance of the camera from its subject and the atmospheric dust floating in the air between give these pictures an almost abstract quality, pushing them to the very limits of their intelligibility and even visibility. In such a way, the artist engages with the theme of the power of representation of photography and of the actual possibility of getting to know these hidden places.

Paglen describes his procedure in the following terms: "Rather than trying to find out what's actually going on behind closed doors, I am trying to take a hard look at the door itself". His work revolves around the still indistinct boundaries of the "black world", an institutional power that officially does not exist and ignores frontiers and international laws. Paglen provides information on what is taking place beyond public control – things the knowledge of which is exclusively based on hearsay. What really goes on in these hidden areas remains a secret. For this reason, Paglen presents the result of his investigations without making them laden with interpretations, explanations and judgements, thus radically distinguishing his own work from that of journalists or human rights activists.

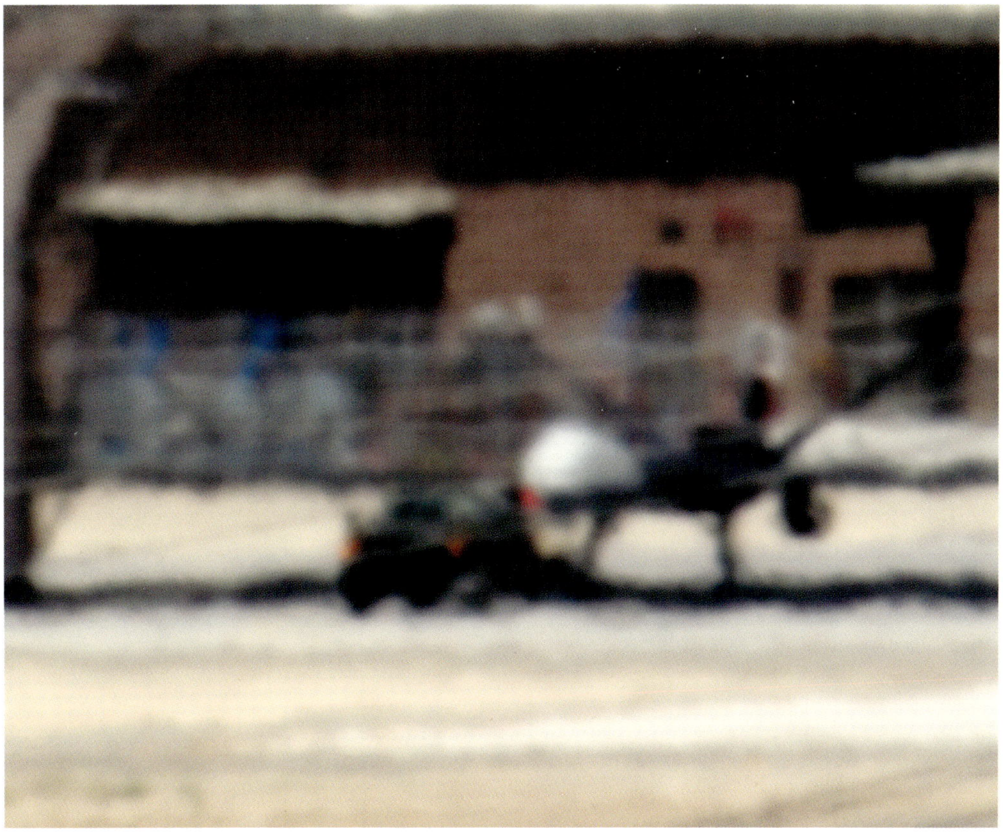

Reaper Drone / Indian Springs, NV; Distance ~ 2 miles, 2010
C-print
76 x 91 cm
Courtesy Galerie Thomas Zander, Köln and Altman Siegel Gallery, San Francisco
© Trevor Paglen

sui "si dice". Ciò che accade veramente in quei luoghi nascosti rimane segreto; è per questo che Paglen presenta i risultati delle sue indagini senza caricarli di interpretazioni, spiegazioni o valutazioni, distinguendosi così radicalmente dall'attività di giornalisti o attivisti per i diritti umani.

Le sue fotografie permettono di guardare una realtà di cui non sappiamo nulla, sulla quale possiamo fare soltanto delle congetture sulla base delle frammentarie informazioni che abbiamo a disposizione. Mentre Paglen espande i confini di ciò che il mezzo fotografico può rendere visibile, svaniscono i criteri di giudizio su quel che effettivamente si vede nell'immagine: in altre parole, su ciò che può essere rappresentato.

Le fotografie di Paglen sembrano porsi in analogia con quanto accadde durante l'amministrazione Bush, nel 2003: come prova della presunta esistenza di armi di distruzione di massa in Iraq (e dunque come legittimazione del ricorso alla guerra) furono impiegate immagini riprese dallo spazio, dove generiche e confuse forme e figure erano state interpretate in modo erroneo e tendenzioso.

Presentando i propri lavori nel contesto artistico, Paglen allarga la sua indagine fino a trasformarla in una vera e propria riflessione culturale sul valore stesso di queste riprese. Invita l'osservatore a riflettere sul rapporto tra vedere e sapere, sulla complessa relazione tra fotografie e fatti. In tal modo le sue immagini non solo mostrano i luoghi di confine dell'apparato di un potere segreto, ma riflettono sull'uso delle riprese fotografiche come strumento di potere.

His photographs provide a glimpse of a reality we know nothing about and which we can only speculate on, based on the pieces of information at our disposal. As Paglen expands the limits of what photography can make visible, all criteria vanish for evaluating what the images actually show – in other words, what can be represented.

Paglen's photographs would almost appear reminiscent of the procedure adopted by the Bush administration in 2003, when as proof of the alleged existence of weapons of mass destruction in Iraq – and hence as a source of legitimization for war – photographs were used that had been taken from space, whereby indistinct and blurry shapes and figures were interpreted erroneously and tendentiously.

By presenting his works in an artistic context, Paglen is expanding his own enquiry to the point of turning it into a veritable cultural reflection upon the very value of his pictures. The artist invites viewers to consider the relation between seeing and knowing, and the complex connection between photographs and facts. In this way, his photos are made not only to show the border zones of a secret power apparatus, but also to engage with the use of photography as an instrument of power.

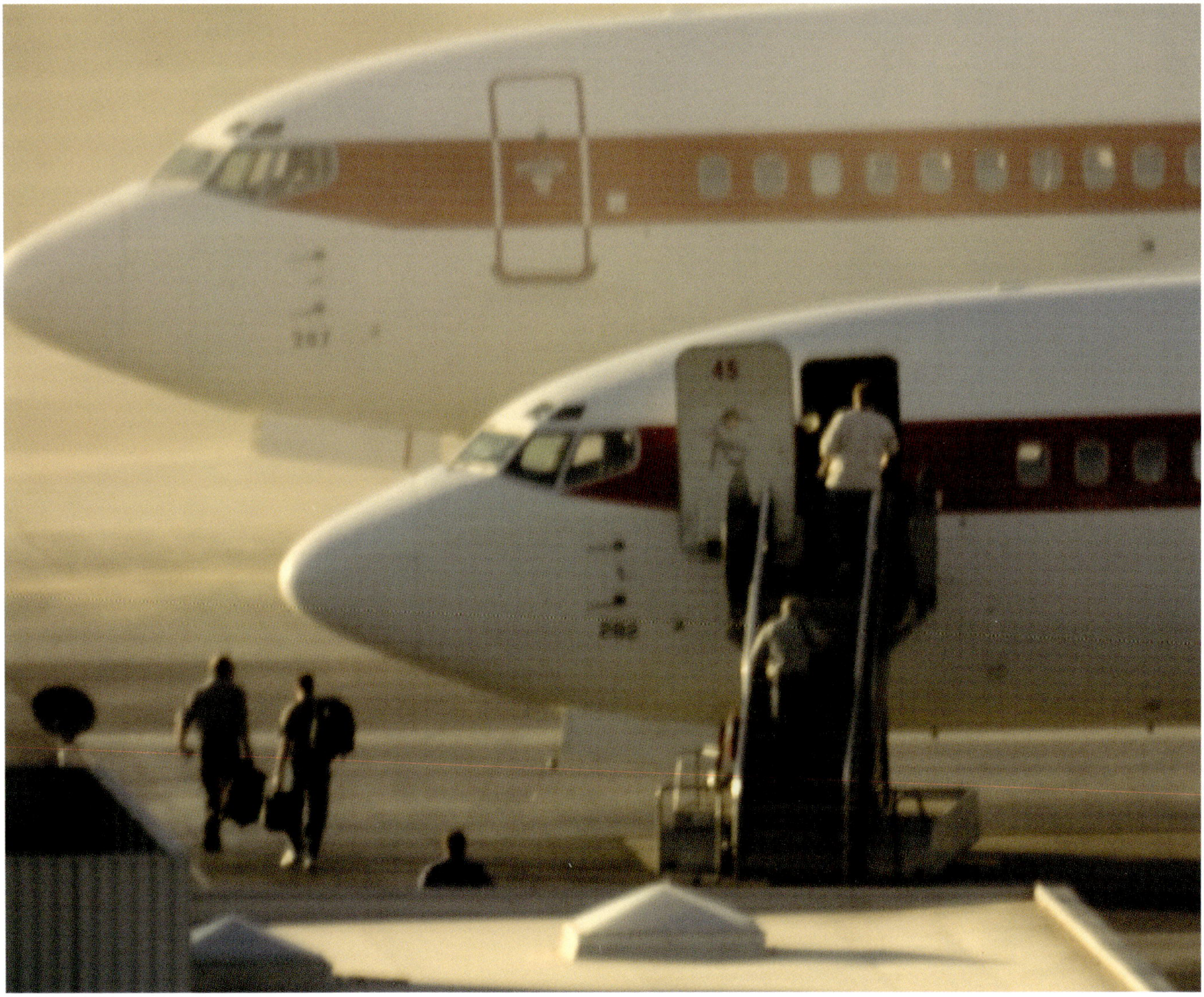

Morning Commute (Gold Coast Terminal) /
Las Vegas, NV; Distance ~ 1 mile; 6:26 a.m., 2005
C-print
76 x 91 cm
Courtesy Galerie Thomas Zander, Köln and Altman Siegel Gallery,
San Francisco

Chemical and Biological Weapons Proving Ground / Dugway, UT; Distance ~ 42 miles; 10:51 a.m., 2006
C-print
127 x 127 cm
Courtesy Galerie Thomas Zander, Köln and Altman Siegel Gallery, San Francisco
© Trevor Paglen

A pagina seguente / *On the following page:*
John Emerson and Trevor Paglen
Selected CIA Aircraft Routes, 2001-2006, 2006
Courtesy Galerie Thomas Zander, Köln; Altman Siegel Gallery, San Francisco
© John Emerson / Trevor Paglen

Rotte aeree della CIA / Selected CIA Aircraft Routes 2001-2006

Source: Federal Aviation Administration and Eurocontrol Flight Logs

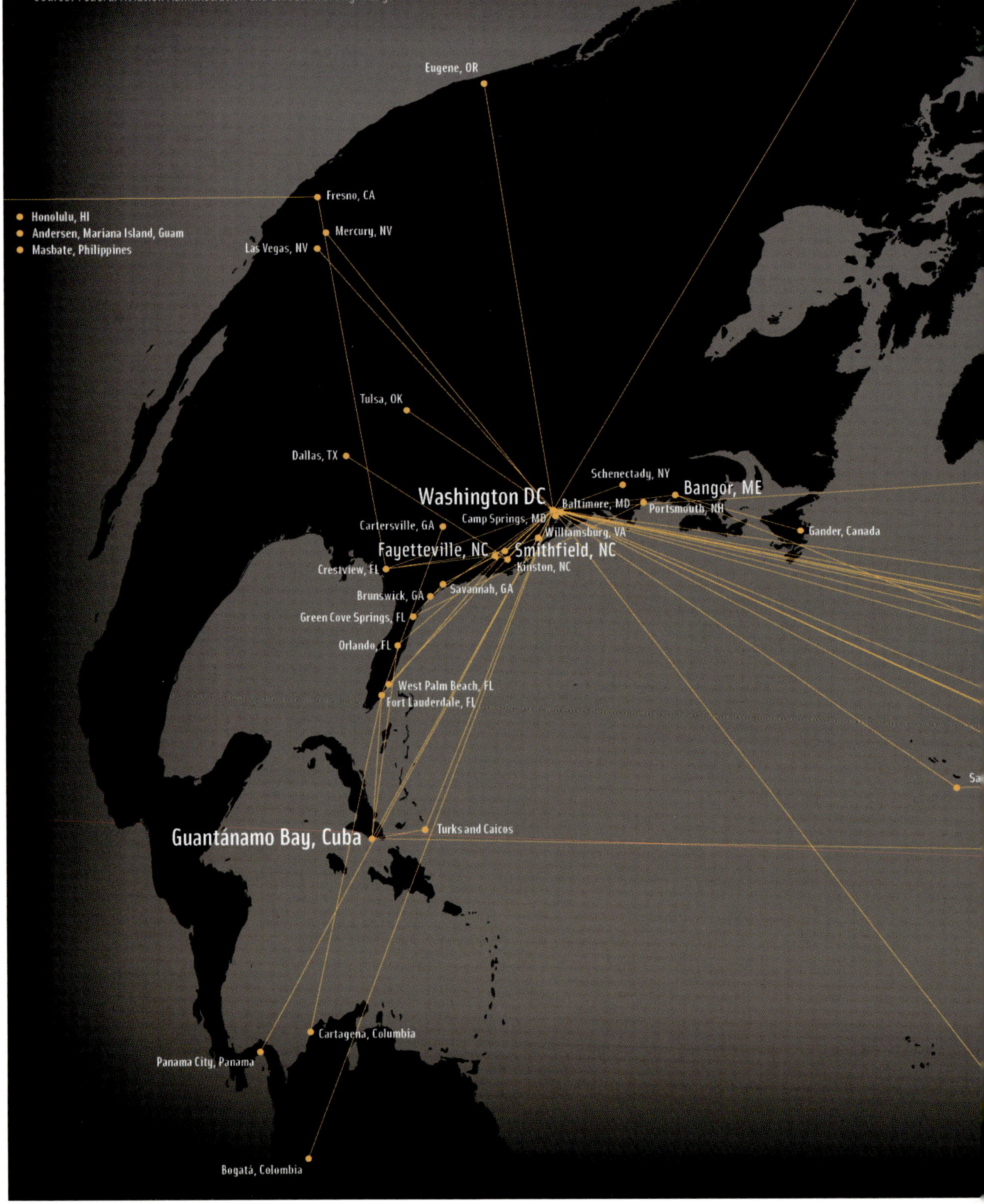

Velivoli di proprietà di / Planes Owned By

Aviation Specialties Inc

TAIL NO.	SERIAL NO.	AIRCRAFT TYPE
N157A	BL-53	Beech B200C
N299AL	BB-1823	Raytheon Aircraft Company B200
N312ME	BL-46	Beech B200C
N4456A	BL-143	Raytheon Aircraft Company B200C
N4489A	BL-145	Raytheon Aircraft Company B200C
N5139A	BL-144	Raytheon Aircraft Company B200C
N5155A	BL-146	Raytheon Aircraft Company B200C
N6161Q	633	Dehavilland DHC-6-300
N6324Q	670417	Mooney M20F

Crowell Aviation

TAIL NO.	SERIAL NO.	AIRCRAFT TYPE
N1016M	20800153	Cessna 208
N7979B	29779	Cessna 172

Devon Holding & Leasing Inc

TAIL NO.	SERIAL NO.	AIRCRAFT TYPE
N168D	C135	Construcciones Aeronauticas SA CN-235-300
N187D	C-143	Construcciones Aeronauticas SA CN-235
N196D	C139	Construcciones Aeronauticas SA CN-235
N219D	C-145	Construcciones Aeronauticas SA CN-235

Keeler and Tate Management LLC

TAIL NO.	SERIAL NO.	AIRCRAFT TYPE
N4476S	33010	Boeing 737-7ET

Path Corporation

TAIL NO.	SERIAL NO.	AIRCRAFT TYPE
N505LL	415	Dehavilland DHC-8-315
N212CP	208B0531	Cessna 208B
N221SG	182	Gates Learjet Corp 35A

Premier Executive Transport Services

TAIL NO.	SERIAL NO.	AIRCRAFT TYPE
N379P	581	Gulfstream V

Rapid Air Transport Inc

TAIL NO.	SERIAL NO.	AIRCRAFT TYPE
N2189M	4582	Lockheed 382G-44K-30
N8183J	4796	Lockheed 382G-44K-30
N4557C	5027	Lockheed 382G-44K-30

Stevens Express Leasing Inc

TAIL NO.	SERIAL NO.	AIRCRAFT TYPE
N173S	FM-4	Beech B300
N4009L	FM-9	Raytheon Aircraft Company B300C
N4042J	BB-874	Beech B200
N8455	25509	Douglas DC3 (43-48248)

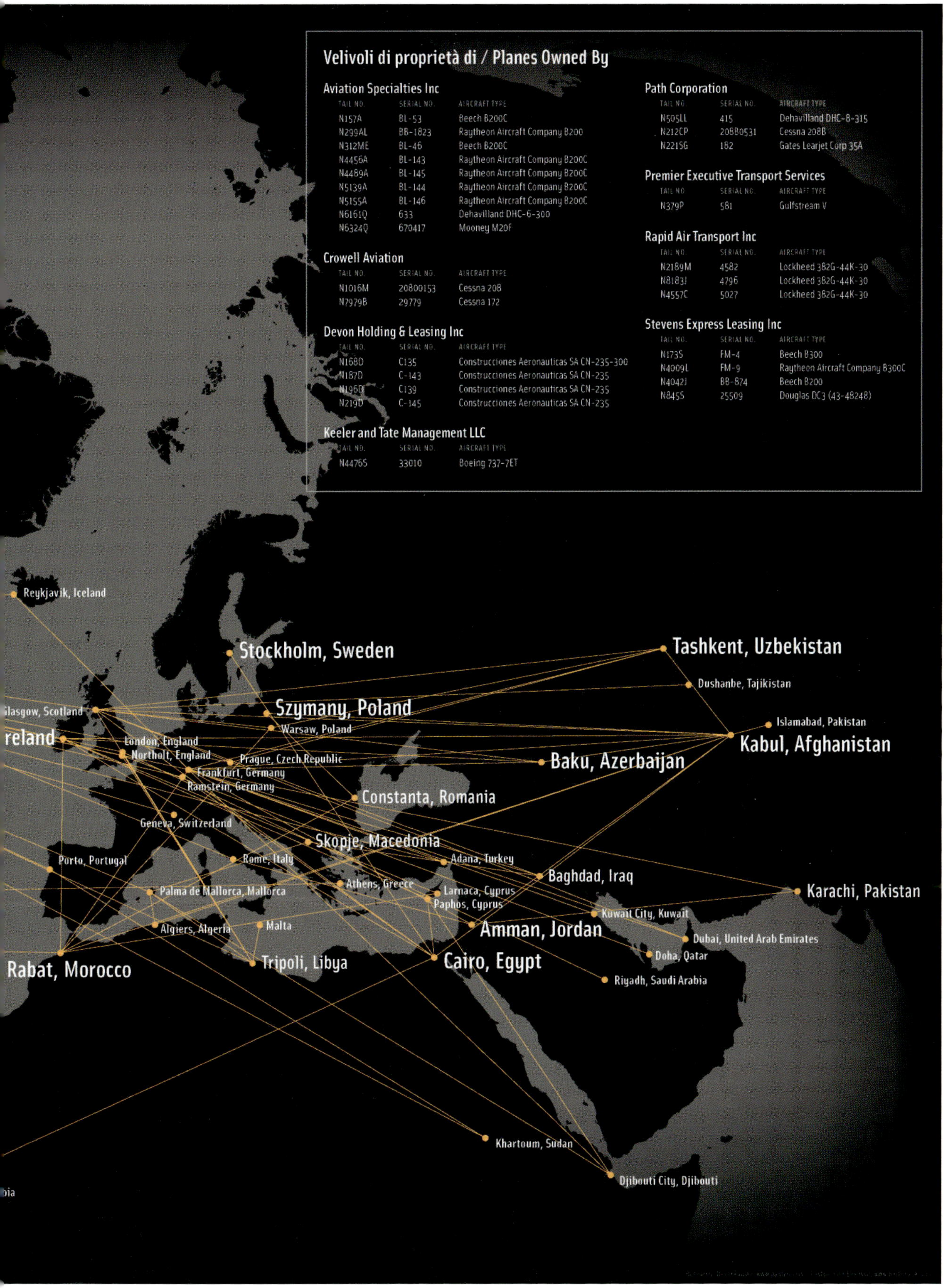

MARTIN PARR

Martin Parr si definisce un "cronista del nostro tempo". Nelle sue serie fotografiche osserva i comportamenti di persone appartenenti a diverse classi sociali in contesti diversi, non ricercando tanto le differenze quanto ciò che unisce gli esseri umani quando si trovano in determinati ruoli.

Diversamente dalla gran parte dei suoi colleghi, Parr è poco interessato ai grandi temi della fotografia di reportage, come la documentazione della guerra o della povertà. Attivo in tutto il mondo, egli trova i suoi motivi nella vita di tutti i giorni. All'inizio della sua carriera si è dedicato soprattutto a osservare persone provenienti da ceti sociali medio-bassi nello svolgimento di attività diverse, affrontando tematiche come il consumo, la comunicazione o il tempo libero e sempre lasciando nell'ambiguità il valore di critica o di documentazione sociale di queste immagini.

Sulla base di una tale impostazione, Parr ha elaborato uno stile fortemente caratterizzato, quasi inconfondibile, fatto di colori sgargianti ottenuti tramite l'uso del flash a supporto della luce naturale. Egli porta la macchina fotografica vicino alle persone e ai loro ambienti sociali, realizzando immagini che a prima vista appaiono grottesche ed esagerate. I motivi, spesso momenti di vita comune, sono ripresi da prospettive inconsuete e le immagini sembrano spontanee, simili a istantanee. Solo a uno sguardo più attento emergono come abilmente costruite e strutturate.

Pur essendo molto caricate e partendo sempre da diffusi stereotipi sociali, le fotografie di Parr rifuggono la banalità; si distinguono per lo spiazzamento che producono in chi guarda e per il distacco ironico con il quale l'autore si rivolge ai suoi soggetti. Lo stesso Parr sostiene che le sue immagini non mancano mai di suscitare reazioni estreme perché ogni volta mostrano la verità: "Siamo talmente abituati a digerire immagini che sono pura propaganda, che la gente rimane sorpresa quando qualcuno come me mostra invece delle foto che hanno uno stretto legame con la realtà. Io, almeno, non mento". Lo sguardo del fotografo rende complice l'osservatore il quale, attraverso le immagini, scopre quanto sia assurdo ciò che si crede normale. Riunite in ampie serie e pubblicate regolarmente in volumi, queste riprese vanno oltre l'ironia della singola immagine e si condensano nell'analisi di un intero ambiente sociale.

La serie *Luxury* ritrae personaggi del jet set internazionale fotografati in diversi luoghi del mondo, dalla fiera d'arte di Miami

Martin Parr describes himself as a "chronicler of our times". In his photographic series he records the behaviour of people of different social classes in different contexts, searching not so much for mutual differences as for what brings human beings together when they find themselves in certain roles.

Unlike most of his colleagues, Parr has little interest in the great themes of photographic reporting, such as the documenting of war and poverty. Working around the world, he finds his motifs in everyday life. At the beginning of his career, he focused in particular on the observation of people from lower middle class backgrounds engaged in different activities, in the context of themes such as consumption, communication and leisure. He has left it ambiguous as to whether these pictures of his are charged with critical overtones or intended to serve as a mere means of social documentation.

Through this approach to his work, Parr has developed a highly distinctive and almost unmistakable style marked by dazzling colours obtained by the use of flash on top of natural light. Parr takes his camera near people and their social milieus, creating images that appear grotesque or exaggerated at first. Their motifs, which often coincide with moments of everyday life, are shot from unusual perspectives. The feeling these pictures convey is that of being spontaneous photos, similar to snapshots. Only under closer scrutiny you understand they have been skillfully construed and arranged.

While always highly charged and taking widespread social stereotypes as their starting point, Parr's images are never banal. The perspective they convey stands out for the way in which it takes viewers by surprise and for the ironic detachment with which the photographer turns to his subjects. According to Parr, his photographs never fail to elicit extreme emotions because they always show some truths: "We are so used to digesting pictures that are pure propaganda, that people are surprised when someone like me shows them images that are closely tied to reality. I, at least, don't lie". The photographer's gaze takes the viewer into his confidence, leading him through the pictures to discover the absurdity of what we deem normal. Gathered in large series regularly published in volumes, these shots transcend the irony of individual images to concentrate on the analysis of a given social milieu.

The *Luxury* series portrays personages from the international jet set, photographed in different settings around the world – from the Miami Art Fair to horse races in Durban, from polo tournaments in Dubai to the

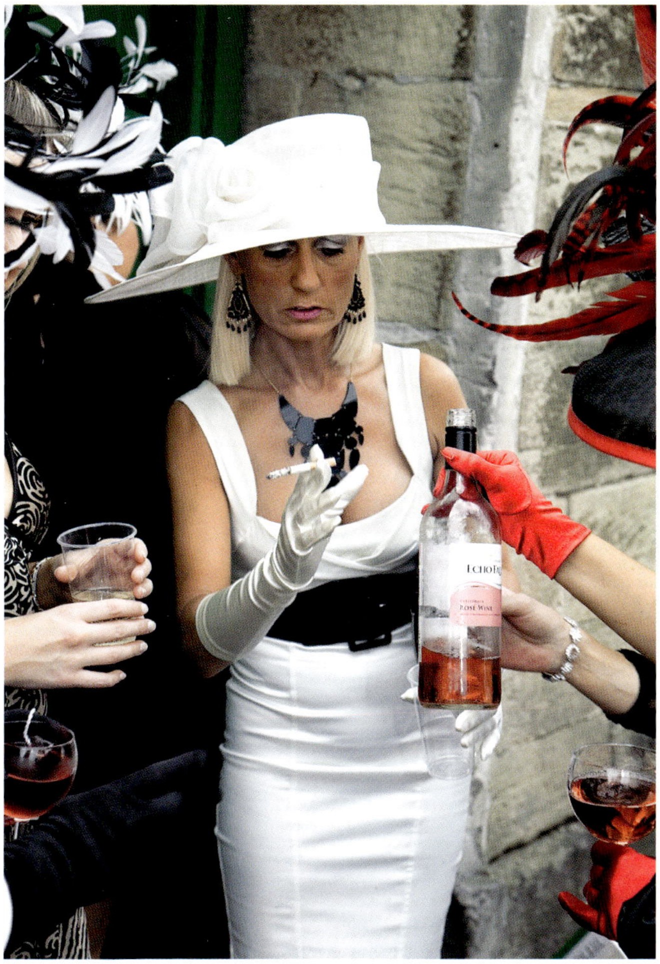

01

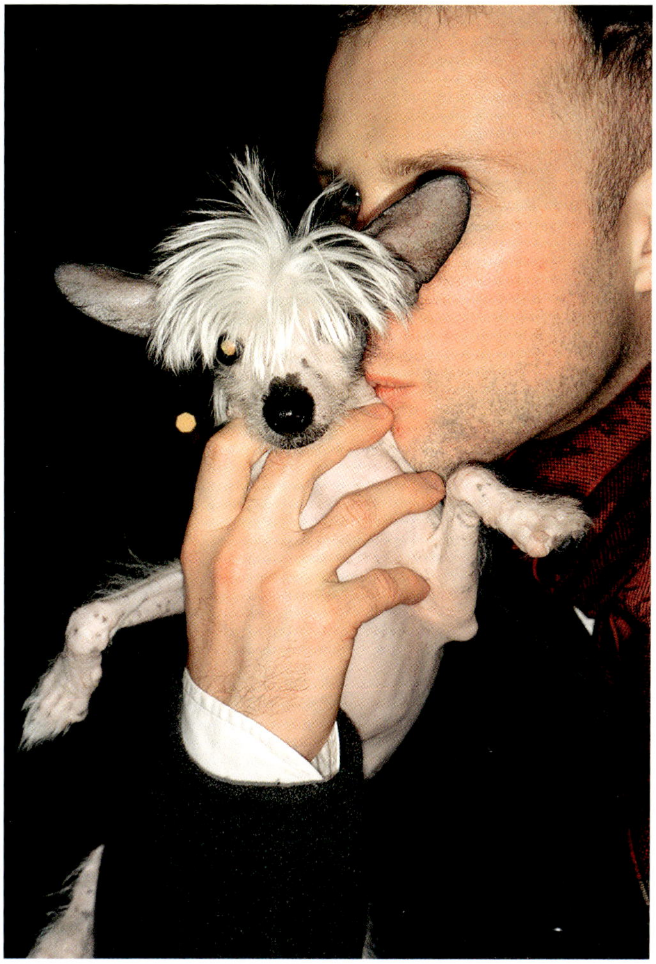

02

alle corse di cavalli a Durban, dai tornei di polo a Dubai alla fiera automobilistica di Pechino. Con queste immagini Parr si distacca intenzionalmente dai soggetti prescelti in precedenza per concentrarsi sulla vita delle classi sociali elevate, poiché, come egli stesso osserva, il problema principale del nostro mondo non è la povertà bensì la ricchezza, l'eccesso di sviluppo e di benessere.

Le fotografie esprimono il punto di vista di un osservatore esterno, non coinvolto, il cui sguardo è attratto da piccoli dettagli che di solito non trovano posto nelle comuni rappresentazioni di manifestazioni di questo tipo. Protagonisti sono i superficiali cliché con cui le persone che partecipano a questi eventi vogliono dimostrare la propria appartenenza alle classi elevate. Le immagini fissano momenti in cui la loro messa in scena si rivela fragile, oppure talmente esagerata da farli sembrare i figuranti di una commedia: una commedia che l'occhio del fotografo ha scoperto, una commedia dove individuare non tanto il singolo personaggio ritratto quanto la sua appartenenza a un sistema sociale di ruoli e valori.

Beijing Auto Show. With these images, Parr has intentionally moved away from his previous subjects to focus on the life of the upper classes: for, as he himself has noted, the main problem the world is facing is not poverty but wealth – excessive development and prosperity.

These photographs offer the perspective of an external, non-involved observer, whose gaze is drawn towards minor details that usually find no place in the common representations of these events. The centrepieces of these photos are the superficial clichés that the people participating in the events adopt as tokens of their upper-class identity. The pictures fix moments in which this enactment reveals itself to be so fragile or so exaggerated that the people involved become extras in a comedy – one that the photographer's eye has fallen upon, finding interest not in individuals as such, but in their belonging to a given social system with all its rules and values.

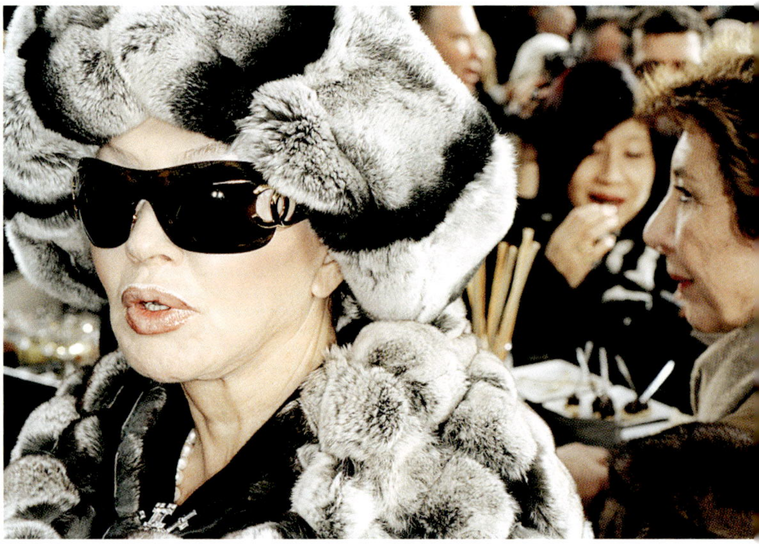

03

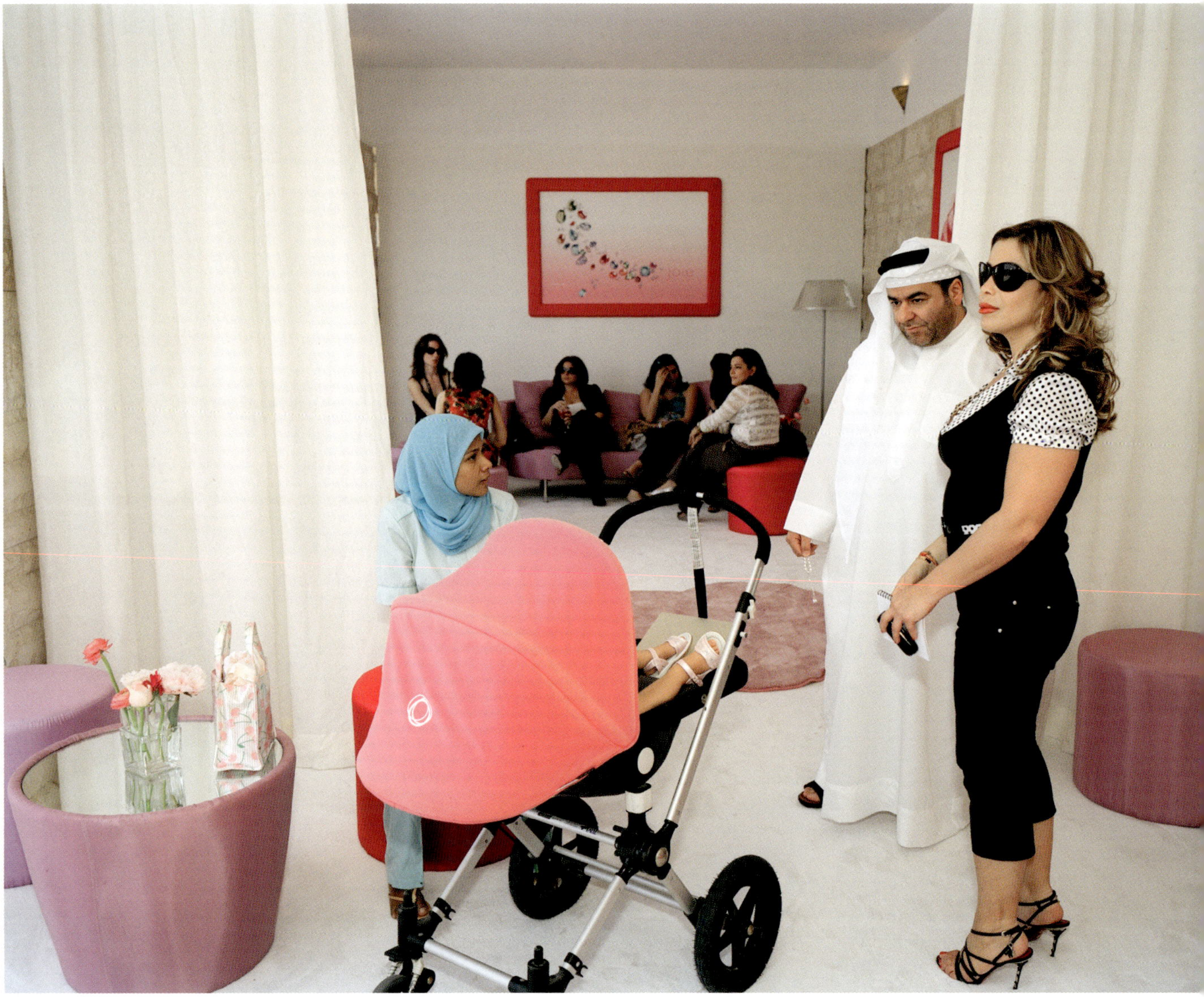

04

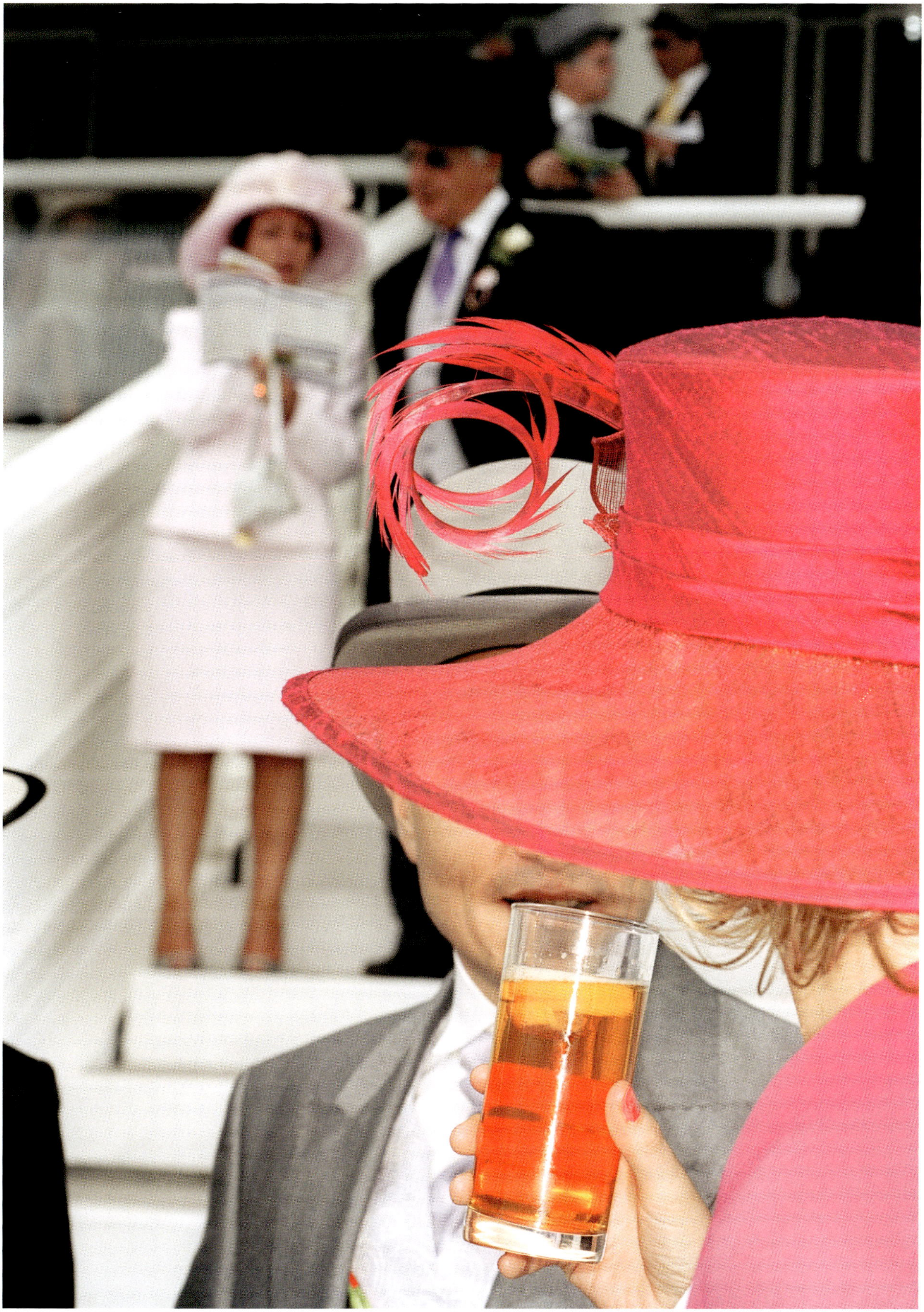

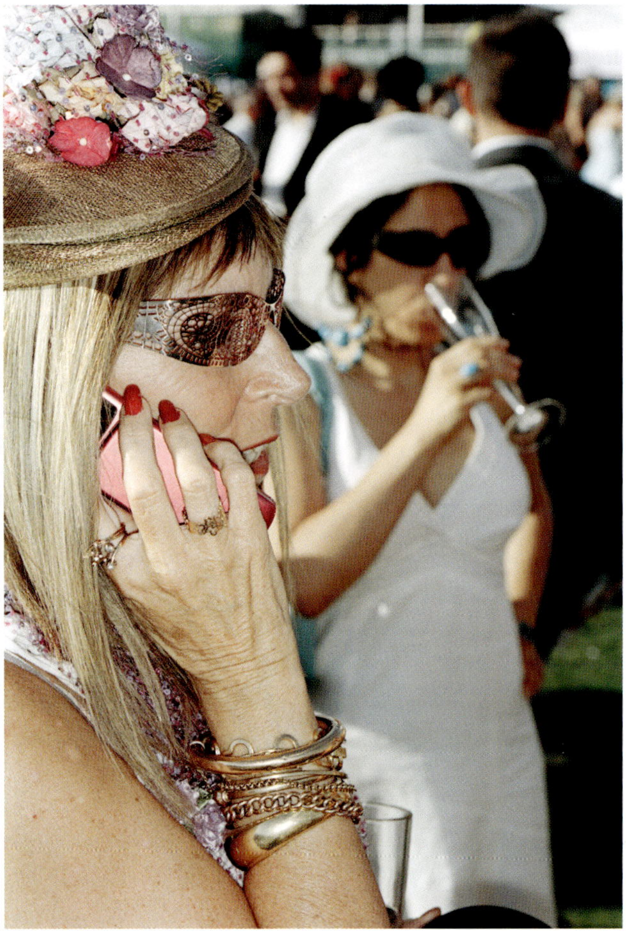

06

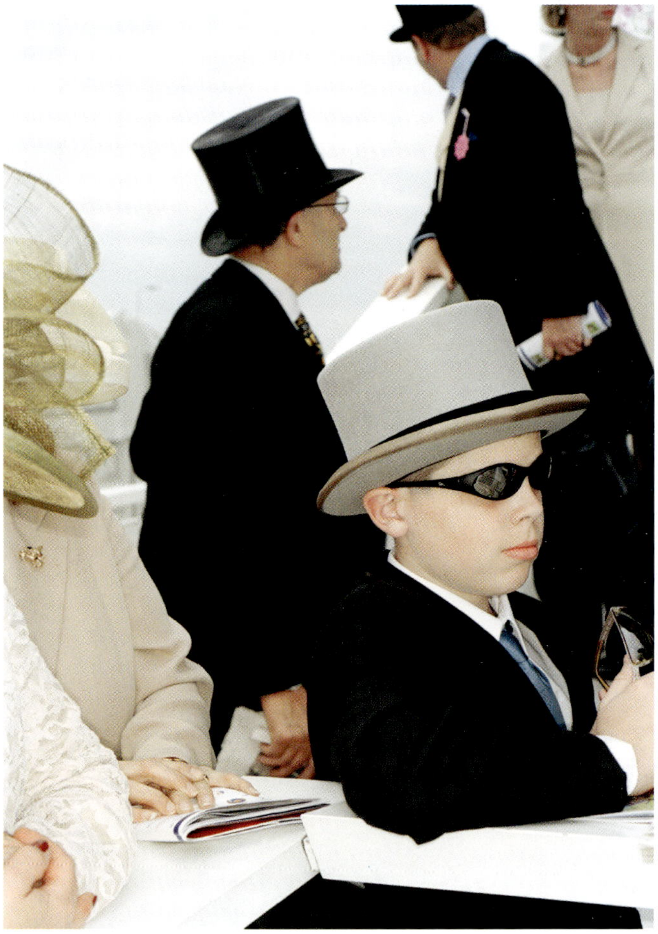

07

Tutte le immagini / *All the images:*
serie / *series* **Luxury**
Pigment prints

01 **England. Newcastle. 'Ladies Day, Gosforth races'**, 2008
76 x 51 cm

02 **Russia. Moscow. Fashion Week**, 2004
152 x 102 cm

03 **France. Paris. Haute Couture**, 2007
51 x 76 cm

04 **United Arab Emirates. Dubai. The Cartier International Dubai Polo Challenge**, 2007
43 x 53 cm

05 **England. Epsom. The Derby**, 2004
76 x 51 cm

06 **United Arab Emirates. Dubai**, 2007
152 x 102 cm

07 **England. Epsom. The Derby**, 2004
76 x 51 cm

08 **France. Chantilly. Chantilly Races**, 2008
51 x 76 cm

09 **England. Ascot**, 2003
51 x 76 cm

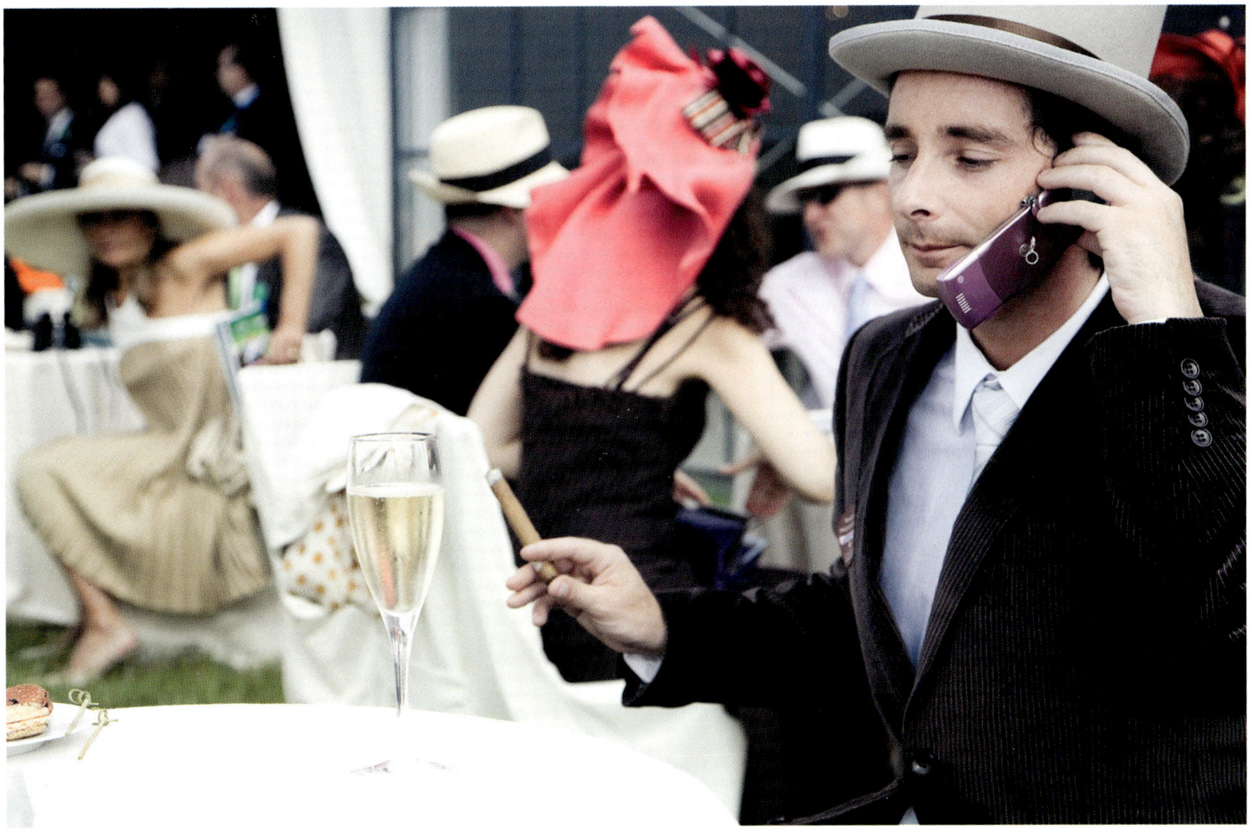

08

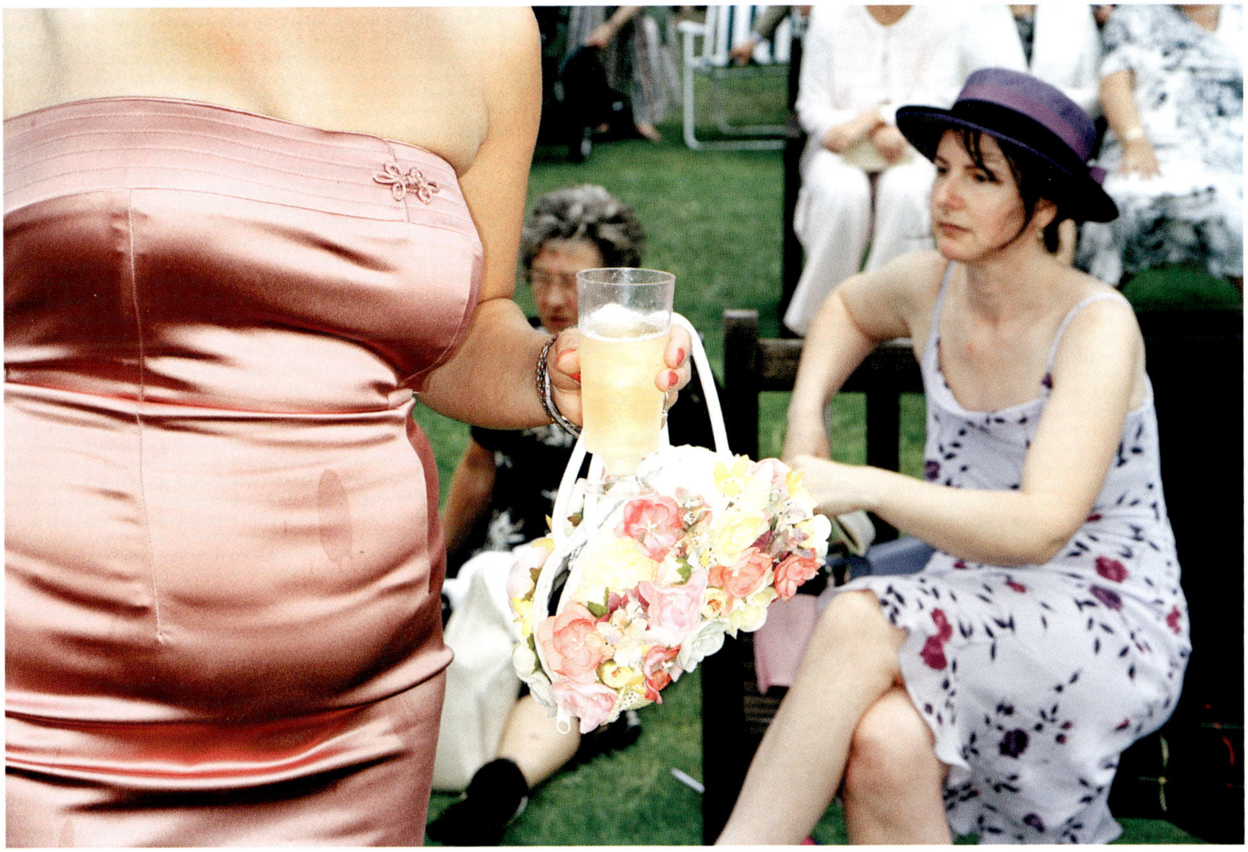

09

WANG QINGSONG

Il lavoro artistico di Wang Qingsong è incentrato sulla metamorfosi della società cinese sotto l'influsso della cultura dei consumi occidentale e di un materialismo sempre più diffuso. Le sue immagini, spesso ironiche o umoristiche, si rifanno all'arte di propaganda cinese, riprendendone le forme e fondendole con il linguaggio visivo altrettanto esplicito della pubblicità occidentale, ostentato ed esagerato.

Wang Qingsong's artistic work is focused on the metamorphosis Chinese society is undergoing under the influence of Western consumer culture and of increasingly widespread materialism. His pictures, which are often ironic or humorous, draw upon Chinese propaganda art, emulating its forms and merging them with the equally explicit, ostentatious and exaggerated visual language of the Western advertisement.

Formatosi originariamente come pittore, l'artista mette in scena situazioni che poi fissa con la macchina fotografica, includendo spesso anche la propria figura. Ciò accade anche nel trittico di grande formato, *Past, Present and Future* che costituisce una riflessione sulla storia e il futuro del popolo cinese.

Le tre fotografie rappresentano gruppi di persone nello stile del *tableau vivant*; tramite una precisa e scenografica disposizione dei soggetti, le scene evocano il monumento di fronte al mausoleo di Mao in piazza Tienanmen a Pechino, che, nei toni eroici della rappresentazione del potere istituzionale caratteristici dei regimi socialisti, simboleggia la vittoria sull'imperialismo con un corteo trionfale di militari.

Ciascuna delle tre fotografie rappresenta un periodo temporale. Quella a destra rimanda al passato ed è composta da diciassette figure in posa da combattimento, con abiti e uniformi sporche di fango, disposte su un ampio basamento Wang Qingsong si è raffigurato ai piedi del monumento, intento a guardare le figure ma estraneo a esse e con la testa avvolta in una benda macchiata di sangue. Attraverso la manipolazione digitale dell'immagine l'artista risulta più piccolo rispetto agli altri. Contrapponendosi al monumento che ha davanti, in mano non ha un'arma ma un mazzo di fiori.

Nel pannello di sinistra, *Present*, gli stessi soggetti sono presentati come operai, con attrezzi da lavoro e occhiali protettivi, segni dello slancio economico del paese. Il gruppo, sempre raffigurato nella forma di un monumento, è ricoperto da un colore argentato; anche in questo caso l'artista appare in una posizione esterna, questa volta nelle vesti di un giovane cittadino con berretto da baseball all'occidentale e cagnolino al guinzaglio. Di fronte a queste figure dalle pose fisse e stilizzate, rese come un blocco omogeneo e uniformato dall'argento, Wang Qingsong si pone in disparte, come un individuo isolato.

Originally trained as a painter, the artist arranges scenes he then captures on camera, and in which he himself is often included. This is also the case with the large-scale triptych *Past, Present and Future*, which serves as a reflection upon the history and future of the Chinese people.

The three photographs in question portray groups of people in the *tableau vivant* style. With their detailed scenographic arrangement of the subjects, these scenes recall the monument outside the Mausoleum of Mao Zedong in Tienanmen Square in Beijing, which – with the heroic overtones typical of the representation of institutional power in socialist regimes – symbolizes victory over imperialism in the form of a triumphal military procession.

Each of the three photographs stands for a specific time period. The photo on the right refers to the past and is comprised of seventeen figures on a war footing, wearing clothes and uniforms covered in mud, and arranged on a wide pedestal. The artist has portrayed himself as he stands at the foot of this monument, gazing at its figures from a removed position, his head wrapped in a blood-stained bandage. Through digital manipulation of the image, the artist has made himself smaller than the other figures. Set against the monument he faces, he holds not a weapon but a bouquet of flowers in one of his hands.

On the left-side panel, *Present*, the same subjects are featured as workmen, with work-tools and protective lenses – signs of the economic drive of the country. The group, again portrayed as a monument, is covered in a silver hue. Here too the artist is shown as an outsider, this time a young citizen with a Western-style baseball cap and a small dog on a leash. As he faces these figures marked by rigid, stylized poses – a homogeneous and uniform silver-coloured block – the artist stands aside, like an isolated individual.

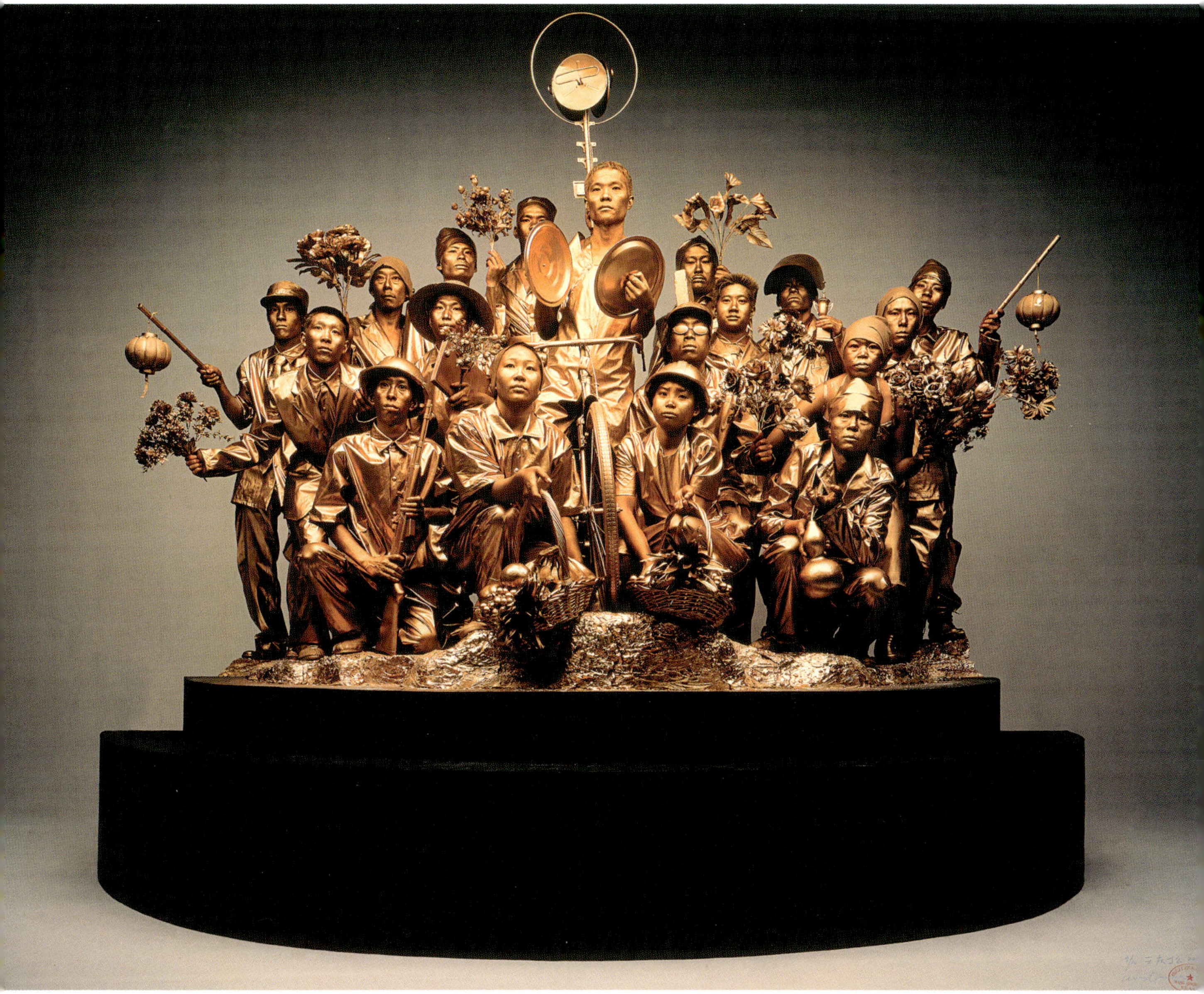

Dettaglio da / *detail of*
Past, Present and Future, 2001

Nell'immagine centrale, *Future*, tutte le figure sono dorate, con fiori e cesti di frutta in mano; guardano dritte verso l'esterno del campo dell'opera, trasformando il pubblico nel proprio interlocutore diretto. Questa composizione frontale non corrisponde più alla tradizionale scultura socialista; qui, in un'età dell'oro ancora da venire, l'artista è la figura centrale, con una coppia di cimbali tra le mani che lo identificano come il personaggio che dà il ritmo e si pone come guida di questa utopica società del futuro.

In the central picture, *Future*, all the figures are golden. Carrying flowers and baskets of fruit, they look straight towards what lies beyond the frame of the work, directly addressing the public. This frontal composition, designed by Wang Qingsong himself, no longer reflects traditional socialist sculpture. Here, in a golden age yet to come, it is the artist who is the central figure. A pair of cymbals in his hands show him as the character giving rhythm to the composition and acting as the guide to this utopian future society.

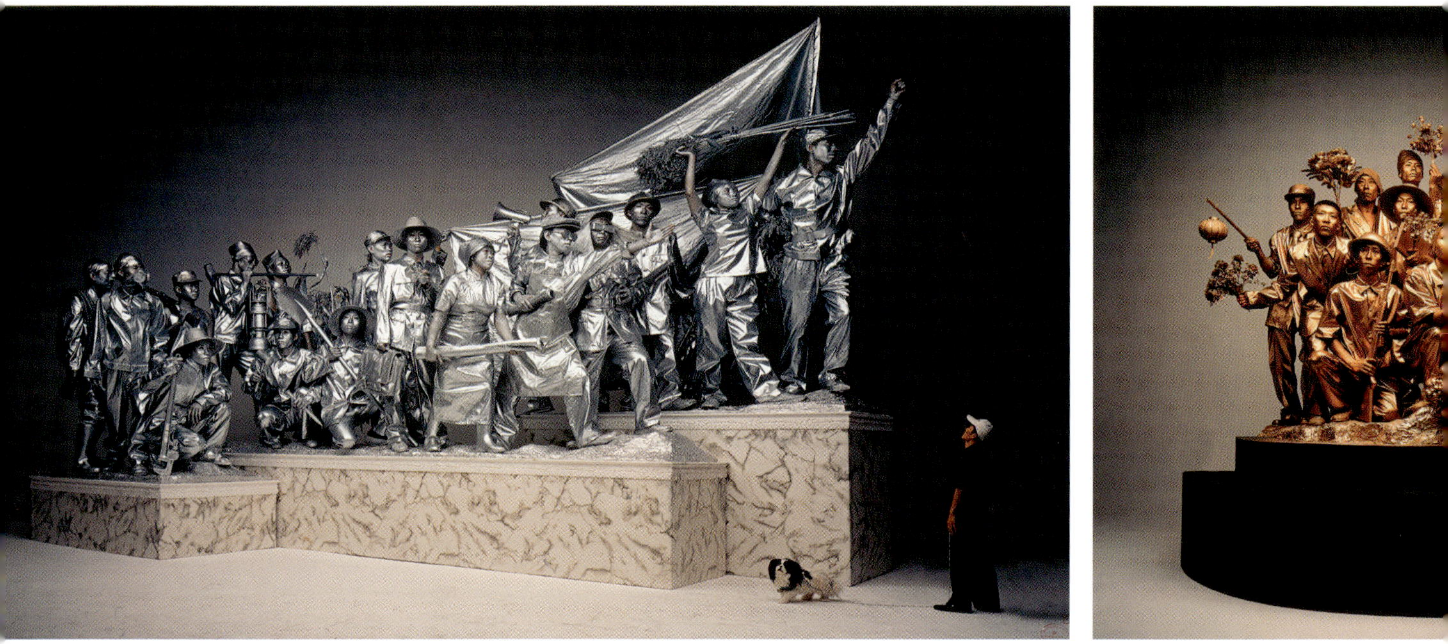

Past, Present and Future, 2001
C-print
120 x 550 cm
Courtesy Collection Guy & Myriam Ullens Foundation, Switzerland
Photo credit: Patrick Goetelen

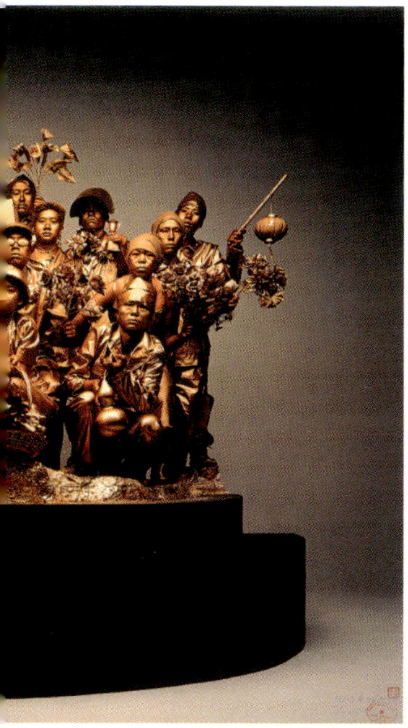

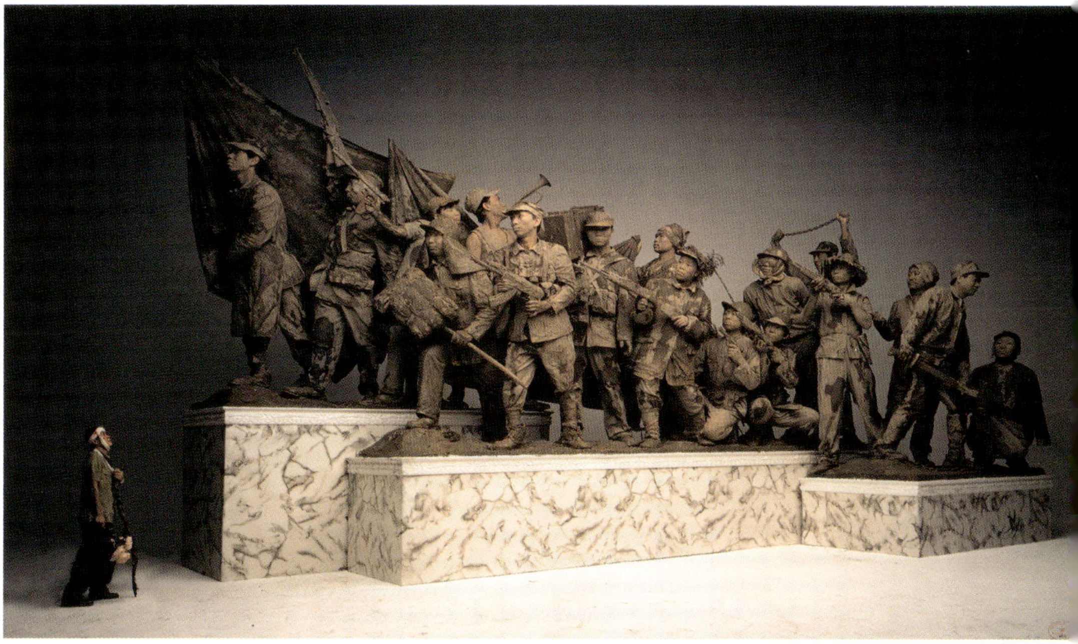

DANIELA ROSSELL

Le fotografie dell'artista messicana si inseriscono tanto nella tradizione del ritratto di rappresentanza quanto in quella della documentazione sociale. Per la serie *Ricas y Famosas* i soggetti scelti da Daniela Rossell sono giovani donne messicane appartenenti alle classi sociali più elevate e il loro appariscente stile di vita.

The photographs of this Mexican artist reflect the tradition of society portraits as much as they do that of social documentation. The subjects chosen by Daniela Rossell for her *Ricas y Famosas* series are young women from the upper classes of her country and their flashy lifestyle.

Le nuove classi oligarchiche messicane dimostrano con disinvoltura e fierezza il loro potere e la loro ricchezza, scegliendo di vivere in ville faraoniche dotate di arredi sfarzosi. Attraverso arredi e simboli eclettici – artificiosi elementi architettonici classicheggianti, dipinti murali di una stilizzata natura esotica, animali impagliati, statue di schiavi che richiamano un passato coloniale – questi luoghi testimoniano la ricchezza dei loro proprietari, ma allo stesso tempo rivelano una consapevolezza culturale piuttosto scarsa.

Daniela Rossell ha invitato giovani donne, in molti casi sue amiche o conoscenti, a posare per lei lasciandole libere di scegliere come presentarsi. Adottando prospettive grandangolari e sfruttando l'integrazione pittorica dei diversi riflessi cromatici e di luce, l'artista realizza immagini in cui le protagoniste diventano esse stesse parte dell'arredamento, prolungando nell'abbigliamento e nei gesti l'esasperazione e il kitsch estremo degli ambienti in cui si trovano. La fotografia fonde i corpi delle modelle con lo scenario in cui hanno scelto di presentarsi, quasi dando vita a caricaturali *tableaux vivants*. Colpisce come la maggior parte delle giovani donne abbia scelto pose che reinterpretano stereotipi di sensualità tipici della rappresentazione della donna al cinema o in televisione. I modelli mediatici dei ruoli proposti dalla cultura del consumo si manifestano come *leitmotiv* nella loro vita.

I titoli delle fotografie – come, ad esempio, *Janita nell'ufficio del padre* – chiariscono come il potere di queste donne non dipenda da loro in prima persona ma dal loro essere mogli o figlie di uomini ricchi e importanti, in un contesto in cui l'immagine della donna oscilla tra la principessa e il soprammobile di lusso.

Rossell, che appartiene a questa stessa classe sociale, riflette con le sue fotografie sulla condizione delle donne ricche e sulla loro immagine, spesso grottesca: "In Messico, le donne ricche sono prigioniere delle loro case, del loro stile e del loro eccesso. La maggior parte passa la vita nel salone. Vogliono sembrare americane, come

The new oligarchic classes in Mexico display their power and wealth in a casual and proud manner, choosing to live in extravagant villas with sumptuous furnishings. By means of eclectic elements and symbols – overblown architectural features in the Classical style, wall paintings depicting a stylized exotic nature, stuffed animals and statues of slaves recalling a colonial past – these places testify to the wealth of their owners, while at the same time revealing a serious lack of cultural awareness.

Rossell invited young women – often friends or acquaintances of hers – to pose and freely choose how to present themselves. By adopting wide-angle perspectives and playing up the pictorial integration of the various reflexes of colours and light, the artist has produced pictures in which the female figures portrayed become part of the interior decorations themselves, emphasizing the exasperated character and kitsch taste of the rooms they are in by their way of dressing and gestures. Photography here merges the bodies of the models with the setting in which they have chosen to present themselves, leading to the creation of what almost appear as grotesque *tableaux vivants*. What is striking is how most of these young women have chosen to adopt poses that mirror the stereotypes about sensuality typical of the way in which women are represented in films and on television. The medial models for gender roles presented by consumer culture surface as leitmotifs in the lives of these women.

The titles of the photographs – for instance, *Janita in Her Father's Office* – illustrate how the power of these women depends not on their own person but on their status as the wives or daughters of powerful and important men, in a world in which the female image fluctuates between that of the princess and that of the luxury ornament.

Daniela Rossell herself belongs to this social class and has testified with her photographs the condition of these women and their often grotesque image: "Wealthy women in Mexico are prisoners of their houses, style and excess. Most of them live in the salon. They really want to look American, like what you see on TV, and they go to a lot of work to accomplish that. It's a kind of hell. There's so much unhap-

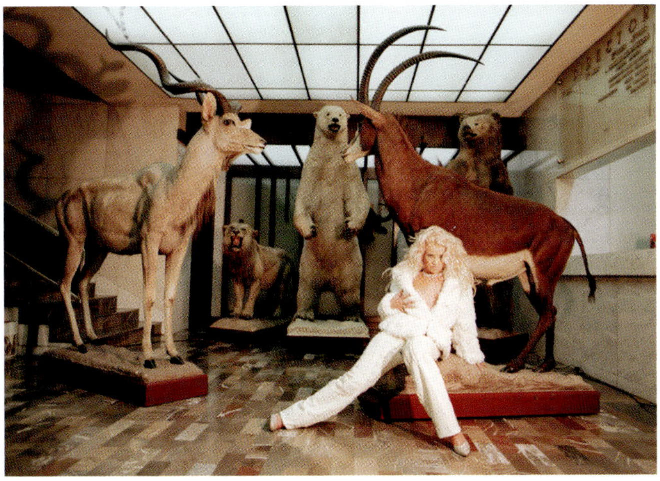

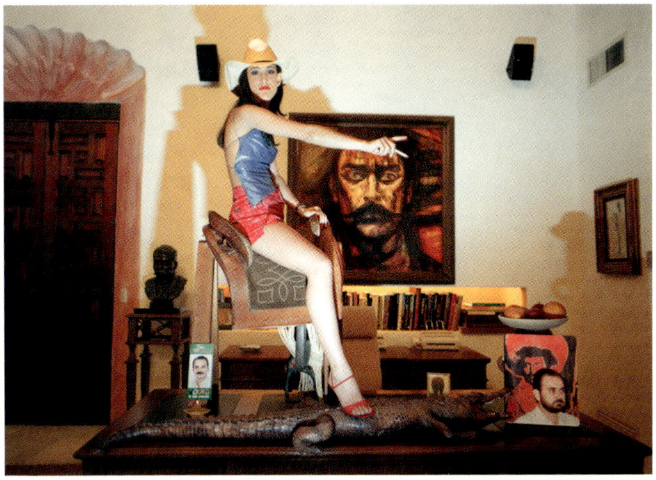

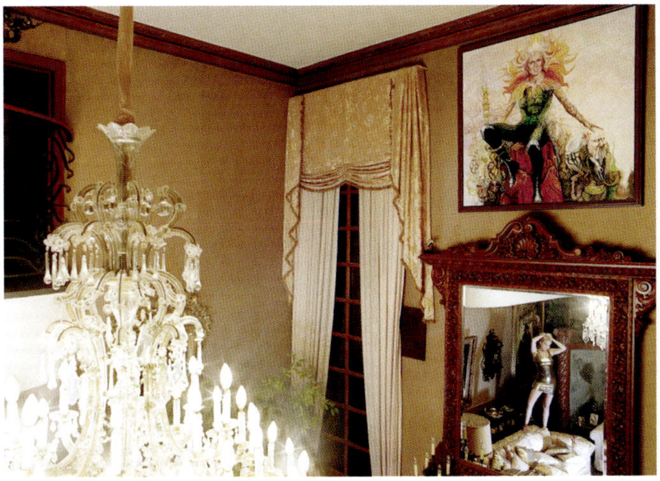

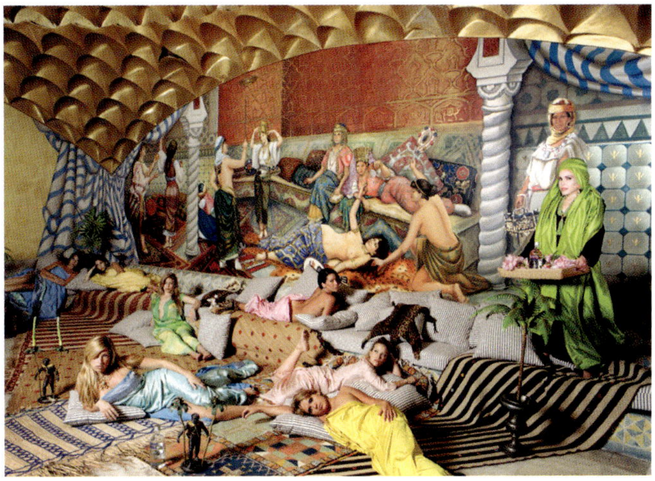

Tutte le immagini / *All the images*:
serie / *series* **Untitled (Ricas y Famosas)**
C-prints
Courtesy l'artista / *the artist*; Sprüth Magers
Berlin London; Greene Naftali Gallery, New York

Janita in Her Father's Office, Mexico City, 2000
62 x 82 cm

Inge Mirrors, 1999
74 x 101 cm

Paulina on Her Father's Desk, Tabasco, Mexico, 2000
97 x 126 cm

Harem Room, Villa Arabesque, Acapulco, Mexico, 2002
97 x 125 cm

quelle che vedono in TV, e fanno sforzi enormi per riuscirci. È una specie di inferno. C'è tanta infelicità tra le persone che apparentemente hanno tutto".

Mettendo in scena la realtà sfarzosa e dai colori sgargianti dei super ricchi dell'attuale società messicana, Daniela Rossell tematizza la fondamentale crisi dell'identità culturale di queste persone che, tramite l'accumulo di oggetti lussuosi, sembrano cercare una compensazione e un'affermazione del proprio ruolo attingendo dall'iconografia del potere coloniale, ormai per noi lontana e fuori dal tempo.

piness among the people who supposedly have everything".

By lending expression to the sumptuous and garish reality of the super-rich in contemporary Mexican society, Daniela Rossell is exploring the theme of the deep-seated crisis which the cultural identity of this class is undergoing. By accumulating luxury objects, these people appear to be searching for a way to make up for and affirm their own role, drawing upon the iconography of a colonial power that by now strikes us as something belonging to the distant past.

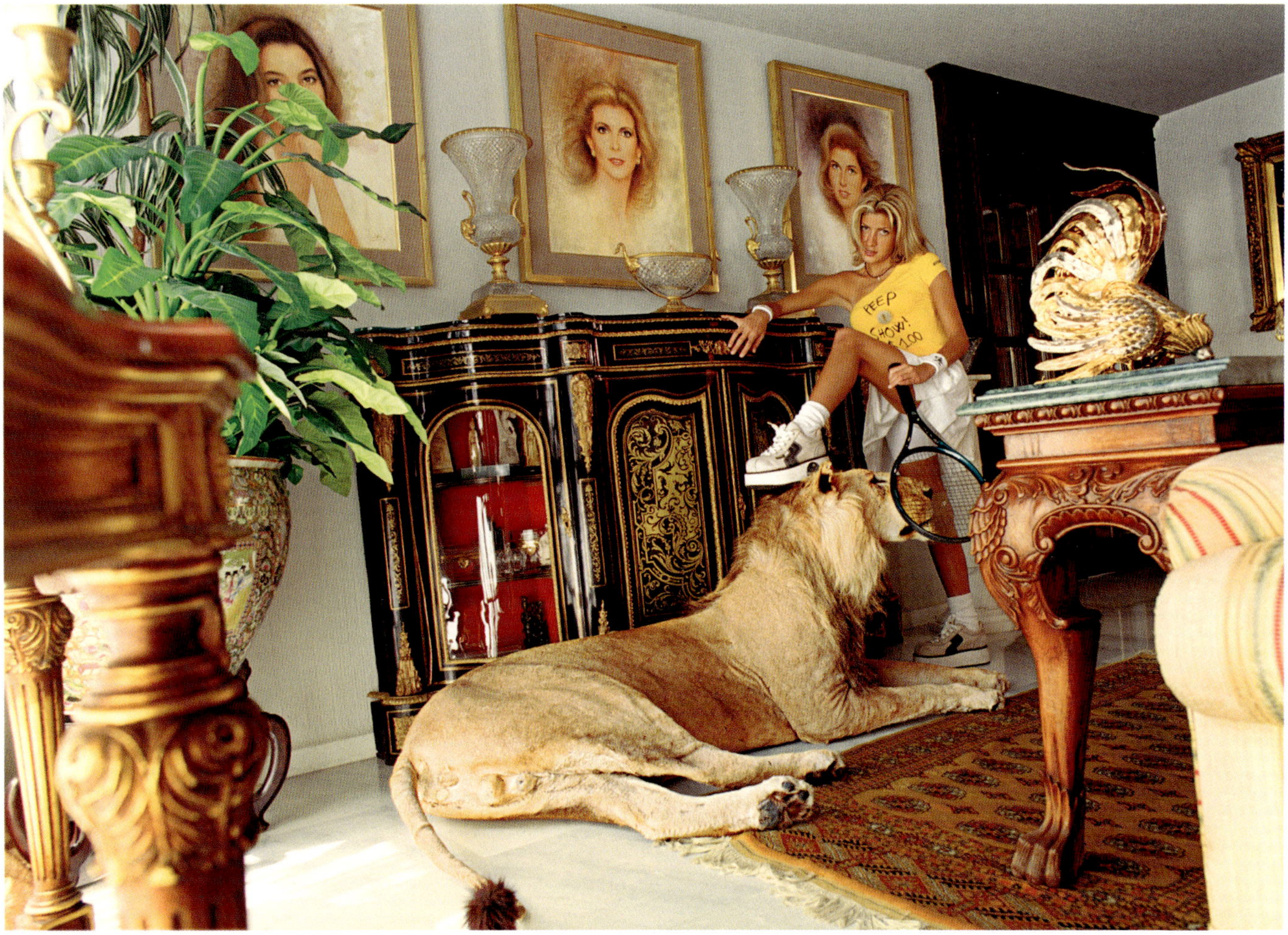

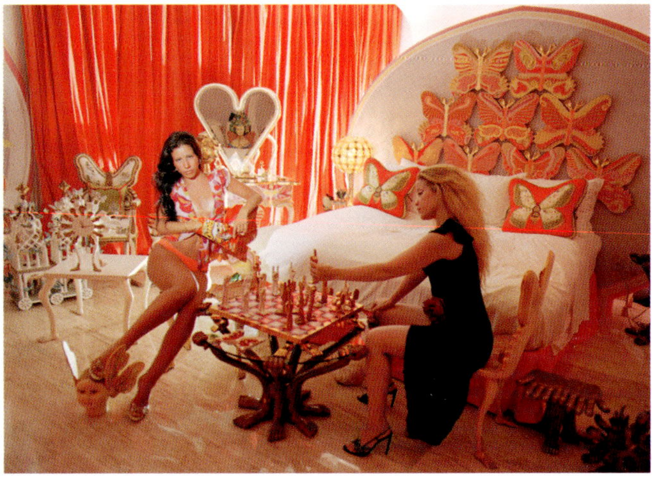

Paulina with Lion, 1999
62 x 82 cm

Natasha and Jana in Butterfly Room, Villa Arabesque, Acapulco, Mexico, 2002
62 x 82 cm

Jeanette in Her Mother's House, San Antonio, Texas, 2002
62 x 82 cm

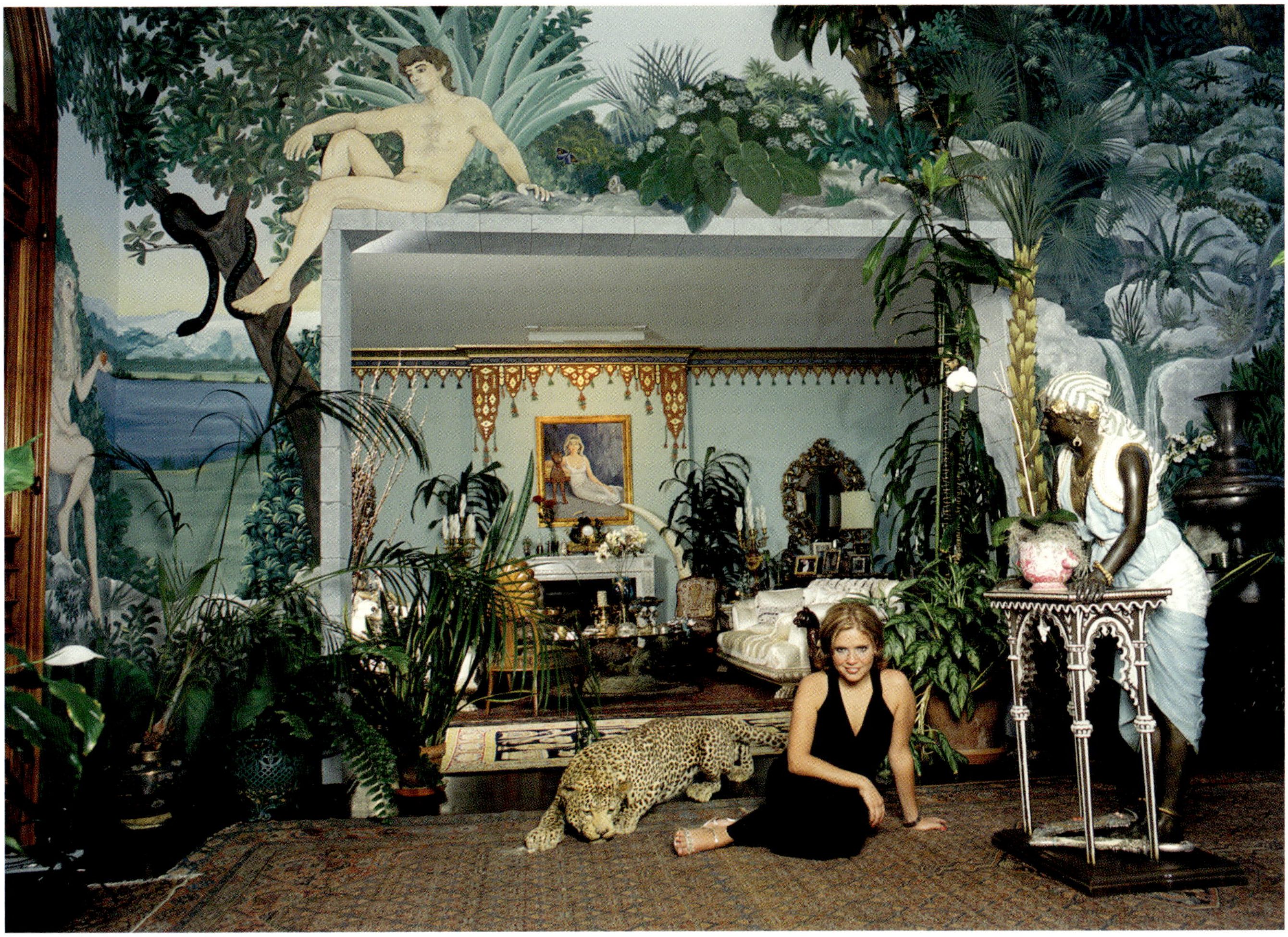

JULES SPINATSCH

Jules Spinatsch analizza gli effetti della globalizzazione e della "economizzazione" sugli spazi naturali e urbani. Caratteristico del suo modo di procedere è non puntare l'obiettivo direttamente sui punti cruciali del luogo di ricerca prescelto, ma analizzarne gli scenari secondari e le zone marginali.

Per la serie *Temporary Discomfort*, di cui fanno parte varie opere composte da video e fotografie, l'artista ha seguito gli incontri di grandi summit internazionali come il Forum economico mondiale o il G8, in città come Genova, Ginevra/Evian, New York e Davos. In ciascuna di queste occasioni è nata una serie fotografica che affronta un aspetto specifico della località, militarizzata e in stato di emergenza, che ospitava gli incontri. Protagonisti non sono momenti ufficiali o conferenze stampa, bensì le gigantesche strutture di sicurezza realizzate ad hoc per queste circostanze, producendo profonde alterazioni nell'immagine della città.

Spinatsch usa la fotografia in maniera non convenzionale, riflettendo anche sulla sua interazione con altri mezzi tecnici. Oltre a scattare fotografie, l'artista impiega telecamere di controllo che egli stesso installa nei luoghi che intende ritrarre. Le immagini così ottenute forniscono il materiale per la costruzione di grandi panorami e, riprendendo il sito per lunghi periodi di tempo, mostrano lo svolgimento di fatti impossibili da fissare nell'attimo dello scatto fotografico.

L'artista mantiene il ruolo dell'osservatore imparziale che coglie nei suoi scatti l'artificiosità, spesso paradossale, di questi interventi straordinari sull'architettura urbana. Al tempo stesso egli mira a mettere in discussione l'immagine di queste manifestazioni così come trasmessa dai media. Spinatsch riesce a fissare particolari altrimenti trascurati e a tracciare nuove e complesse prospettive della corrispondenza fotografica, libere da pregiudizi.

Rappresentando questi luoghi come dispendiose messe in scena, la cui logica spettacolare non sfugge né ai partecipanti né ai dimostranti, l'artista richiama l'attenzione sulla struttura e l'organizzazione di simili incontri e sulla situazione generale della politica contemporanea.

Per "Ritratti del potere" l'artista ha iniziato un nuovo progetto dedicato all'Abruzzo. Nello spirito della serie *Temporary Discomfort* l'artista descrive, tramite immagini e testi, le tracce lasciate da decisioni politiche sul territorio o nella memoria storica. L'opera è incentrata sulla cittadina di Onna, luogo in cui si sono succeduti importanti eventi, dalla Seconda Guerra Mondiale fino al terremoto e il summit del G8 nel 2009.

Jules Spinatsch explores the effects of globalization and "economization" upon natural and urban spaces. A characteristic of his procedure is the way in which he never points the camera directly upon the place he is examining, but rather chooses to focus on secondary settings and marginal areas.

For his *Temporary Discomfort* series, which includes several works featuring both videos and photos, the artist followed the meetings held at large international summits such as those of the World Economic Forum and the G8 in places such as Genoa, Geneva/Evian, New York and Davos.

On each of these occasions a photographic series was developed that explores a specific aspect of the site hosting the meeting – a militarized area in an emergency situation. The centrepieces of these works are not official speeches or press conferences, but rather the giant security structures specifically set up for the events, which profoundly alter the image of the cities that house them.

Jules Spinatsch makes unconventional use of photography, whose interaction with other technologies he also explores. Aside from taking photographs, the artist also employs security cameras which he personally installs in the places he wishes to portray. The images he thus obtains provide the material for his construction of wide-scale panoramic views; by recording each site for an extended period of time, these show the unfolding of events that could not be fixed through the instant shots of a photographic camera.

The artist sticks to the role of an impartial observer who through his photos grasps the artificial and often paradoxical quality of these extraordinary works of urban architecture. At the same time, he seeks to question the image the media project of these events. He succeeds in fixing details that would otherwise be overlooked and in opening up new, sophisticated and unprejudiced perspectives based on photographic correspondence.

By depicting these places as expensive and extravagant stage sets, whose underlying logic escapes neither participants nor protesters, Spinatsch draws attention to the structure and organization of the meetings and the present overall political situation.

For *Portraits and Power* the artist began a new project dedicated to the Abruzzo region. In the spirit of his *Temporary Discomfort* series, the artist describes, in images and texts, traces of political decision-making, which have been left either on the territory or in historical memory. His work focuses on the town of Onna, subjected to political actions from the Second World War to the 2009 earthquake and the G8 Summit of the same year.

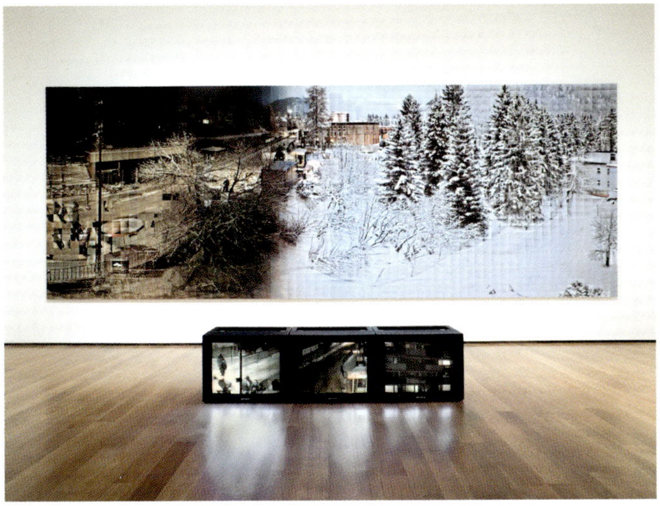

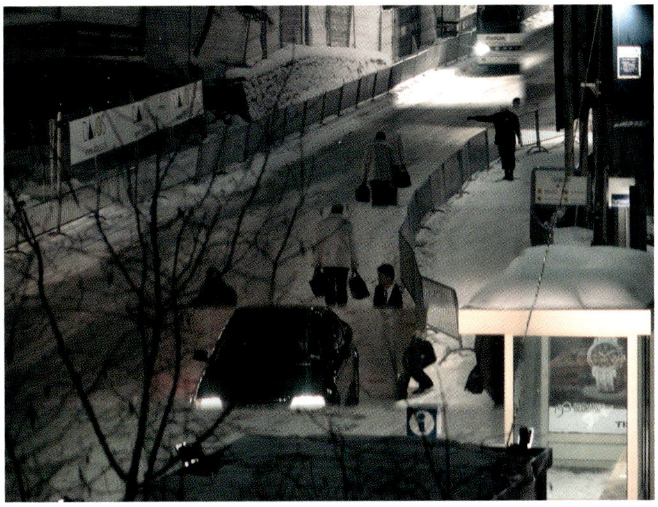

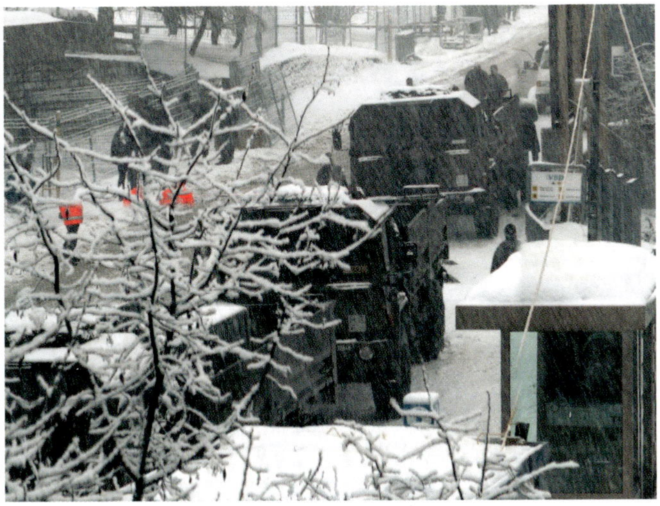

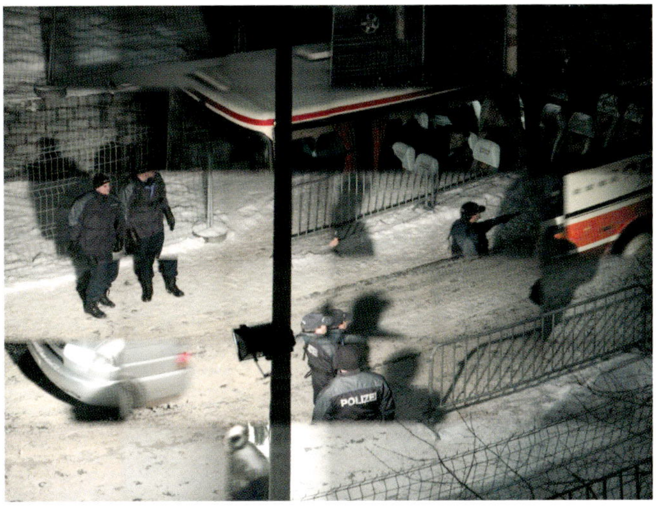

01
03

02
04

01 **Temporary Discomfort Chapter IV, Pulver Gut**
Discontinuous Panorama A240635:
World Economic Forum WEF, Davos, 24 January 2003
2176 still shots from 06h35 - 09h30; Inkjet Print on 4 Panels
220/560 cm; 3 DVD Hotspots, 7'28" each
Installation view at Museum of Modern Art, New York

Temporary Discomfort, Chapter IV
World Economic Forum WEF, Davos, 2003
02 Hotspot_A1_North_Entry_270103_19h20;
03 Hotspot_A1_North_Entry_280103_14h10;
04 Hotspot_A4_Promenade_230103_19h35

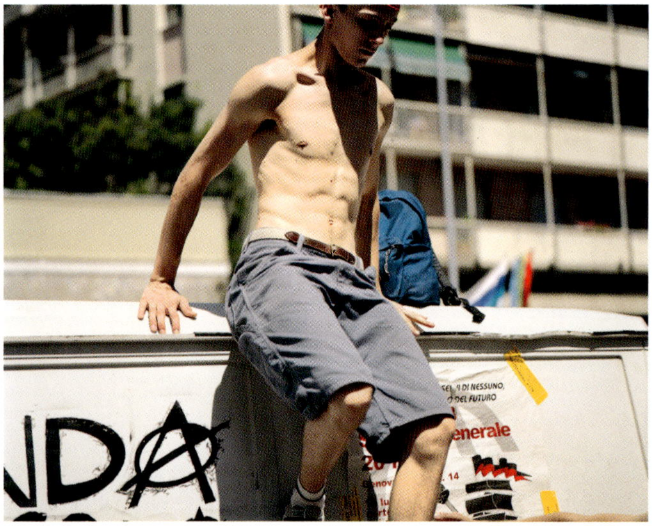

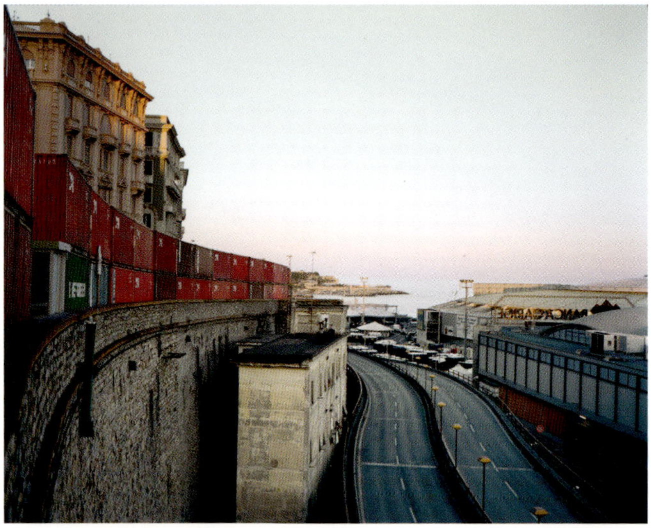

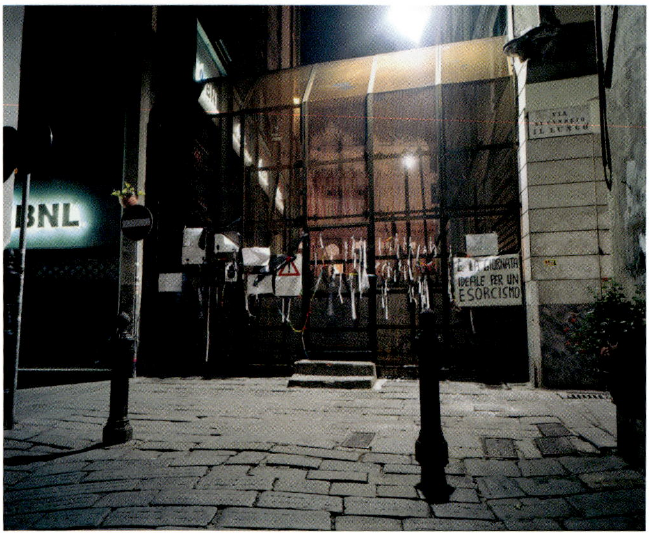

05
06
07

Temporary Discomfort Chapter II, Oppidum G8 Summit, Genova, 2001

05 Activist, Corso Italia;
06 Curves, Autostrada, Sopraelevata Aldo Moro;
07 Gate 227, Palazzo Ducale, Congress Center G8

Temporary Discomfort Chapter V, Oppidum G8 Summit, Evian / Geneva, 2003

08 Antilogo No. 1;
09 Antilogo No. 8;
10 Antilogo No. 9;
11 Antilogo No. 18

Tutte le immagini in questa pagina e nelle precedenti / *All the images on this and previous pages*:
Courtesy Galerie Luciano Fasciati, Chur and Blancpain art contemporain, Geneva

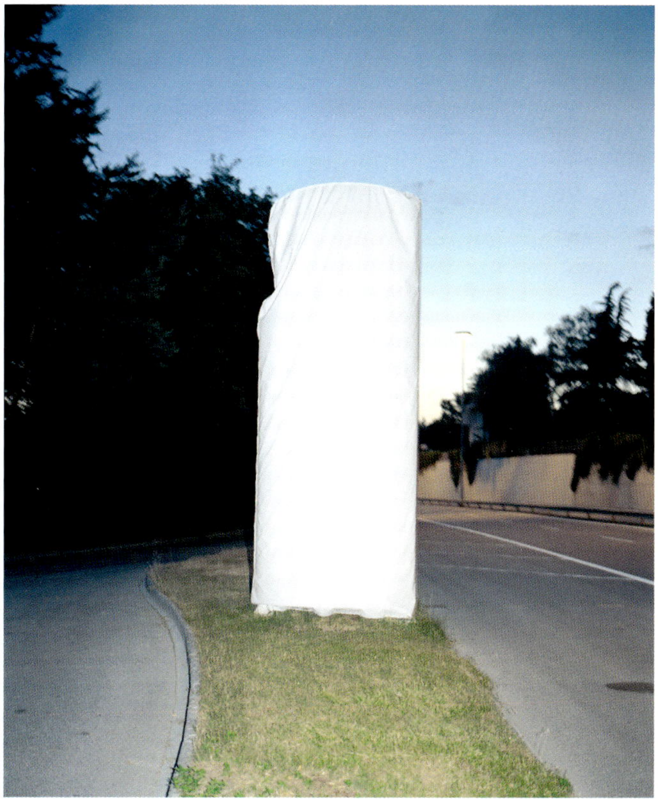

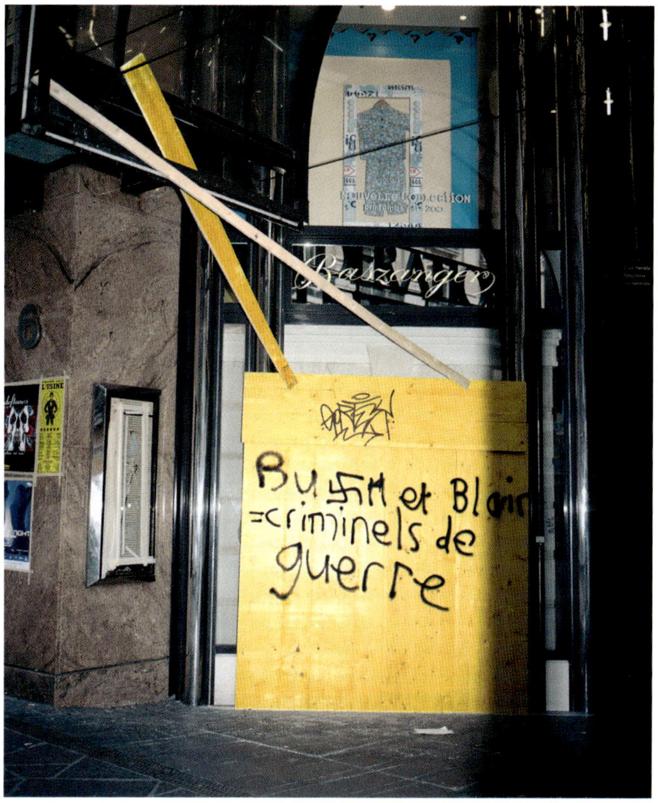

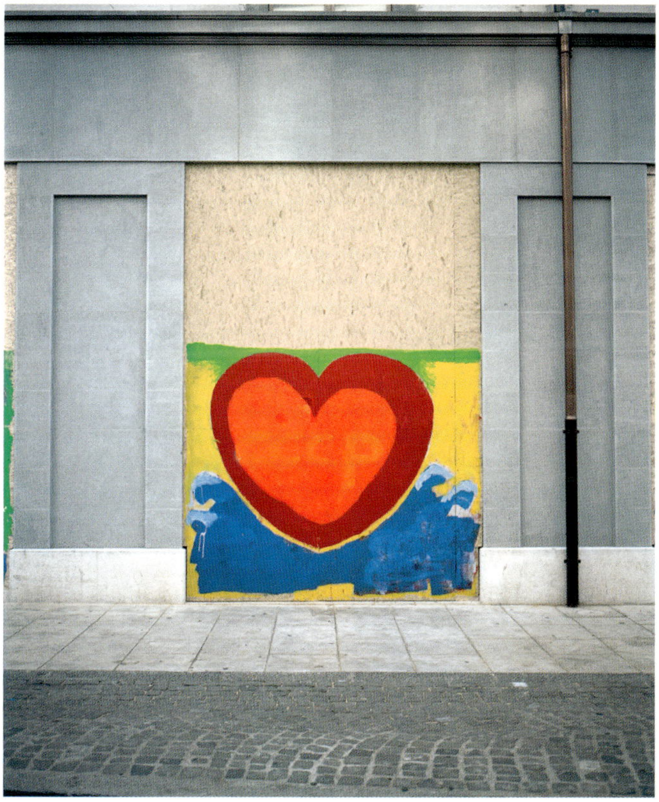

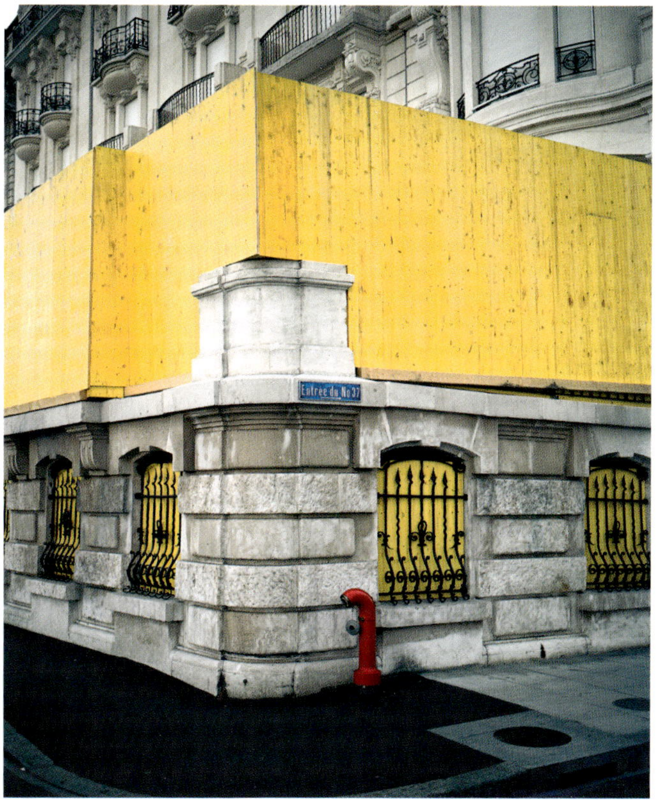

08
10

09
11

Opportunity for Action - A Story of Onna 1944-2010
Fotografie e testi, incorniciati separatamente
photos and texts, separately framed
work in progress
26,5 x 33 cm; 12 x 33 cm
Courtesy l'artista / *the artist*

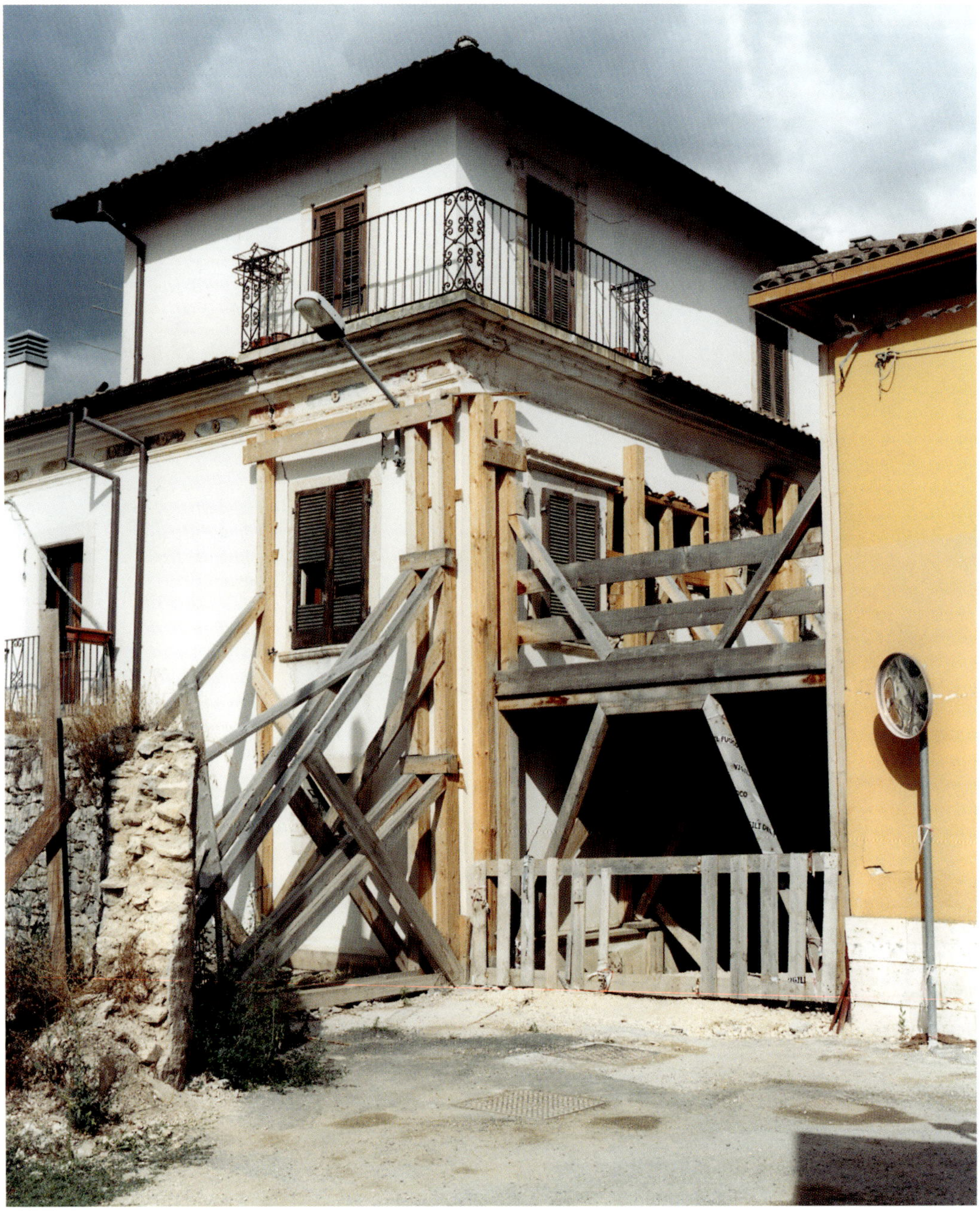

29 April 2009
Italian Prime Minister Silvio Berlusconi decides to move the July G8 summit from La Maddalena Island, Sardinia to the earthquake region of L'Aquila

Il primo ministro italiano Silvio Berlusconi decide di spostare il summit del G8 di luglio dall'isola della Maddalena in Sardegna alla regione terremotata dell'Aquila

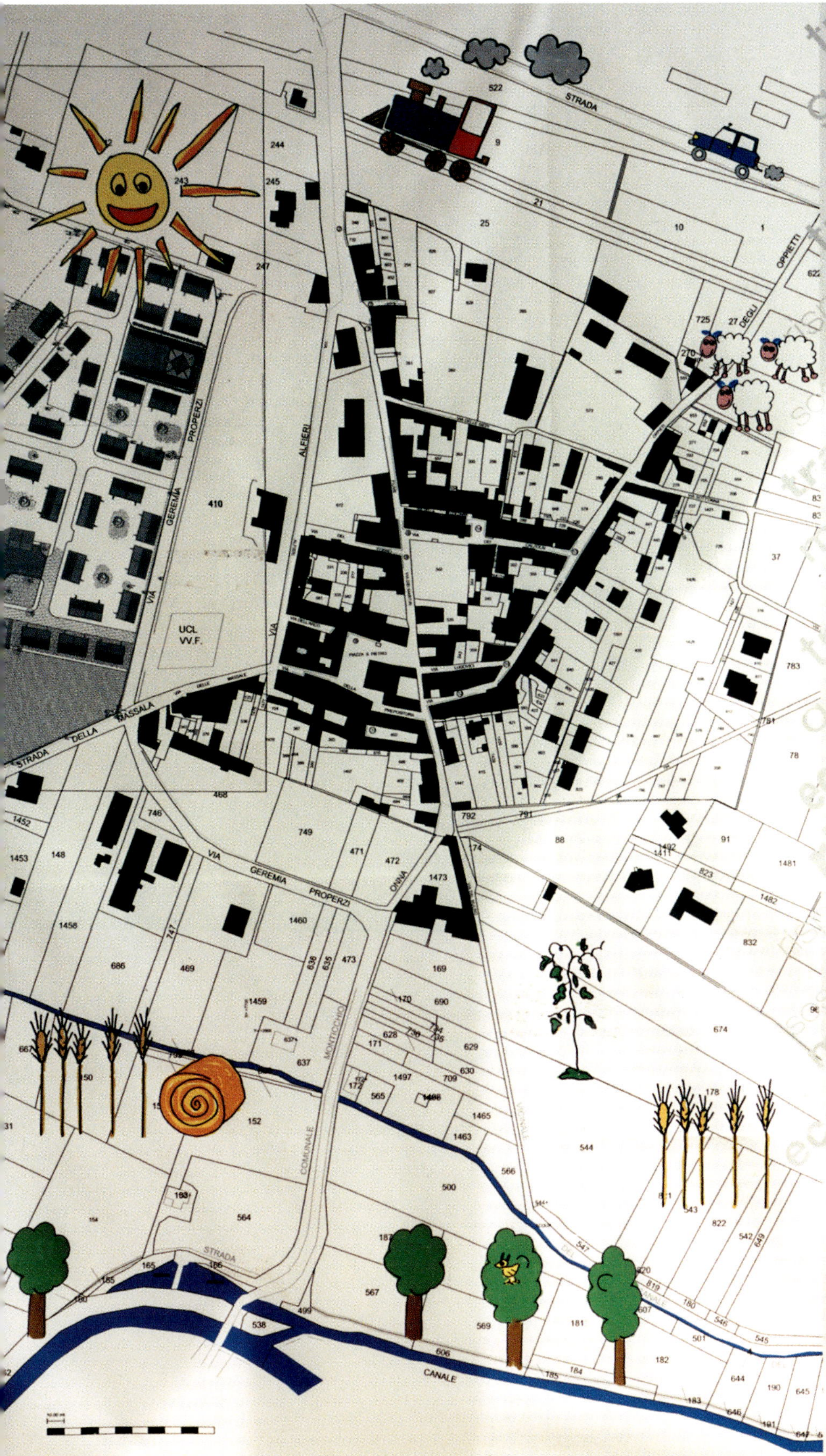

MASTERPLAN PER ONNA
con la partecipazione dei cittadini

aprile 2010

HIROSHI SUGIMOTO

Le fotografie di Hiroshi Sugimoto esprimono un'attitudine concettuale che mira a spogliare le immagini fino alla loro essenza, sottolineando il primato dell'idea più che dell'oggetto rappresentato. I suoi celebri paesaggi marini o i suoi diorami esprimono un concetto della fotografia simile a una sorta di macchina del tempo, un modo per preservare o costruire ricordi ed emozioni.

Hiroshi Sugimoto's photographs convey a conceptual attitude aimed at stripping images down to their bare essence, thus emphasizing the primacy of the idea over the object portrayed. His famous marine landscapes and dioramas express a view of photography as a sort of time machine – a way of preserving or constructing memories and emotions.

Fidel Castro, 1999
Black and white photograph
149 x 119 cm
Courtesy Sonnabend Gallery, New York

Pope John Paul II, 1999
Black and white photograph
149 x 119 cm
Courtesy Collezione Rosa e Gilberto Sandretto

La serie *Portraits* nasce nel 1999 con il ritratto di re Enrico VIII d'Inghilterra, ispirato all'opera del pittore olandese Hans Holbein; come dice lo stesso Sugimoto, l'intenzione è quella di diventare "the first sixteenth-century photographer". La serie è poi proseguita con soggetti diversi, come celebri personaggi della contemporaneità entrati a far parte dell'immaginario collettivo, come il *lider máximo* cubano Fidel Castro o papa Giovanni Paolo II.

Le opere non sono i ritratti dei soggetti originali ma di sculture in cera che li riproducono nel modo più iperrealista possibile. Le figure sono illuminate da una fonte di luce diretta e si stagliano con forza su uno sfondo nero in modo estremamente teatrale, riprendendo pose tipiche dei personaggi ma isolandole da qualsiasi contesto ed esaltando così il loro effetto di icone, più che di esseri umani.

Per queste opere Sugimoto non utilizza il suo tipico formato 50 x 60 cm. Tuttavia esse si pongono in continuità con la sua peculiare concezione della natura della fotografia e del suo rapporto con la storia e il tempo. Qui egli avvia una riflessione sul ritratto e sul processo di traduzione di un'immagine attraverso media diversi, esaltando il problematico "effetto di realtà" della riproduzione fotografica.

Guardando con attenzione si possono notare piccole sproporzioni fra le parti del corpo o strani effetti di luce dovuti al suo riflettersi sulla cera e non su pelle vera. Queste immagini tuttavia ci inducono a guardarle come facciamo con le altre fotografie, cioè pensando al soggetto reale che ritraggono, divenendo quindi paradossalmente più "vere" delle statue in cera che costituiscono i loro reali soggetti. Diversi livelli di riproduzione sono in gioco: dal soggetto originale a una prima fotografia servita da modello per la statua di cera che poi Sugimoto ha ritratto nella sua opera fotografica.

Il nostro sguardo è fortemente attratto dalla straordinaria eleganza e cura estetica delle opere, in cui emergono le magnifiche capacità tecniche di Sugimoto e la sua tipica, infinita ricchezza di sfumature di bianchi, grigi e neri. Nonostante ciò, queste opere rimangono decisamente fredde da un punto di vista emotivo. Sono una riflessione concettuale sull'idea stessa del ritratto e sul suo valore politico o culturale di icona dei personaggi rappresentati, rinunciando esplicitamente a una visione realistica dei personaggi che hanno per soggetto. L'artista sembra far collassare il senso del tempo naturale ed esaltare quello assoluto. Arriva a una condizione di equilibrio tra vita e morte che è tipica della fotografia ma anche del genere del ritratto, in cui ciò che conta non è la realtà o la vita del soggetto ma il suo valore come immagine in sé, al di là del tempo e della vita ordinaria.

The *Portraits* series was first developed in 1999, starting from a portrait of King Henry VIII of England inspired by the work of Dutch painter Hans Holbein. Sugimoto's self-professed aim was to become "the first sixteenth-century photographer." The series then continued with different subjects, including famous contemporary figures who have entered the collective imagination, such as the Cuban *lider máximo* Fidel Castro and Pope John Paul II.

Sugimoto's works are not portraits of the original subjects, but of wax sculptures reproducing them in the most hyper-realist way possible. The figures are illumined by a source of direct light and strongly stand out against a black background in an extremely theatrical way, imitating poses typical of the characters they represent, while removing them from all context and thus emphasizing their nature as icons rather than human beings.

For these works Sugimoto has not made use of the 50 x 60 cm format that is typical of him. Yet, they stand in continuity with the artist's unique reflection upon the nature of photography and its relation to history and time. Here he embarks upon a reflection on portraiture and the process whereby an image is translated using different media, emphasizing the problematic "realistic effect" of photographic reproduction.

An attentive gaze will notice small disproportions in the various parts of the subjects' bodies or strange lighting effects due to the way in which light reflects on wax as opposed to real skin. Still, these pictures invite us to look at them as we would other photographs. Thinking, that is, about the genuine subjects they portray, something that paradoxically makes them "more real" than the wax statues that constitute their actual subjects. Different levels of reproduction are at play here: from the original subject to an initial photograph that served as a model for the wax statue that Sugimoto then portrayed in his photographic work.

Our gaze will strongly be drawn towards the extraordinary elegance and aesthetic refinement of these works, which reveal the uncommon technical abilities of Sugimoto, marked as they are by the endless range of white, grey and black shades typical of him. Despite all this, his works remain emotionally cold: they consist in conceptual reflections upon the very notion of portrait and its political and cultural value as an icon of the characters it represents, and explicitly forgo any realist view of the individuals they take as their subjects. The artist seems to be causing all sense of natural time to collapse – in such a way as to stress that of absolute time. He attains a balance between life and death that is characteristic of photography but also of portraiture, whereby what counts is not the reality or the life of a subject, but the latter's value as an image in itself, beyond time and everyday life.

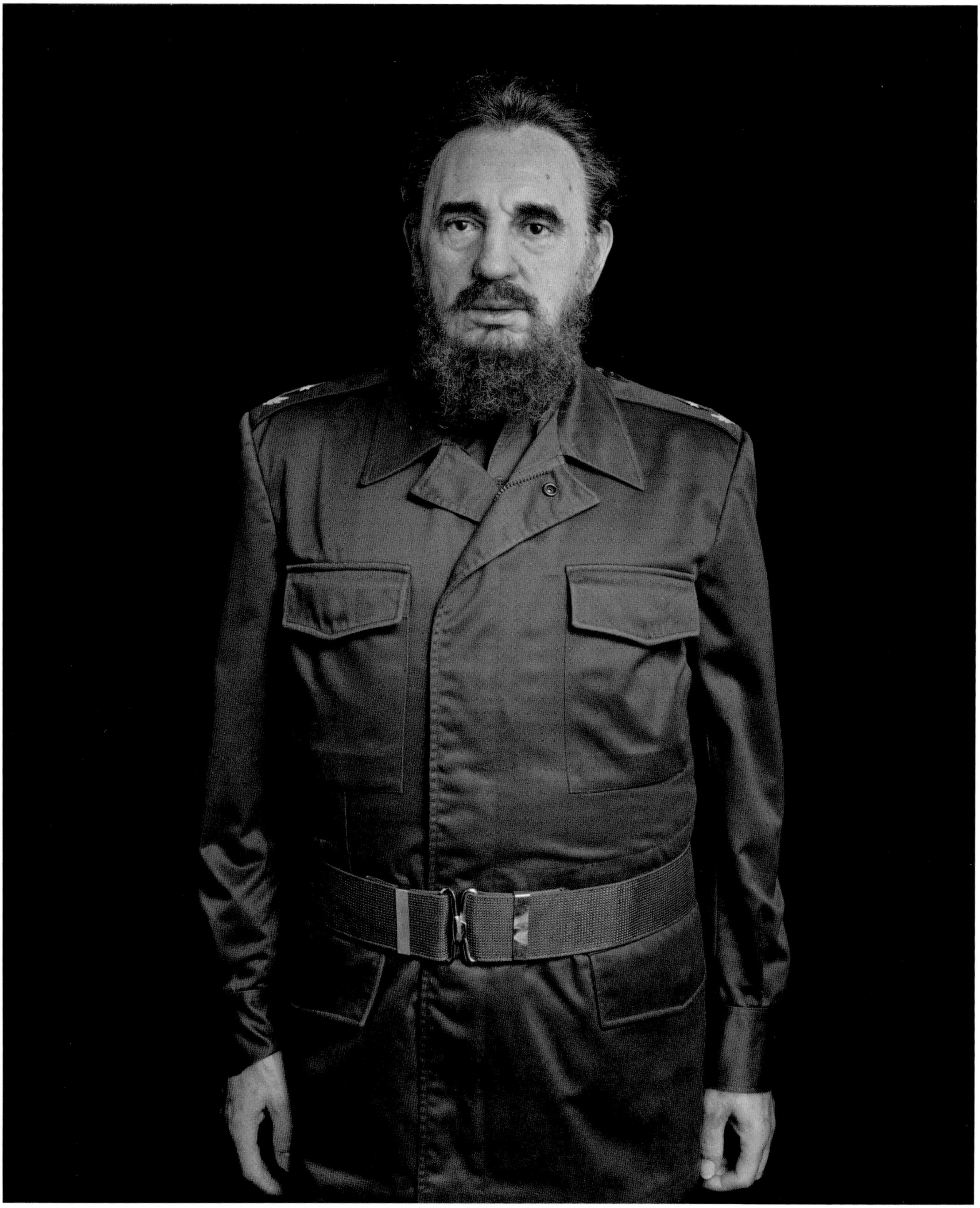

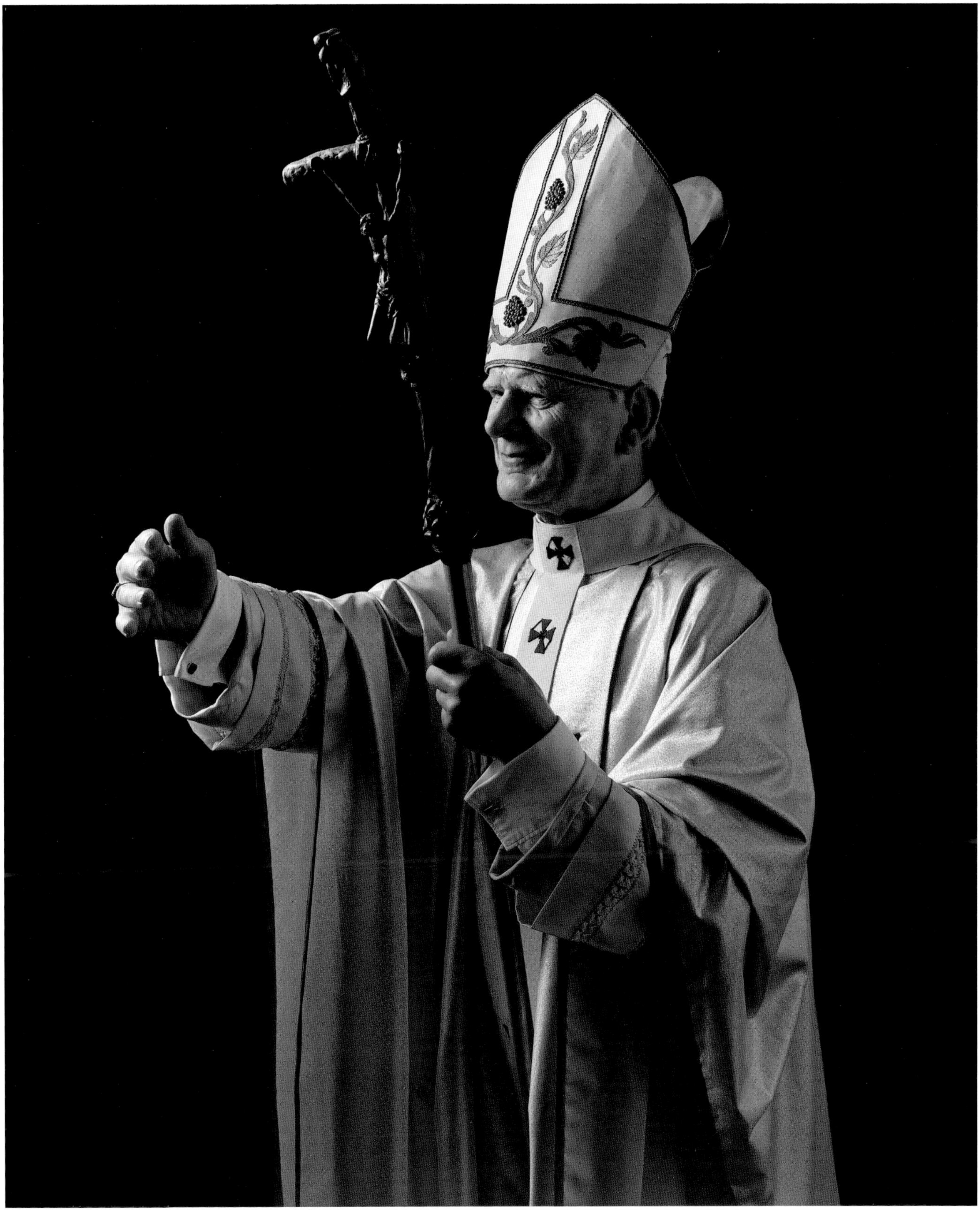

THE YES MEN

The Yes Men è un gruppo di *net artists* e attivisti statunitensi che, spesso nascondendo le proprie identità reali, praticano la cosiddetta *guerrilla communication*. L'attività del gruppo si basa sulla sovversione delle strategie di comunicazione di istituzioni e aziende multinazionali.

The Yes Men is a group of American net-artists and activists who, often concealing their real identity, practice so-called guerrilla communication. The work of the group is based on the subversion of the communication strategies of institutions and multinational corporations.

Il loro lavoro è frutto di un'unione tra contaminazione di media, riflessione sulla manipolazione dell'informazione e performance artistica. Nei loro diversi progetti e azioni gli Yes Men si insinuano in contesti come conferenze internazionali o canali di informazione come reti televisive o siti web interpretando il ruolo di rappresentanti di istituzioni o aziende. Sebbene potenzialmente credibili, tramite le loro affermazioni e dichiarazioni spiccatamente esagerate o del tutto improbabili trasformano in caricatura il personaggio che fingono di essere e allo stesso tempo sovvertono la credibilità delle istituzioni che fingono di rappresentare. Nel 1999 i due fondatori del gruppo, Andy Bichlbaum e Mike Bonanno, raggiunsero fama internazionale attraverso la costruzione di un falso sito web della World Trade Organization (WTO), che promuoveva la nascita di una nuova moderna tratta di schiavi tra l'Africa e le multinazionali occidentali.

Un caso rivelatore dell'attività degli Yes Men risale al 3 dicembre del 2004, quando Andy Bichlbaum apparve di fronte alle telecamere della BBC World assumendo l'identità di Jude Finisterra, fittizio portavoce della Dow Chemical, la multinazionale proprietaria della Union Carbide, azienda responsabile del disastro chimico avvenuto nella regione della città di Bhopal in India: durante la notte fra 2 e 3 dicembre 1984 uno stabilimento di pesticidi abbandonato, ma mai correttamente smantellato e bonificato, sprigionò una nube di gas tossico che causò 3000 morti nell'immediato e 120.000 negli anni successivi, con gravi conseguenze ambientali a lungo termine. Nell'intervista in diretta con la BBC, nel giorno del ventesimo anniversario della catastrofe, il finto portavoce annunciò che la Dow Chemical si era finalmente dichiarata disposta a indennizzare le vittime in India per la cifra complessiva di dodici miliardi di dollari.

Sebbene l'azienda si fosse subito affrettata a smentire queste dichiarazioni, nei venti minuti successivi all'intervista le azioni della Dow Chemical avevano perso il 4% del proprio valore. Inoltre, il disastro di Bhopal era riuscito a tornare di attualità e a riguadagnare l'attenzione dell'opinione pubblica. Si calcola che dal 2004 a oggi, anche a causa dell'azione degli Yes Men, il valore delle azioni della

It springs from an encounter between the cross-contamination of different media, enquiry into the manipulation of information, and artistic performance. In their various projects and actions the Yes Men gain access to events such as international conferences or to information channels such as television networks or websites by presenting themselves as the representatives of institutions or companies. While potentially credible, by making strikingly exaggerated or totally absurd statements and claims they turn into caricatures of the roles they are impersonating, thus subverting the credibility of the institutions they pretend to be representing. In 1999, the two founders of the group, Andy Bichlbaum and Mike Bonanno, acquired international fame by setting up a fake website of the World Trade Organization (WTO), which promoted the development of a modern slave trade between Africa and Western multinational corporations.

A revealing episode in the Yes Men's career occurred on 3 December 2004, when Andy Bichlbaum appeared in front of BBC cameras in the role of Jude Finisterra, a fictional spokesmen for Dow Chemical – the multinational corporation that owns Union Carbide, the company responsible for the chemical disaster that took place in the area around the city of Bhopal in India. On the night between 2 and 3 December 1984, an abandoned pesticide plant that had never been properly dismantled and purified released a cloud of toxic gas that caused 3,000 deaths in the immediate aftermath of the accident and 120,000 over the course of the following years, as well as very serious long-term environmental damage. In the interview the BBC conducted on the day of the twentieth anniversary of the catastrophe, the phony Dow Chemical spokesmen announced that his company was finally willing to offer compensation to all the victims of the disaster in India, for a total of around twelve billion dollars.

While the company immediately denied these statements, in the twenty minutes that followed the interview Dow's stocks lost 4% of their value. Besides, the action also helped to bring the Bhopal disaster into the spotlight again and to once more draw the attention of the public on the matter. It is estimated that since 2004, partly because of this action organized by the Yes Men, Dow's stock has declined in value by two billion dollars.

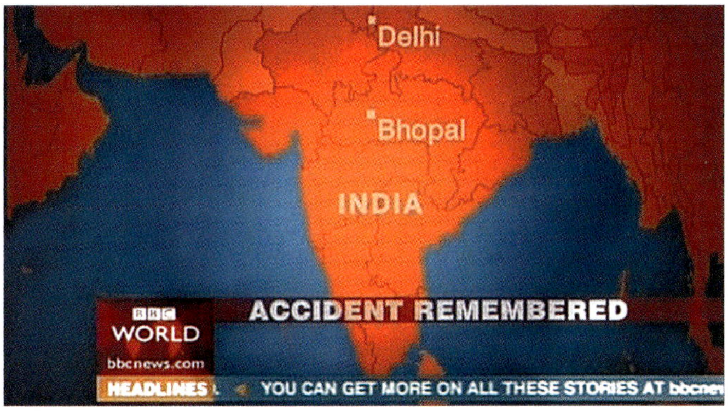

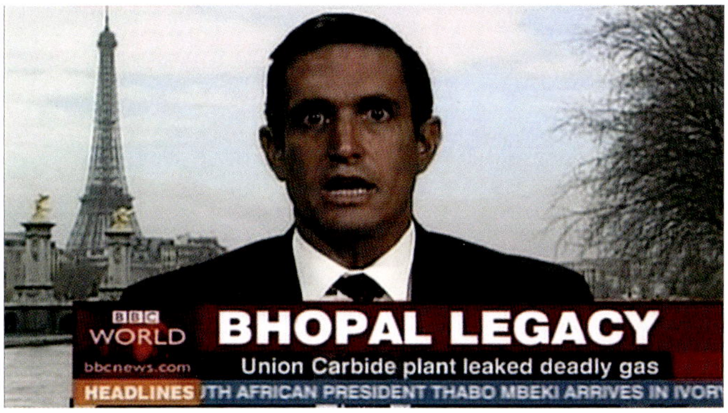

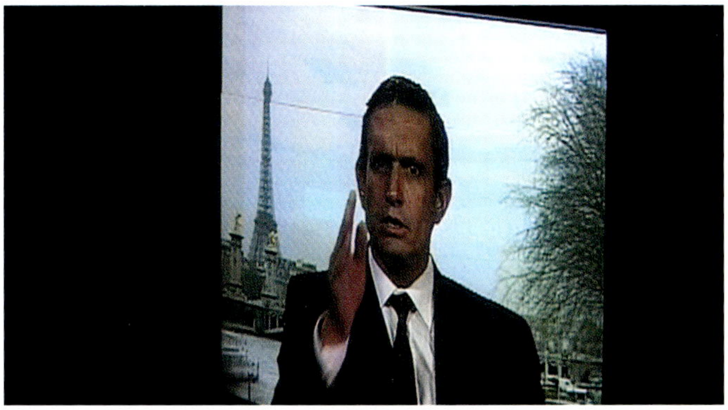

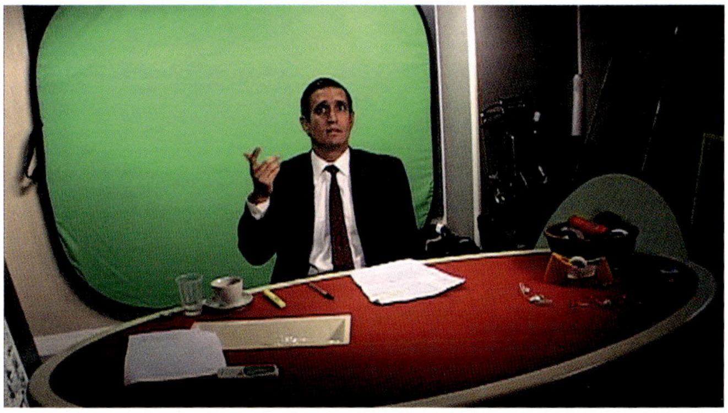

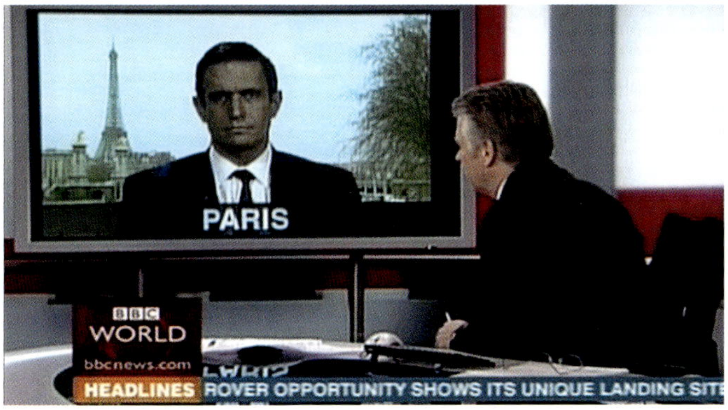

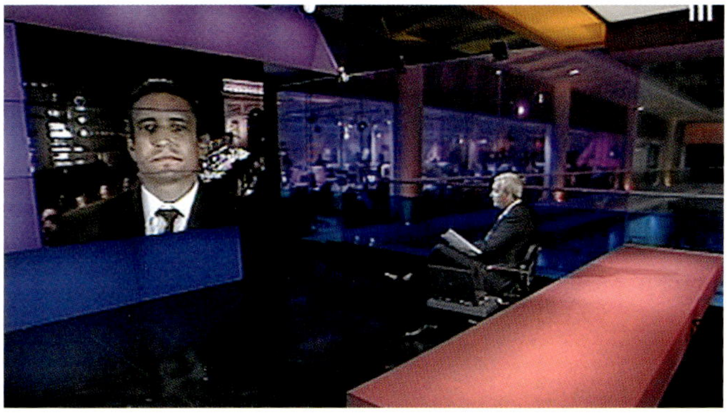

Still da / *stills from* **The Yes Men Fix the World**, 2009
Video, 85′
Courtesy The Yes Men

Dow Chemical sia diminuito di circa due miliardi di dollari.

La contestazione del potere da parte degli Yes Men si basa sul principio della contro-informazione. La loro *guerrilla communication* va ricondotta a strategie sovversive di attivismo politico che possiamo confrontare a quelle attuate dai situazionisti negli anni cinquanta o dagli hacker informatici negli anni ottanta e novanta. Costruendo finte campagne stampa su diversi media, in primo luogo Internet, da dove diffondono false dichiarazioni, mettono in crisi un'azienda o un governo colpendone la reputazione pubblica. La loro azione diviene così più forte rispetto ad altre strategie di contestazione, in quanto le moderne multinazionali, le istituzioni e gli enti politici basano la loro credibilità, e dunque il loro potere, sulla studiata costruzione di un'immagine pubblica positiva. Nel mondo contemporaneo della società dell'immagine, l'attacco al potere di un'autorità economica o politica diviene più efficace se rivolto alla sua facciata anziché ai suoi meccanismi interni.

The Yes Men's challenging of power is based on the principles of counter-information. Their guerrilla communication is rooted in subversive strategies of political activism that may be compared to those of the Situationists of the 1950s and of computer hackers in the 1980s and 1990s. By launching fake press campaigns on various media – and primarily the Internet – in order to circulate false statements, the group challenges companies and governments, marring their public reputation. Their action proves more effective than other protest strategies, as modern corporations, institutions and political bodies base their own credibility, and hence power, on the well-planned construction of a positive public image. In the contemporary society of images, attacks against the power of an economic or political authority will prove more effective if they are directed against its façade as opposed to its internal mechanisms.

CRONOLOGIA DEL DISASTRO DI BHOPAL / BHOPAL DISASTER TIMELINE

1960 · 1970 · 1980

May 20, 1969
La Union Carbide Corporation apre uno stabilimento a Bhopal, India /
Union Carbide Corporation opens a factory in Bhopal, India

July 21, 1969
LStudi sul carburo dimostrano i rischi di inquinamento delle falde acquifere /
Carbide study shows risk of groundwater pollution

May 30, 1973
La UCC risparmia 8 milioni di dollari usando tecnologie "non certificate" /
UCC saves US$8 million using "unproven technology"

November 24, 1978
Incendio in uno dei punti "non certificati" dello stabilimento di Bhopal /
Fire in "unproven" unit at Bhopal plant

December 15, 1978
Prima fuga di gas /
First Gas leak accident

December 25, 1981
Una fuoriuscita di fosgene uccide un addetto alla manutenzione, Ashraf Khan /
Leak of phosgene gas kills maintenance worker, Ashraf Khan

May 14, 1982
Un controllo sulla sicurezza della fabbrica mostra gravi inadempienze /
Safety audit of the plant finds major faults

September 16, 1982
Il giornalista Rajkumar Keswani pubblica il primo di quattro articoli che denunciano i pericoli dello stabilimento della UCC /
Journalist Rajkumar Keswani publishes first of four articles warning of the danger posed by UCC plant

October 10, 1983
Non viene preso alcun provvedimento per fermare l'evaporazione di pozze di liquido tossico /
No action taken to fix leaking toxic solar evaporation ponds

June 15, 1984
Il sistema di raffreddamento dell'isocianato di metile (MIC) viene spento per risparmiare 37 dollari al giorno /
Methyl isocyanate (MIC) cooling system switched off to save US$37 a day

December 2, 1984
40 tonnellate di MIC fuoriescono dalla cisterna E160. Durante la notte muoiono 5-10.000 persone. Molti altri muoiono nelle settimane successive e altre centomila persone vengono colpite da malattie incurabili /
40 tons of MIC Leaks from tank E160. 5-10,000 people die overnight. More die in ensuing weeks and a hundred thousand more are left with lifelong illness

> "It will take just an hour, at most an hour-and-a-half, for every one of us to die."

Bhopal journalist Rajkumar Keswani more than two years before the disaster
Il giornalista Rajkumar Keswani, più di due anni prima del disastro

La catastrofe di Bhopal è considerata il peggior disastro industriale della storia. Questa cronologia fornisce il contesto per capire come mai The Yes Men hanno finto di essere i rappresentanti dell'azienda responsabile della tragedia e hanno annunciato alla BBC World News che finalmente – dopo due decenni – stavano per fare la cosa giusta.

The Bhopal catastrophe is regarded as the worst industrial disaster in history. This timeline provides a context for understanding why The Yes Men impersonated the company responsible for the tragedy and announced on BBC World News that they were finally – after two decades – going to do the right thing.

1990 · 2000 · 2010

February 15, 1989

La UCC stabilisce un indennizzo di 470 milioni di dollari. Molte vittime rifiutano l'accordo e non ottengono nessun altro risarcimento /
UCC agrees to pay US$470 million settlement. Many victims reject the agreement and never see compensation

April 8, 1993

Il CEO Warren Anderson e la UCC sono dichiarati ufficialmente "latitanti" /
CEO Warren Anderson and UCC officially declared "absconders"

February 2001

Dow Chemical acquisisce la UCC per 10,3 miliardi di dollari, rifiutando di assumersi qualsiasi responsabilità per il disastro /
Dow Chemical buys UCC for US$10.3 billion, denies any claims of liability for the disaster

2004

Greenpeace conferma la contaminazione diffusa delle falde acquifere a causa dell'abbandono dello stabilimento e dei residui tossici di Bhopal /
Greenpeace confirms widespread groundwater contamination due to reckless abandonment of the Bhopal site and settling ponds

December 3, 2004

Ventesimo anniversario del disastro. Gli Yes Men impersonano la Dow sulla BBC e annunciano un finto risarcimento, che fa precipitare il valore delle azioni della Dow di più di 2 miliardi di dollari in pochi minuti /
Twentieth anniversary of the disaster. Yes Men impersonate Dow on the BBC and pull off fake compensation announcement, sinking Dow stock value more than US$2 billion in minutes

June 7, 2010

Nei tribunali indiani viene emesso un primo verdetto di colpevolezza nel processo penale a carico dei funzionari della UCC. Otto persone sono condannate a due anni di prigione per negligenza criminale. Queste condanne sono in attesa della sentenza di appello. Le vittime di Bhopal continuano a protestare contro la troppa clemenza. L'acqua di Bhopal rimane tossica, producendo nuove generazioni di vittime dopo quasi trent'anni /
In Indian courts, a guilty verdict is finally reached in the criminal trial of Union Carbide officials. Eight UCC executives are convicted of criminal negligence and sentenced to two years in jail. The sentences are under appeal. Bhopal victims continue to protest the leniency. Water in Bhopal remains toxic, producing new generations of victims nearly 30 years later

biografie
biographies

Biografie degli autori
Authors' Biographies

Stephen Duncombe è professore associato presso la Gallatin School della New York University. È docente ed esperto di storia dei mezzi di comunicazione alternativi e di massa e dell'intersezione tra cultura e politica. Ha scritto *Dream: Re-Imagining Progressive Politics in an Age of Fantasy* e *Notes from Underground: Zines and the Politics of Alternative Culture*. È direttore di *Cultural Resistance Reader* e coautore di *The Bobbed Haired Bandit: A True Story of Crime and Celebrity in 1920s New York*. Ha anche scritto molti articoli di cultura e politica per riviste scientifiche e per pubblicazioni popolari come il "New York Times" o il "Nation". Nel 1998 ha ricevuto il Chancellor's Award for Excellence in Teaching dalla State University di New York, dove ha insegnato prima di entrare alla New York University. È un attivista politico di lunga data e attualmente lavora a un libro sul tema della propaganda durante il periodo del New Deal.

Stephen Duncombe is an Associate Professor at the Gallatin School of New York University. He teaches and writes on the history of mass and alternative media and the intersection of culture and politics. He is the author of *Dream: Re-Imagining Progressive Politics in an Age of Fantasy* and *Notes from Underground: Zines and the Politics of Alternative Culture*; the editor of the *Cultural Resistance Reader*; and the coauthor of *The Bobbed Haired Bandit: A True Story of Crime and Celebrity in 1920s New York*. He also writes widely on culture and politics for scholarly journals and collections, as well as popular publications like the *New York Times* or the *Nation*. In 1998, he was awarded the Chancellor's Award for Excellence in Teaching by the State University of New York, where he taught before coming to New York University. He has been a lifelong political activist and is currently working on a book about propaganda during the New Deal.

Peter Funnell è curatore della sezione dei ritratti del XIX secolo e direttore dei programmi di ricerca presso la National Portrait Gallery di Londra. Dopo gli studi presso l'University College di Londra, ha conseguito un dottorato in storia dell'arte presso la Oxford University. Un anno di ricerca presso la Yale University lo ha portato a risiedere negli Stati Uniti alla metà degli anni ottanta. Da quando ha iniziato a lavorare alla National Portrait Gallery nel 1990, ha curato numerose mostre e ha diretto importanti progetti, che vanno dalla riorganizzazione dell'allestimento del primo piano del museo alla direzione della ricerca su diecimila ritratti per l'*Oxford Dictionary of National Biography* di cui è Consultant Editor. Attualmente unisce la sua attività curatoriale al coordinamento e alla promozione dei programmi di ricerca del museo. È specialista nella ritrattistica ottocentesca e ha pubblicato e tenuto numerose lezioni sulla teoria artistica inglese e il contesto artistico londinese nel Settecento e nell'Ottocento, la rappresentazione della mascolinità nel ritratto britannico e la storia degli allestimenti museali.

Peter Funnell is Curator of Nineteenth-Century Portraits and Head of Research Programmes at the National Portrait Gallery, London. He studied at University College, London and took a doctorate in the history of art at Oxford University. A year-long fellowship at Yale University led to his working and living in the United States in the mid 1980s. Since joining the National Portrait Gallery in 1990 he has curated a number of exhibitions and led major projects ranging from the redevelopment of the Gallery's first-floor displays to directing the research of 10,000 portrait illustrations for the *Oxford Dictionary of National Biography* of which he is a Consultant Editor. He currently combines his curatorial responsibilities with co-ordinating and promoting research at the Gallery. He specializes in nineteenth-century portraiture and has also published and lectured on British art theory and the London art world in the eighteenth and nineteenth centuries, the representation of masculinity in British portraiture, and the history of museum display.

Franziska Nori è direttore del Centro di Cultura Contemporanea Strozzina di Firenze, per il quale ha anche curato le mostre "Sistemi Emotivi" (2007), "Arte, Prezzo e Valore" (2008), "Gerhard Richter e la dissolvenza dell'immagine nell'arte contemporanea" e "As Soon As Possibile. L'accelerazione nella società contemporanea" (2010). In precedenza è stata project leader del digitalcraft.org Kulturbüro di Francoforte, con cui ha organizzato mostre dedicate a temi della cultura digitale, come "I Love You", sul mondo degli hacker e dei virus informatici, o "adonnaM.mp3", un'analisi del file- e network-sharing sulla rete. Dal 2005 al 2007 ha fatto parte del comitato scientifico della New Media International School dell'Università di Lubecca. Nel 1998 ha ricevuto l'incarico, da parte della Commissione Europea, di effettuare una valutazione sulle future strategie per i musei europei che lavorano con i new media. Dal 1994 ha lavorato come curatrice indipendente per istituzioni internazionali come la Schirn Kunsthalle di Francoforte, il Museum für Moderne Kunst di Vienna, il Museo Nacional Reina Sofia di Madrid e la Fundación la Caixa a Palma di Maiorca.

Franziska Nori is currently director of the Centre of Contemporary Culture Strozzina in Florence, where she has also curated the exhibitions *Emotional Systems* (2007), *Art, Price and Value* (2008), *Gerhard Richter and the disappearance of image in contemporary art* and *As Soon As Possible. Acceleration in Contemporary Society* (2010). Prior to this position she was project leader of the digitalcraft.org Kulturbüro in Frankfurt, which has organized exhibitions devoted to trends in digital culture, including *I Love You*, about the world of hackers and computer viruses, or *adonnaM.mp3*, an analysis of file- and network-sharing on the Internet. From 2005 to 2007 she has been a member of the scientific committee of the New Media International School at the University of Lübeck. In 1998 she was appointed by the European Commission to draw up an appraisal of future strategies for European museums showcasing new media. Since 1994 she has worked as independent curator for international institutions as the Schirn Kunsthalle in Frankfurt, the Museum für Moderne Kunst in Vienna, the Museo Nacional Reina Sofia in Madrid and the Fundación la Caixa in Palma de Mallorca.

Biografie degli artisti

Artists' Biographies

Tina Barney (New York, USA, 1945; vive e lavora tra New York e Rhode Island) è una fotografa conosciuta per ritratti di grande formato raffiguranti la sua famiglia o amici, molti dei quali benestanti abitanti di New York e del New England. Il suo lavoro è parte delle collezioni del George Eastman House International Museum of Photography and Film a Rochester, New York; il Museum of Modern Art di New York; il Museum of Fine Arts di Houston, Texas; la JPMorgan Chase Art Collection di New York City. Sue mostre personali si sono tenute presso istituzioni come la Gallery 339, Philadelphia, il Museum der Moderne di Salisburgo, la Barbican Gallery di Londra, il Kemper Museum of Contemporary Art di Kansas City, il Museum Folkwang a Essen, il Museum of Modern Art di New York. Barney ha anche prodotto e co-diretto cortometraggi sui fotografi Jan Groover (*Jan Groover: Tilting at Space*, 1994) e Horst P. Horst (*Horst*, 1988).

Tina Barney (New York, USA, 1945; lives and works in New York and Rhode Island) is an artist photographer best known for her large-scale portraits of her family and close friends, many of whom are well-to-do denizens of New York and New England. Her work is in the collections of the George Eastman House International Museum of Photography and Film in Rochester, New York; the Museum of Modern Art in New York City; the Museum of Fine Arts in Houston, Texas; the JPMorgan Chase Art Collection in New York City. Solo shows have been held at the Museum der Moderne Salzburg, Barbican Gallery, London, Kemper Museum of Contemporary Art, Kansas City, Museum Folkwang, Essen, Museum of Modern Art, New York. Barney has produced or co-directed short films on the photographers Jan Groover (*Jan Groover: Tilting at Space*, 1994) and Horst P. Horst (*Horst*, 1988).

Christoph Brech (Schweinfurt, DE, 1964; vive e lavora a Monaco di Baviera) ha iniziato la sua carriera come pittore e negli ultimi anni ha lavorato molto con la fotografia. Entrambe le discipline, tuttavia, rimangono essenzialmente la base per le sue opere cinematografiche. Dopo gli studi presso la Akademie der bildenden Künste di Monaco, dal 1997 al 2000 è stato assistente universitario. Ha tenuto conferenze presso l'Université du Québec a Montréal e la National Taiwan University a Taipei. Tra le sue mostre personali: (2008) Münchner Stadtmuseum; (2009) Goethe-Institut Taipei, Taiwan; Galerie Carmen Krüger, Bonn; Villa Vivendi, Bad Tölz; (2010) Kunstagenten Contemporary Art Gallery, Berlino; Kreuzkirche, Dresda; Museum Villa Stuck, Monaco di Baviera. Tra le collettive: (2009) "Seeing Songs", Museum of Fine Arts, Boston; Athens Photo Festival; "Moving Stills", MUDAM, Musée d'Art Moderne Grand-Duc Jean, Lussemburgo; (2010) "Natur–Altana Kunstsammlung", Galerie für Zeitgenössische Kunst, Lipsia; Mediterranean Biennial of Contemporary Art, Haifa; Borås Museum of Modern Art, Borås Stad.

Christoph Brech (Schweinfurt, DE, 1964; lives and works in Munich) started his career as a painter and has been deeply involved in photography in recent years. Both painting and photography, however, remain essentially the artistic basis of his cinematographic works. After his studies at the Akademie der bildenden Künste in Munich, from 1997 until 2000 he was given an assistant teaching position. He has also lectured at the Université du Québec in Montréal and at the National Taiwan University in Taipei. Recent solo exhibitions include: (2008) Münchner Stadtmuseum; (2009) Goethe-Institut Taipei, Taiwan; Galerie Carmen Krüger, Bonn; Villa Vivendi, Bad Tölz; (2010) Kunstagenten Contemporary Art Gallery, Berlin; Kreuzkirche, Dresden; Museum Villa Stuck, Munich. Recent group exhibitions include: (2009) *Seeing Songs*, Museum of Fine Arts, Boston; Athens Photo Festival; *Moving Stills*, MUDAM, Musée d'Art Moderne Grand-Duc Jean, Luxembourg; (2010) *Natur–Altana Kunstsammlung*, Galerie für Zeitgenössische Kunst, Leipzig; Mediterranean Biennial of Contemporary Art, Haifa; Borås Museum of Modern Art, Borås Stad.

Bureau d'études è un collettivo artistico con sede a Parigi, fondato nel 1998 da Léonore Bonaccini e Xavier Fourt. Specializzati nella mappatura di diversi temi del potere globale, hanno sviluppato installazioni visive, collettive e fuori dagli spazi artistici istituzionali, affrontando tematiche come le reti di sistemi di raccolta dati o i movimenti di resistenza globale. Collaborano con comunità squatter, di disoccupati e *sans papiers* attraverso il loro spazio autogestito di Strasburgo, il Syndicat Potentiel, o l'Université tangente, un progetto per la produzione di cultura autonoma. Bureau d'études fornisce libero accesso a conoscenze altamente specializzate tramite la produzione di economiche mappe a grande diffusione per specifici eventi, come il Forum Sociale Europeo o il No Border Camp. Hanno influenzato un ampio numero di artisti, architetti e geografi, che stanno esplorando il potenziale della mappatura come strumento di emancipazione; tra questi Hackitectura e Counter-Cartographies Collective.

Bureau d'études is a Paris-based media artists group, founded in 1998 by Léonore Bonaccini and Xavier Fourt. They concentrate on mapping various issues of world governance, developing visual installations, produced collectively and outside the institutional art spaces, dealing with themes such as networks of data-gathering systems and global resistance movements. They collaborate with the unemployed, squatter communities and the *sans papiers* through their self-organized space in Strasbourg, the Syndicat Potentiel, as well as the Université tangente, a project for autonomous knowledge production. Bureau d'études give free access to highly specialized knowledge by producing their maps cheaply in large print runs for specific activist events, such as the European Social Forum and the No Border Camp. They have influenced a growing number of artists, architects and geographers who are exploring the potential of mapping as an emancipatory tool – among these, Hackitectura and Counter-Cartographies Collective.

Fabio Cifariello Ciardi (Roma, IT, 1960, dove vive e lavora) si dedica alla musica strumentale ed elettroacustica e alla creazione di opere multimediali attraverso un approccio "ecologico" e politico, nato dall'interesse per la percezione, la memoria e l'uso della tecnologia applicata a diversi fenomeni acustici che raccontano il nostro presente. Suoi lavori sono stati commissionati, fra gli altri, dalla Biennale di Venezia, l'IRCAM di Parigi, l'IMEB di Bourges, lo Stockholm Electronic Music Studio. Dal 2006 le sue composizioni sono edite da Raitrade. A partire dal 2001, con il collettivo Edison Studio, ha partecipato alla composizione e alla realizzazione delle colonne sonore per film come *Gli ultimi giorni di Pompei* (1913) di Eleuterio Ridolfi o *Das Cabinet des Dr. Caligari* di Robert Wiene (1919). Ha creato software originali per il calcolo della dissonanza, la spazializzazione del suono in tempo reale, la sonificazione in tempo reale degli andamenti dei mercati finanziari e, recentemente, la trascrizione strumentale di voci parlate. È titolare della cattedra di Composizione presso il Conservatorio di Perugia.

Fabio Cifariello Ciardi (Rome, IT, 1960, where he lives and works) is concerned with instrumental and electro-acoustic music. He creates multimedia works with an "ecological" and political approach, due to his interest in perception, memory and the use of technology applied to different acoustic phenomena describing our present times. Some works by him have been commissioned, among others, by the Venice Biennale, the IRCAM in Paris, the IMEB in Bourges, the Stockholm Electronic Music Studio. Since 2006 his works have been published by Raitrade. Starting from 2001, with the Edison Studio collective, he has been taking part in the composition and the realization of soundtracks for movies like *Gli ultimi giorni di Pompei* (The last days of Pompeii by Eleuterio Ridolfi, 1913) and *Das Cabinet des Dr. Caligari* (by Robert Wiene, 1919). He has developed an original software for the calculation of dissonance, the real-time spatialization of sound, the real-time sonification of the trends of financial markets and, recently, the instrumental transcription of speaking voices. He teaches Composition at the Conservatory in Perugia.

Michael Clegg and Martin Guttmann (Dublino e Gerusalemme, 1957; vivono e lavorano tra New York, Vienna e Berlino) collaborano da trent'anni secondo un'idea di arte che può essere definita come un processo di "comunicazione sociale", attraverso fotografia, installazioni e progetti per spazi pubblici. La loro opera è spesso incentrata sull'interazione con il pubblico e su come ciò modifichi istituzioni tradizionali come le gallerie d'arte o le biblioteche. Americani d'adozione, nel 1978 si trasferiscono a New York dove sono allievi di Joseph Kosuth presso la School of Visual Arts. Hanno preso parte a esposizioni internazionali come Documenta, la Whitney Biennial, la Biennale di Venezia, e hanno pubblicato numerosi libri e cataloghi sul loro lavoro. Tra le esposizioni più recenti: (2004) Sigmund Freud-Museum, Vienna; Akademie der bildenden Künste, Vienna; Palais de Tokyo, Parigi; (2006) Cornerhouse, Manchester; Kunstverein, Braunschweig; Secession, Vienna; (2007) Deutsche Guggenheim, Berlino; Museum Morsbroich, Leverkusen; (2008) RLB Kunstbrücke, Innsbruck; Galerie für Zeitgenössische Kunst, Lipsia; (2009) Schirn Kunsthalle, Francoforte; Kunsthalle, Vienna; Kunsthalle, Krems; (2010) Liverpool Biennial.

Michael Clegg and Martin Guttmann (Dublin and Jerusalem, 1957; live and work in New York, Vienna and Berlin) have been working together for thirty years with a notion of art that can be understood as a "social communicative" process, through photography, installations and public space projects. Their work often focuses on the public's interaction and how this transforms traditional institutions such as art galleries and libraries. Americans by adoption, in 1978 they moved to New York where they were students of Joseph Kosuth at the School of Visual Arts. They have taken part at the Documenta, the Whitney Biennial, the Venice Biennale and other international exhibitions and have published several books and catalogues about their work. Recent exhibitions include: (2004) Sigmund Freud-Museum, Vienna; Akademie der Künste, Vienna; Palais de Tokyo, Paris; (2006) Cornerhouse, Manchester; Kunstverein, Braunschweig; Secession, Vienna; (2007) Deutsche Guggenheim, Berlin; Museum Morsbroich, Leverkusen; (2008) RLB Kunstbrücke, Innsbruck; Galerie für Zeitgenössische Kunst, Leipzig; (2009) Schirn Kunsthalle, Frankfurt; Kunsthalle Wien; Kunsthalle Krems; (2010) Liverpool Biennial.

Nick Danziger (Londra, UK, 1958; vive a Monaco) è uno dei più celebri foto-giornalisti del mondo. Dopo una laurea presso la Chelsea School of Art, nel 1982 riceve una borsa di studio del Winston Churchill Memorial e intraprende un viaggio dalla Turchia alla Cina. I diari e le fotografie formano il suo primo libro, *Danziger's Travels* (1987), seguito, nel 1993, da *Danziger's Adventures*. Il suo terzo volume, *Danziger's Britain* (1996), costituisce un'indagine socio-politica sullo stato dell'Inghilterra. Nel 1996 è nominato per la categoria Giornalista dell'Anno dalla Royal Television Society. Il suo libro fotografico, *The British* (2001), è inserito dal "Sunday Times" tra i Photography Books of the Year. Le fotografie di Danziger sono apparse sui giornali e le riviste di tutto il mondo, sono state esposte in gallerie e musei internazionali e sono parte delle collezioni di numerosi musei. Nel 2004 ha ricevuto il primo premio nella categoria "single portrait" dalla World Press Photo. Anche il suo lavoro come documentarista è stato premiato: nel 1991 *War, Lives and Videotape* ha vinto il Prix Italia come miglior documentario per la televisione. Nel 2007 ha ricevuto una Honorary Fellowship dalla Royal Photographic Society.

Nick Danziger (London, UK, 1958, lives in Monaco) is one of the world's most renowned photojournalists. After gaining an MA in Fine Art at the Chelsea School of Art, in 1982 he was awarded a Winston Churchill Memorial Fellowship, and travelled from Turkey to China. The diaries and photographs formed his first book, *Danziger's Travels* (1987) and a second book, *Danziger's Adventures*, followed in 1993. His third book, *Danziger's Britain* (1996) was a social commentary on the state of Britain. In 1996 he was nominated for Journalist of the Year by the Royal Television Society. His photographic book, *The British* (2001), was selected by *The Sunday Times* as one of its Photography Books of the Year. His photographs have appeared in newspapers and magazines worldwide, toured museums and galleries internationally, and are held in numerous museum collections. In 2004, he received the first prize in the portrait category of the World Press Photo awards. His documentary work is also award-winning: in June 1991, his documentary video film *War, Lives and Videotape* won the Prix Italia for Best Television Documentary. In 2007, he was awarded an Honorary Fellowship by the Royal Photographic Society.

Rineke Dijkstra (1959, Sittard, NL; vive e lavora ad Amsterdam) è una fotografa e video-artista, nota per l'interesse nei confronti di ritratti di singoli individui in diversi contesti e situazioni. Dopo gli studi presso la Gerrit Rietveld Academie di Amsterdam, ha iniziato a lavorare come fotografa freelance per riviste come "Elle", "Avenue" ed "Elegance". La sua prima personale ha luogo nel 1984 presso de Moor ad Amsterdam. Le sue fotografie sono state esposte in numerose mostre internazionali come la Biennale di Venezia del 1997 e del 2001 e la Bienal de São Paulo del 1993. Le sue opere sono parte delle collezioni dello Stedelijk Museum di Amsterdam, del Museum Folkwang di Essen e del Museum of Modern Art di New York. Tra le recenti mostre personali: (2005) Galerie nationale du Jeu de Paume, Parigi; Fotomuseum Winterthur; (2006) Rudolfinum, Praga; (2009) "Park Portraits", La Fábrica, Madrid. Tra le collettive: (2007) *Family Pictures*, Solomon R. Guggenheim Museum, New York; (2008) *Street & Studio: An Urban History of Photography*, Tate Modern, Londra e Museum Folkwang, Essen; (2009) *Listen Darling... The World is Yours*, Ellipse Foundation, Cascais; *Video Portraits*, Smith College Museum of Art, Northampton, Massachusetts.

Rineke Dijkstra (1959, Sittard, NL; lives and works in Amsterdam) is a photographer and videoartist, well-known for her focus on the portraying of individuals in different contexts and situations. After studying at the Gerrit Rietveld Academie in Amsterdam, she first began working as a freelance photographer for journals like *Elle*, *Avenue* and *Elegance*. Her first solo exhibition took place in 1984 at de Moor in Amsterdam. Her photographs have appeared in numerous international exhibitions, including the 1997 and 2001 Venice Biennale or the 1998 Bienal de São Paulo. Her works can be seen at the Stedelijk Museum in Amsterdam, at the Museum Folkwang in Essen and the Museum of Modern Art in New York. Recent solo exhibitions include: (2005) Galerie nationale du Jeu de Paume, Paris; Fotomuseum Winterthur; (2006) Rudolfinum, Prague; (2009) *Park Portraits*, La Fábrica, Madrid. Recent group shows include: (2007) *Family Pictures*, Solomon R. Guggenheim Museum, New York; (2008) *Street & Studio: An Urban History of Photography*, Tate Modern, London and Museum Folkwang, Essen; (2009) *Listen Darling... The World is Yours*, Ellipse Foundation, Cascais; *Video Portraits*, Smith College Museum of Art, Northampton, Massachusetts.

Jim Dow (1942, Boston, USA; vive e lavora a New York) si dedica a catturare "lo spirito e l'ingegno umano" in tradizioni regionali in via d'estinzione, da un barbiere a uno stadio di baseball, fino a un antico club privato di New York. Dow si è laureato in graphic design e fotografia press la Rhode Island School of Design (BFA nel 1965 e MFA nel 1968). Nel 1972, 1979 e 1990 ha ricevuto incarichi di ricerca dal National Endowment for the Arts e nel 1975 una borsa dalla Guggenheim Foundation. Nel 1981 il North Dakota Museum lo ha incaricato di realizzare una serie fotografica sull'arte folcloristica locale. Dow ha inoltre fotografato molti luoghi in cui le persone assistono a eventi sportivi negli Stati Uniti, in Gran Bretagna e in Argentina. È stato fotografo ufficiale delle Olimpiadi di Los Angeles e ha ricevuto l'incarico di fotografare tutti gli stadi di baseball più importanti del paese. Il suo lavoro è parte di molte collezioni museali, come l'Art Institute di Chicago, il Canadian Centre for Architecture, la George Eastman House e il Museum of Modern Art di New York.

Jim Dow (1942, Boston, USA; lives and works in New York) is concerned with capturing "human ingenuity and spirit" in endangered regional traditions – ranging from a barbershop to a baseball stadium or an old private New York club. He earned a BFA and a MFA in graphic design and photography from the Rhode Island School of Design in 1965 and 1968 respectively. He received National Endowment for the Arts Fellowships in 1972, 1979 and 1990 and a Guggenheim Fellowship in 1975. In 1981, the North Dakota Museum of Art commissioned him to photograph local environmental folk art. Dow has photographed numerous places where people watch games throughout the United States, Great Britain and Argentina. He was one of the official photographers at the Los Angeles Olympics and has photographed, by commission, all of the major league baseball stadiums in the country. His work is included in a number of institutions, including the Art Institute of Chicago, the Canadian Centre for Architecture, the George Eastman House and the Museum of Modern Art in New York.

Francesco Jodice (Napoli, 1967; vive e lavora a Milano) porta avanti una ricerca che investiga i cambiamenti nel comportamento sociale di individui o intere comunità in diversi ambiti urbani e geografici. Nel 1995 inizia a lavorare con la fotografia, il video, la scrittura e la creazione di mappe. Nel 1996 si laurea in architettura. Nel 2000 è uno dei membri fondatori di Multiplicity, network internazionale di architetti ed artisti. Nel 2004 è cofondatore di Zapruder, autore collettivo che opera in differenti campi di ricerca: dalla geopolitica alle tecnologie informatiche, dall'arte al giornalismo. Dal 2004 è docente di Teoria e Pratica dell'Immagine tecnologica presso l'Università di Bolzano; dal 2005 è docente di Fotografia presso la Nuova Accademia di Belle Arti a Milano. Nel 2008 l'ONU lo ha incaricato di realizzare un cortometraggio in occasione del sessantesimo anniversario della Dichiarazione universale dei diritti umani. Ha partecipato a Documenta, Kassel; Biennale di Venezia; Bienal de São Paulo; Liverpool Biennial; ICP Triennial of Photography and Video, New York. Ha esposto i suoi lavori presso: Tate Modern, Londra; Reina Sofia, Madrid; Castello di Rivoli, Torino; Maison européenne de la photographie, Parigi; Bard College, New York.

Francesco Jodice (Naples, 1967; lives and works in Milan) has developed a research focused on the changes of social behaviour of individuals or communities in different urban and geographical contexts. In 1995 he started to work with photography, film, maps and writings. In 1996 he earned his degree in architecture. In 2000 he was one of the founding members of Multiplicity (an international network of artists and architects) and in 2004 of Zapruder, a collective group that carries out research in different fields, ranging from art to journalism, from geopolitics to information technology. In 2004 he was named professor of Theory and Practice of the Technological Image at the University of Bolzano, and in 2005 professor of Photography at the Nuova Accademia di Belle Arti in Milan. In 2008 the UN commissioned him a short film on the occasion of the sixtieth anniversary of the Universal Declaration of Human Rights. He was featured in major international exhibitions, including Documenta, Kassel; Venice Biennale; Bienal de São Paulo; Liverpool Biennial; ICP Triennial of Photography and Video, New York. His work has been shown at the Tate Modern, London; Reina Sofia, Madrid; Castello di Rivoli, Turin; Maison européenne de la Photographie, Paris; Bard College, New York.

Annie Leibovitz (1949, Westbury, Connecticut, USA; vive e lavora a New York) è una "creatrice di icone", capace di realizzare immagini di personaggi famosi che divengono emblemi delle loro carriere. La sua attività inizia quando, da studente di pittura presso il San Francisco Art Institute nel 1970, frequenta una lezione serale di fotografia. Comincia a lavorare come fotografa per "Rolling Stone" negli anni settanta; nel 1983 passa a "Vanity Fair". Alla fine degli anni ottanta inizia a dedicarsi a importanti campagne fotografiche pubblicitarie. Nel 1991 la sua collezione di oltre duecento fotografie in bianco e nero e a colori è esposta presso la National Portrait Gallery di Washington e viene pubblicato il catalogo *Photographs: Annie Leibovitz 1970–1990*. Nel 1996 viene scelta come fotografa ufficiale per le Olimpiadi di Atlanta. Nel 2005 il Brooklyn Museum of Art le dedica una retrospettiva dal titolo "Annie Leibovitz: A Photographer's Life, 1990–2005".

Annie Leibovitz (1949, Westbury, Connecticut, USA; lives and works in New York) is an icon maker, capable to turn her portraits of the famous into true emblems of their careers. Her photographic activity began when, as a painting student at the San Francisco Art Institute in 1970, she took a night class in photography. She started to work for *Rolling Stone* in the 1970s and in 1983 she left the magazine and began collaborate with *Vanity Fair*. During the late 1980s, Leibovitz started to work on a number of high-profile advertising campaigns. In 1991, her collection of over 200 colour and black-and-white photographs was exhibited at the National Portrait Gallery in Washington, DC. A catalogue was published to accompany the show: *Photographs: Annie Leibovitz 1970–1990*. In 1996, Leibovitz was chosen as the official photographer of the Olympic Games in Atlanta. In 2005, the Brooklyn Museum of Art staged a retrospective show of her work entitled *Annie Leibovitz: A Photographer's Life, 1990–2005*.

Helmut Newton (Berlin, DE, 1920 – West Hollywood, Los Angeles, USA, 2004) è uno dei più conosciuti e acclamati fotografi del XX secolo. Dal 1936 al 1938 studia a Berlino con Yva, fotografo di ritratti, nudi e moda. Nel 1938 lascia Berlino per Trieste, portando con sé due macchine fotografiche. Da qui si sposta in Asia e trova lavoro a Singapore. Nel 1940 arriva in Australia e per cinque anni è arruolato nell'esercito australiano; diventa cittadino australiano nel 1946. Durante gli anni cinquanta viaggia per tutta l'Europa. Nel 1956 ottiene un contratto annuale con "British Vogue", che lascia dopo solo undici mesi. In seguito si trasferisce a Parigi e poi ritorna a Melbourne. Nel 1961 è di nuovo a Parigi, con un impiego a tempo pieno per "Vogue" e occasionali lavori fotografici per "British Vogue" e "Queen". Nel 1975 tiene la sua prima personale presso la Galerie Nikon di Parigi e nel 1976 pubblica il primo volume di fotografie, *White Women*. Nel 2000 la Neue Nationalgalerie di Berlino ha organizzato una grande retrospettiva in occasione del suo ottantesimo compleanno, poi ospitata anche a Londra, New York, Tokyo, Mosca e Praga.

Helmut Newton (Berlin, 1920 – West Hollywood, Los Angeles, 2004) is one of the most well-known and acclaimed photographers of the twentieth century. From 1936 to 1938 he had an apprenticeship in Berlin with photographer Yva, the author of portraits, nudes and fashion shots. In 1938 he left Berlin for Trieste, taking with him two still cameras; then he moved to Asia and found a job in Singapore. In 1940 he arrived in Australia and served for five years in the Australian army, becoming an Australian citizen in 1946. During the 1950s he travelled extensively through Europe and in 1956 signed a one-year contract with *British Vogue*, which nonetheless he quit after only eleven months. He moved to Paris and then back to Melbourne; in 1961 he was in Paris again, with a full-time position with French *Vogue* and occasional editorial photography for *British Vogue* and *Queen*. In 1975 he had his first solo exhibition staged at the Galerie Nikon in Paris and in 1976 he published his first volume of photographs, *White Women*. In 2000 the Neue Nationalgalerie in Berlin organized a large retrospective for his eightieth birthday, travelling to London, New York, Tokyo, Moscow and Prague, among others.

Trevor Paglen (1974, San Francisco, dove vive e lavora) è un artista, scrittore e geografo sperimentale. Ha ottenuto una laurea presso la School of the Art Institute of Chicago e un dottorato in geografia presso l'Università della California, Berkeley, dove attualmente lavora come ricercatore. Tra le personali più recenti: (2008) "The Other Night Sky: Matrix 225", Berkeley Art Museum; (2009) Altman Siegel Gallery, San Francisco; Bellwether Gallery, New York; Galerie Thomas Zander, Colonia; (2010) Secession, Vienna; "A Compendium of Secrets", Kunsthalle Gießen. Tra le collettive: (2007) "6 Billion Perps Held Hostage! Artists Address Global Warming", The Andy Warhol Museum, Pittsburgh; "A Historic Occasion", Massachusetts Museum of Contemporary Art, North Adams; (2008) Transmediale.08, Berlino; Taipei Biennial; (2009) Istanbul Biennial; Havana Biennial; (2010) "Road to Nowhere", FotoFest Biennial, Houston; "Exposed: Voyeurism, Surveillance, and the Camera since 1870", Tate Modern, Londra e MoMA, San Francisco.

Trevor Paglen (1974, San Francisco, where he lives and works) is an artist, writer and experimental geographer. He earned a MFA at the School of the Art Institute of Chicago and a PhD in geography at the University of California, Berkeley, where he currently works as a researcher. Recent solo shows include: (2008) *The Other Night Sky: Matrix 225*, Berkeley Art Museum; (2009) Altman Siegel Gallery, San Francisco; Bellwether Gallery, New York; Galerie Thomas Zander, Cologne; (2010) Secession, Vienna; *A Compendium of Secrets*, Kunsthalle Gießen. Selected group exhibitions include: (2007) *6 Billion Perps Held Hostage! Artists Address Global Warming*, The Andy Warhol Museum, Pittsburgh; *A Historic Occasion*, Massachusetts Museum of Contemporary Art, North Adams; (2008) Transmediale.08, Berlin; Taipei Biennial; (2009) Istanbul Biennial; Havana Biennial; (2010) *Road to Nowhere*, FotoFest Biennial, Houston; *Exposed: Voyeurism, Surveillance and the Camera since 1870*, Tate Modern, London and MoMA, San Francisco.

Martin Parr (Epsom, Surrey, UK, 1952) ha ottenuto fama internazionale grazie a uno stile innovativo e a un originale approccio alla documentazione sociale. Ha studiato fotografia presso il Manchester Polytechnic dal 1970 al 1973. Nel 1994 è diventato membro ufficiale della Magnum Photographic Corporation. Recentemente ha sviluppato un interesse anche in campo cinematografico e ha iniziato a usare la sua fotografia in ambiti diversi, come la moda e la pubblicità. Nel 2002 la Barbican Art Gallery e il National Media Musuem gli hanno dedicato una grande retrospettiva. Nel 2006 ha ricevuto l'Erich Salomon Prize e nel 2008 è stato guest curator per il New York Photo Festival. Tra le sue mostre personali: (2008) "ParrWorld", Haus der Kunst, Monaco di Baviera; (2009) "Parr-O-Rama", Janet Borden, New York; "Planete Parr", Galerie nationale du Jeu de Paume, Parigi; MACRO, Roma; (2010) Stephen Daiter Gallery, Chicago; Studio Trisorio, Napoli. Tra le collettive: (2007) "Turkey by Magnum", Istanbul Modern Sanat Muzesi; "How We Are", Tate Britain, Londra; (2008) "Street & Studio", Tate Modern, Londra; (2009) Rencontres d'Arles; (2010) "Dreamlands", Centre Georges Pompidou, Parigi.

Martin Parr (Epsom, Surrey, UK, 1952) has developed an international reputation for his innovative imagery and his oblique approach to social documentary. He studied photography at Manchester Polytechnic, from 1970 to 1973. In 1994 he became a full member of Magnum Photographic Corporation. In recent years, he has developed an interest in filmmaking, and has started to use his photography within different conventions, such as fashion and advertising. In 2002 the Barbican Art Gallery and the National Media Museum initiated a large retrospective of his work. In 2006 he was awarded the Erich Salomon Prize and in 2008 he was guest curator at New York Photo Festival. Selected solo shows include: (2008) *ParrWorld*, Haus der Kunst, Munich; (2009) *Parr-O-Rama*, Janet Borden, New York; *Planete Parr*, Galerie nationale du Jeu de Paume, Paris; MACRO, Rome; (2010) Stephen Daiter Gallery, Chicago; Studio Trisorio, Naples. Selected group shows include: (2007) *Turkey by Magnum*, Istanbul Museum of Modern Art; *How We Are*, Tate Britain, London; (2008) *Street & Studio*, Tate Modern, London; (2009) Rencontres d'Arles; (2010) *Dreamlands*, Centre Georges Pompidou, Paris.

Wang Qingsong (Heilongjiang, Cina, 1966; vive e lavora a Pechino) è uno dei più importanti artisti contemporanei cinesi, noto per le grandi fotografie che esplorano temi culturali, sociali e politici della Cina contemporanea. Le sue opere sono parte di importanti collezioni pubbliche come The International Center of Photography di New York, la Maison européenne de la Photographie di Parigi, il Philadelphia Museum of Art, il Victoria and Albert Museum di Londra. Tra le mostre personali: (2008) Albion Gallery, Londra; PKM Gallery, Pechino; Baltic Centre for Contemporary Art, Gateshead; Madhouse Contemporary, Hong Kong; (2009) Hammer Museum, Los Angeles; (2010) Centro Andaluz de la Fotografía, Almería. Tra le collettive: (2008) "Cina XXI secolo", Palazzo delle Esposizioni, Roma; "China Gold", Musée Maillol, Parigi; Busan Biennale; (2009) 10th Havana Biennial; 3rd Guangzhou Photo Biennale; (2010) 17th Biennale of Sydney; "Photography from the New China", Getty Museum, Los Angeles.

Wang Qingsong (Heilongjiang, China, 1966; lives and works in Beijing) is one of the most influential contemporary Chinese artists, known for his large-scale photographs that explore the political, social and cultural issues of his country. His works are part of important public collections such as The International Center of Photography in New York, the Maison européenne de la Photographie in Paris, the Philadelphia Museum of Art, the Victoria and Albert Museum in London. Recent solo exhibitions include: (2008) Albion Gallery, London; PKM Gallery, Beijing; Baltic Centre for Contemporary Art, Gateshead; Madhouse Contemporary, Hong Kong; (2009) Hammer Museum, Los Angeles; (2010) Centro Andaluz de la Fotografía, Almería. Selected group exhibitions include: (2008) *Cina XXI secolo*, Palazzo delle Esposizioni, Rome; *China Gold*, Musée Maillol, Paris; Busan Biennale, Korea; (2009) 10th Havana Biennial; 3rd Guangzhou Photo Biennale; (2010) 17th Biennale of Sydney; *Photography from the New China*, Getty Museum, Los Angeles.

Daniela Rossell (Città del Messico, MX, 1973, dove vive e lavora) è una fotografa la cui opera si pone a metà fra la tradizione del ritratto e il documentario sociale. Le sue opere sono parte di collezioni pubbliche come la Tate Gallery di Londra, il New Museum di New York e il Museum of Contemporary Art di Chicago. Tra le mostre personali: (2003) Artpace, San Antonio, Texas; Sprüth Magers Projekte, Monaco di Baviera; Centro Cultural de La Caja de Canarias, Tenerife; (2004) Produzentengalerie, Amburgo; Copenhagen Contemporary Art Center; Blaffer Gallery, The Art Museum of the University of Houston, Texas. Tra le collettive: (2003) "Girls Night Out", Orange County Museum of Art, Newport Beach, California; "ALARMA!", Raid Projects, Los Angeles; "Surreal Estate", Gavin Brown Gallery, New York; (2004) "Looking Backward, Moving Forward", Hood Art Museum, Dartmouth College, Hanover; "The Ten Commandments", Deutsches Hygiene-Museum, Dresda; "Made in Mexico / Hecho en México", UCLA Hammer Museum, Los Angeles e Institute of Contemporary Art, Boston; (2008) "Darkside: Photographic Desire and Sexuality Photographed", Fotomuseum Winterthur.

Daniela Rossell (1973, Mexico City, MX, where she lives and works) is a photographer whose work draws equally from the traditions of society portraiture and sociological documentary. Her works are part of public collections like the Tate Gallery in London, the New Museum in New York and the Museum of Contemporary Art in Chicago. Selected solo exhibitions include: (2003) Artpace, San Antonio, Texas; Sprüth Magers Projekte, Munich; Centro Cultural de La Caja de Canarias, Tenerife; (2004) Produzentengalerie, Hamburg; Copenhagen Contemporary Art Center; Blaffer Gallery, The Art Museum of the University of Houston, Texas. Recent group shows include: (2003) *Girls Night Out*, Orange County Museum of Art, Newport Beach, California; *ALARMA!*, Raid Projects, Los Angeles; *Surreal Estate*, Gavin Brown Gallery, New York; (2004) *Looking Backward, Moving Forward*, Hood Art Museum, Dartmouth College, Hanover; *The Ten Commandments*, Deutsches Hygiene-Museum, Dresden; *Made in Mexico / Hecho en México*, UCLA Hammer Museum, Los Angeles and Institute of Contemporary Art, Boston; (2008) *Darkside: Photographic Desire and Sexuality Photographed*, Fotomuseum Winterthur.

Jules Spinatsch (Davos, CH, 1964; vive e lavora tra Zurigo e Vienna) esplora vari aspetti degli spazi naturali e urbani attraverso uno stile molto personale che unisce fotografia, video e installazione. Ha ricevuto nel 2004 il BMW–Paris Photo Prize, nel 2005 il Prix du Livre – Les Rencontres d'Arles e nel 2009 il Prix du canton de Zürich. Tra le mostre personali: (2008) "Am Ende der Sehnsucht", Kunsthaus Zug; "Eiszeit IV", Blancpain Art Contemporain, Ginevra; (2009) "Alpenglühn Um Mitternacht", FO.KU.S, Innsbruck; "Schleifen – Hart an der Grenze", Galerie Luciano Fasciati, Chur; (2010) "Vienna MMIX 17352/7000", Resselpark, Karlsplatz, Vienna; "3 Floors to Yesterday", Südostschweiz Media, Chur. Tra le collettive: (2008) "Panoramic Scenes", Centre de la photographie, Ginevra; "Shifting Indentities", Kunsthaus, Zurigo; (2009) "The Mountain Show", Wilfried Lentz, Rotterdam; (2010) "Exposed. Voyeurism, Surveillance, and the Camera since 1870", Tate Modern, Londra e MoMA, San Francisco; "Press Art, The Collection Annette and Peter Nobel", Museum der Moderne, Salisburgo.

Jules Spinatsch (Davos, CH, 1964; lives and works in Zürich and Vienna) explores various aspects of natural and urban spaces through a very personal style that joins photography, video and installation. He was awarded the BMW–Paris Photo Prize in 2004, the Prix du Livre – Les Rencontres d'Arles in 2005 and the Prix du canton de Zürich in 2009. Selected solo shows include: (2008) *Am Ende der Sehnsucht*, Kunsthaus Zug; *Eiszeit IV*, Blancpain Art Contemporain, Geneva; (2009) *Alpenglühn Um Mitternacht*, FO.KU.S, Innsbruck; *Schleifen – Hart an der Grenze*, Galerie Luciano Fasciati, Chur; (2010) *Vienna MMIX 17352/7000*, Resselpark, Karlsplatz, Vienna; *3 Floors to Yesterday*, headquarters of Südostschweiz Media, Chur. Selected group exhibitions include: (2008) *Panoramic Scenes*, Centre de la photographie, Geneva; *Shifting Indentities*, Kunsthaus Zürich; (2009) *The Mountain Show*, Wilfried Lentz, Rotterdam; (2010) *Exposed. Voyeurism, Surveillance, and the Camera since 1870*, Tate Modern, London and MoMA, San Francisco; *Press Art, The Collection Annette and Peter Nobel*, Museum der Moderne, Salzburg.

Hiroshi Sugimoto (1948, Tokyo; vive e lavora tra Tokyo e New York) è fotografo e architetto, considerato uno dei più importanti artisti degli ultimi decenni. È conosciuto per le sue serie fotografiche di marine, cinema, diorami, statue di cera e sculture buddiste. Dopo la laurea a Tokyo, nel 1970 si trasferisce a Los Angeles dove consegue una seconda laurea; nel 1974 si sposta a New York. Ha tenuto mostre personali in prestigiose gallerie internazionali, tra cui: Fraenkel Gallery, Gallery Koyanagi, White Cube, Marian Goodman Gallery, Sonnabend Gallery, Gagosian Gallery, o musei come il Centre Georges Pompidou di Parigi, la Serpentine Gallery di Londra, il museo Guggenheim di Bilbao, il Metropolitan Museum of Art di New York, il Museum of Contemporary Art di Los Angeles. Tra le recenti mostre collettive: (2008) "Reality Check: Truth and Illusion in Contemporary Photography", The Metropolitan Museum of Art, New York; "Seascapes: Tryon and Sugimoto", Arthur M. Sackler Gallery, Washington; (2009) "Element of Photography", Museum of Contemporary Art, Chicago; "Mapping the Studio", Punta della Dogana, Venezia; "The Third Mind", Solomon R. Guggenheim Museum, New York; (2010) 17th Biennale of Sydney.

Hiroshi Sugimoto (1948, Tokyo; lives and works in Tokyo and New York) is a photographer and architect, acclaimed as one of the most influential artists of the last decades. He is internationally known for his photographic series of seascapes, movie theatres, dioramas, waxworks and Buddhist sculptures. After graduating with a BFA in Tokyo, in 1970 he left for Los Angeles to get a second BFA, and in 1974 moved to New York. He has held solo exhibitions in prestigious international galleries, including Fraenkel Gallery, Gallery Koyanagi, White Cube, Marian Goodman Gallery, Sonnabend Gallery, Gagosian Gallery, and museums like Centre Georges Pompidou, Paris; Serpentine Gallery, London; Guggenheim Museum, Bilbao; The Metropolitan Museum of Art, New York; Museum of Contemporary Art, Los Angeles. Recent selected group exhibitions include: (2008) *Reality Check: Truth and Illusion in Contemporary Photography*, The Metropolitan Museum of Art, New York; *Seascapes: Tryon and Sugimoto*, Arthur M. Sackler Gallery, Washington, DC; (2009) *Element of Photography*, Museum of Contemporary Art, Chicago; *Mapping the Studio*, Punta della Dogana, Venice; *The Third Mind*, Solomon R. Guggenheim Museum, New York; (2010) the 17th Biennale of Sydney.

The Yes Men si infiltrano nel mondo degli affari e scandalizzano spettatori inconsapevoli tramite azioni che mettono alla berlina i più importanti affaristi criminali del mondo. Sebbene basato principalmente sul lavoro di Andy Bichlbaum e Mike Bonanno, il gruppo include centinaia di partecipanti segreti. Gli Yes Men sono saliti alla ribalta internazionale nel 1999, impersonando i portavoce della WTO su televisioni internazionali e a conferenze d'affari. Nel 2004 la United Artists ha realizzato un documentario sulle loro azioni che è stato distribuito in tutto il mondo, raccogliendo numerosi premi. Prima della nascita degli Yes Men, Bonanno e Bichlbaum hanno gestito il sito internet sovversivo RTMark, ripetutamente citato sulle pagine del "New York Times" alla fine degli anni novanta. Bichlbaum e Bonanno hanno portato avanti carriere individuali nel cinema, nella scrittura e nell'arte: Bichlbaum ha pubblicato due libri di narrativa e Bonanno ha scritto e diretto un documentario e numerosi cortometraggi. Il loro lavoro è regolarmente esposto in mostre d'arte, come la Whitney Biennial del 1999. Attualmente Bichlbaum vive a New York e insegna alla Parsons, The New School for Design, mentre Bonanno vive a Troy, New York, e insegna al Rensselaer Polytechnic Institute.

The Yes Men infiltrate the world of big business and scandalize unsuspecting audiences in ways that shame the world's biggest corporate criminals. Although fronted by Andy Bichlbaum and Mike Bonanno, their membership includes hundreds of secret agents. The group first gained international notoriety in 1999 by impersonating WTO spokesmen on international TV and at business conferences. In 2004, United Artists released a feature documentary about their actions that was distributed theatrically around the globe, and won numerous awards. Prior to founding The Yes Men, Bonanno and Bichlbaum ran the subversive website RTMark, which was the subject of over a dozen *New York Times* news features in the late 1990s. Individually, Bichlbaum and Bonanno have established careers in film, writing, and media arts. Bichlbaum has published two books of fiction writing, and Bonanno has written and directed a feature documentary and numerous short films. Their work is regularly shown in museum exhibits such as the 1999 Whitney Biennial. Currently Bichlbaum is living in New York and teaching at Parsons, The New School for Design while Bonanno lives in Troy, New York and teaches at Rensselaer Polytechnic Institute.